Flamme Rouge

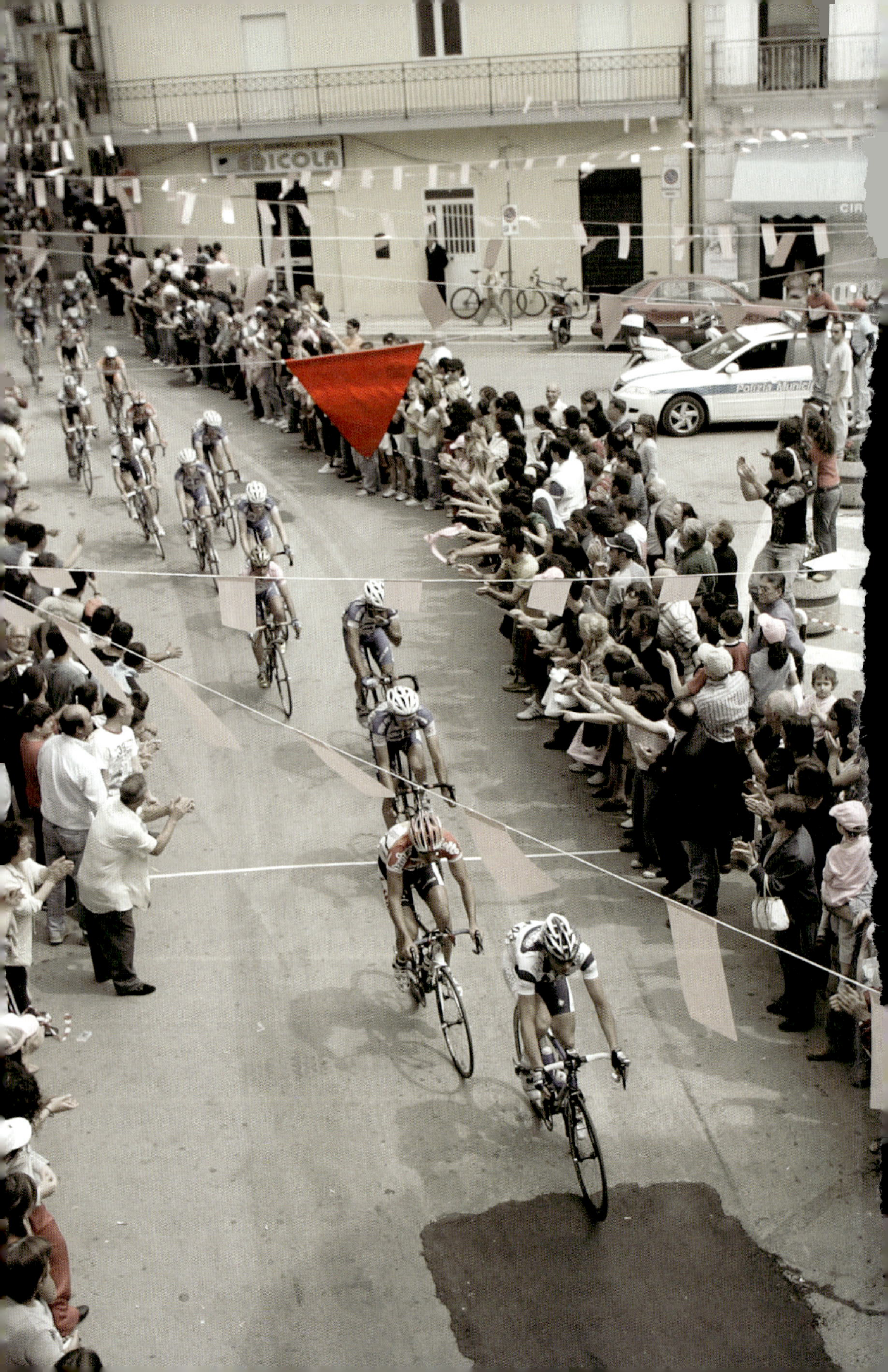
EDICOLA

FLAMME ROUGE

NUR NOCH 1000 METER – RADPROFIS ERZÄHLEN IHRE SCHICKSALSMOMENTE

Ein Buch von
Daniel Lenz ◦ Florian Summerer

covadonga

Daniel Lenz & Florian Summerer:
Flamme Rouge. Nur noch 1000 Meter –
Radprofis erzählen ihre Schicksalsmomente.

ISBN (Print) 978-3-95726-039-0
ISBN (E-Book) 978-3-95726-041-3

Covadonga Verlag, Spindelstr. 58, 33604 Bielefeld

Coverfoto: Witters GmbH, Hamburg
Foto Backcover: Hennes Roth
Titelgestaltung: Florian Summerer
Druck und Bindung: Westermann Druck Zwickau GmbH
2. Auflage, 2022

Bibliografische Information der Deutschen Nationalbibliothek:
Die Deutsche Nationalbibliothek verzeichnet diese Publikation
in der Deutschen Nationalbibliografie; detaillierte bibliografische
Daten sind im Internet über http://dnb.dnb.de abrufbar.

Covadonga ist der Verlag für Radsportliteratur.
Besuchen Sie uns im Internet: *www.covadonga.de*

»Ich hab' halt nie den Killerinstinkt von
Zabel, Ullrich oder Laurent Jalabert gehabt.
Die Champions haben das einfach drin,
wenn die den Teufelslappen sehen,
werden die plötzlich zu anderen Menschen,
denen ist dann alles andere einfach egal:
Tod, Sieg oder nix.«

Udo Bölts
(Süddeutsche Zeitung vom 17.07.2002)

INHALT

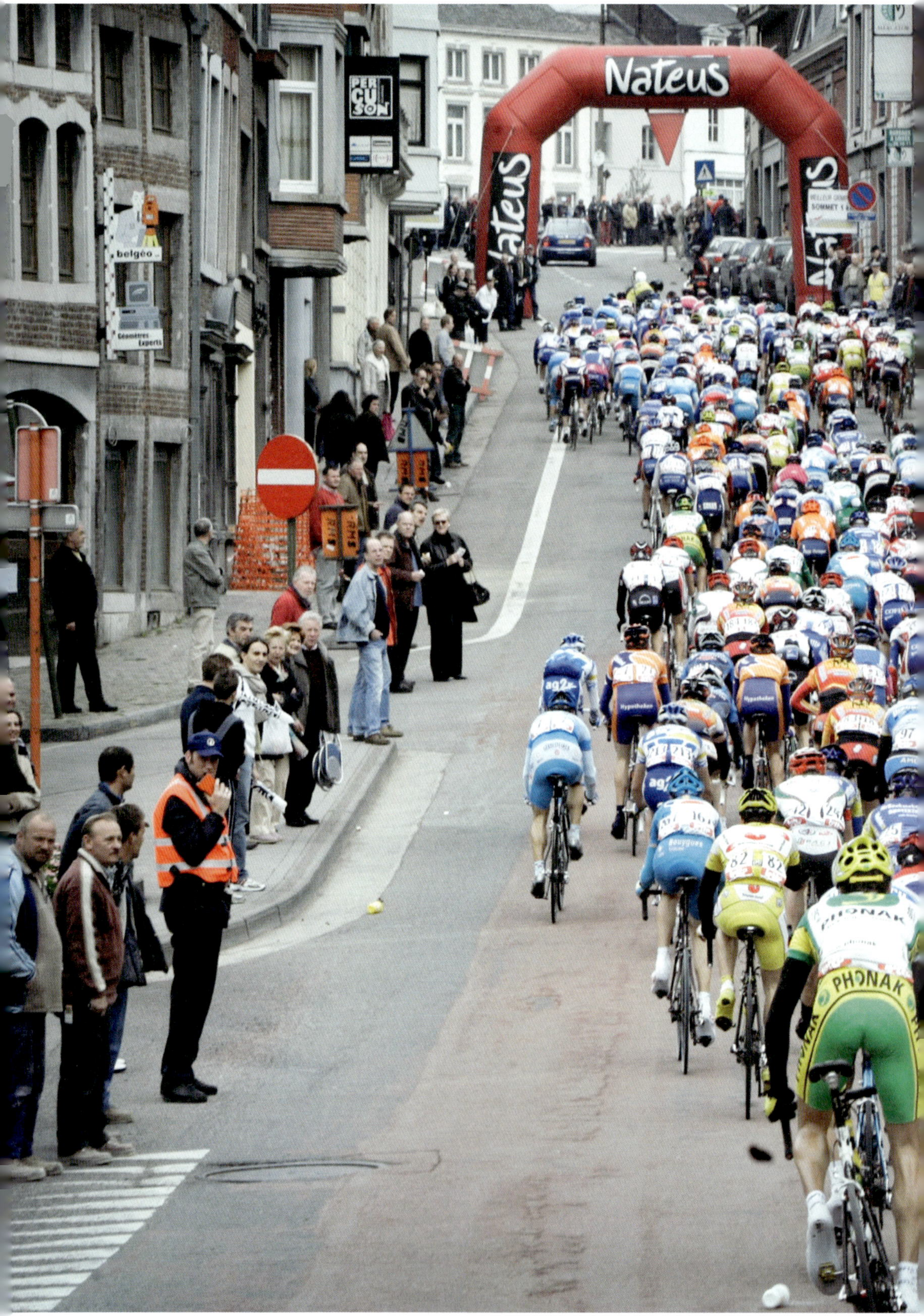
Nateus
belgéo
Géomètres Experts
PHONAK

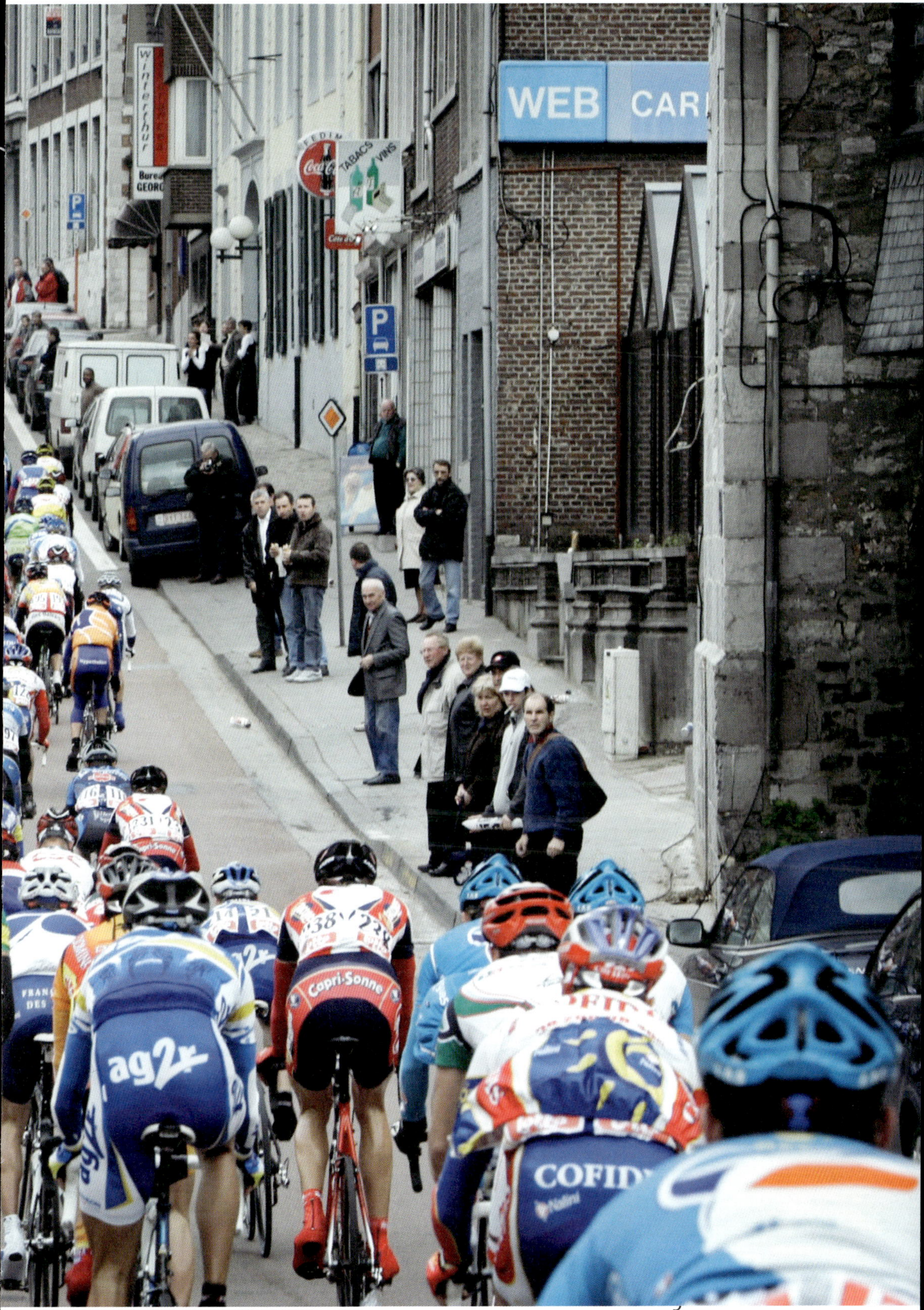

WEB CAR
Winterthur
TABACS VINS
Capri-Sonne
ag2r
COFID

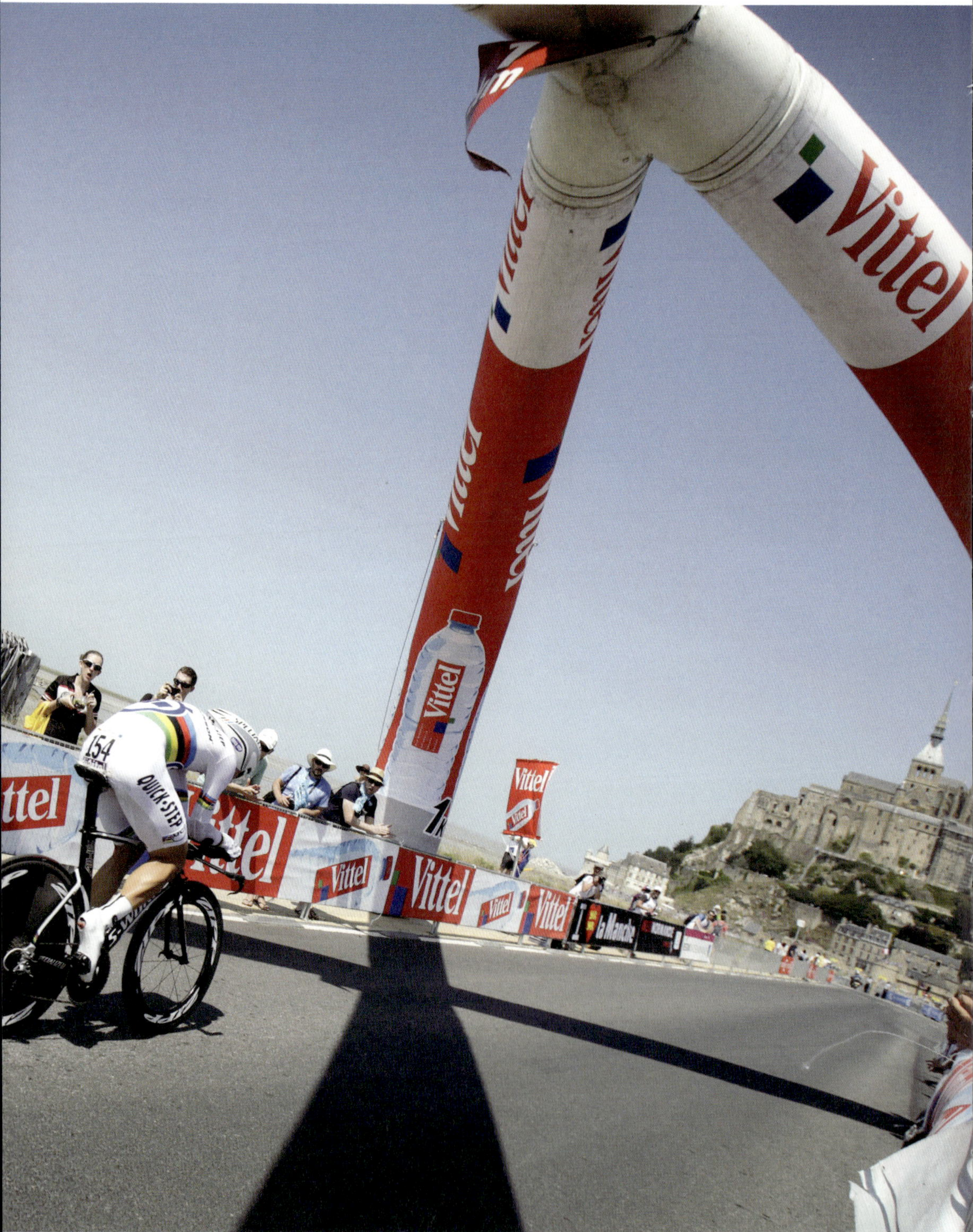
Vittel
154
QUICK-STEP
La Manche

EINLEITUNG

Das krönende Finale großer Radrennen wird mit der »Flamme Rouge« angekündigt, dem roten Teufelslappen, der über der Strecke im Wind weht. Je nach Fahrer hat das Stück Stoff unterschiedliche Bedeutungen: für Solo-Ausreißer, dass sie nur noch 1.000 Meter durchhalten müssen, bevor sie ins Ziel kommen – was besonders bei Bergankünften noch quälend lang sein kann; für Fahrer aus Fluchtgruppen, dass es jetzt darauf ankommt, mit Finesse oder rohem Krafteinsatz die Konkurrenten auszuschalten; für Sprinter und ihre Züge, dass sie sich spätestens jetzt für den Massensprint positionieren müssen. Für die einen ist die Flamme Rouge das Tor zum Paradies, für die anderen der Eingang zur Hölle. Der kleinste Fehler, ein Zuviel an Risiko kann hier ganze Karrieren überschatten.

Für die Zuschauer am Fernseher ist der Teufelslappen ebenso ein Signal, ihre Aufmerksamkeit zu steigern. Die meist fiebrig wirkenden Kommentatoren der Rennen in TV und Radio führen durch das Finale, erklären die letzten Schachzüge vor der Ziellinie und interpretieren das oft dramatische Geschehen. Was tatsächlich in den Köpfen der Fahrer im Finale vorgeht, bleibt ihnen jedoch verborgen. Das vorliegende Buch widmet sich dieser Innenperspektive: Profis von damals und heute, berühmte und unbekannte Fahrer, Bergfahrer und Sprinter, Anführer und Wasserträger berichten von ihren Erfahrungen vor und auf dem letzten Kilometer, von triumphalen Siegen und krachenden Niederlagen, von Stürzen und anderen Pannen, von unerbittlichen Duellen und nervenkitzelnden Solofahrten. Oft sind die hautnah geschilderten Final-Erlebnisse Ausgangspunkt weiterer spannender Anekdoten aus dem eigenen Leben oder aus der Welt des Radsports.

Erstmals wurde der Teufelslappen 1906 bei der Tour de France aufgehängt. Am 3. Juli des Jahres veröffentlichte die vom Tour-

Organisator Henri Desgrange herausgegebene Zeitung »L'Auto« eine Vorschau der Auftaktetappe von Paris nach Lille. Unterhalb der Liste der 96 Fahrer gab es einen Verweis auf eine Neuerung im Rennen, wie der Journalist Pierre Chany 2011 in seinem Buch »La Fabuleuse Histoire du Tour de France« berichtet: Um die Risiken im Rennen zu reduzieren, hieß es in der Meldung, werde bei jeder Etappe einen Kilometer vor dem Ziel eine rote Markierung angebracht. Desgrange soll bei der Erfindung der Flamme Rouge an das Militär gedacht haben, wo Soldaten mittels einer roten Flagge der Schlachtbeginn signalisiert wurde. Doch am Tag des geplanten Debüts der Flamme Rouge gab es laut Chany bereits Komplikationen: Beamte der Stadt Lille verlangten in letzter Minute vom Veranstalter, das Ziel zu verlegen, aus dem Stadtzentrum heraus in einen anderen Stadtteil. Ob die Organisatoren bei der hastigen Ziel-Verlagerung auch an das rote Stück Stoff dachten, ist nicht überliefert.

Das Fieber auf dem letzten Kilometer

Die große Herausforderung bei der Arbeit an diesem Buch bestand darin, mit den Rennfahrern detailliert über Situationen zu sprechen, die sie normalerweise unter höchster Anspannung, mit schmerzenden Muskeln und voller Adrenalin erleben. Die letzten tausend Meter verfliegen meist im Rausch, der die Details – Wie haben die Zuschauer reagiert? Welche Signale sendet der Körper? – überdeckt. Die Aufmerksamkeit der Fahrer richtet sich auf sehr wenige Faktoren: Zuckt der Konkurrent und zieht den Sprint an? Wo ist die Lücke? Wie weit ist der Abstand zu den Verfolgern? Selbst für die Sportlichen Leiter sind die Schützlinge in dieser Situation Blackboxes, unerreichbar für letzte Ansagen per Funk. Der starke Druck, der auf den Fahrern im Finale lastet, kann auch zu stark werden – und sogar ganze Karrieren beenden, wie der U23-Bundestrainer Ralf Grabsch im Interview ausführt.

Während besonders die Sprinter auf dem letzten Kilometer nur wenig von den äußeren Bedingungen wahrnehmen, weil sie damit beschäftigt sind, sich an der Spitze möglichst optimal zu positionieren, genießen andere Fahrer wiederum die Unterstützung des Publikums: Seien es Ausreißer mit großem Abstand zu den Verfolgern, die um ihren sicheren Sieg wissen, oder eher schwergewichtige Sprinter, die bei Bergankünften von den Zuschauern angeschoben werden, um es rechtzeitig bis ins Ziel zu schaffen. Bei anderen Fahrern wiederum sind die Zuschauer, wenn auch meist nicht absichtlich, eher Feinde, statt Helfer. So etwa bei der Tour de France am 3. Juli 1994, als es auf der ersten Etappe nach knapp 234 Kilometern in Armentières zum Drama kommt: Ein Polizist, der eigentlich die Zielgerade absichern sollte, macht ein Erinnerungsfoto vom Sprintfinale, wagt sich dabei aber zu weit auf die Straße und verschätzt sich bei der Entfernung der heranrasenden Fahrer. Der damalige Top-Sprinter Laurent Jalabert sowie Fabiano Fontanelli und Wilfried Nelissen können nicht mehr ausweichen und stürzen schwer. Jalabert verabschiedete sich daraufhin sogar von seinen Sprinterambitionen, aus Angst, solch einen Sturz erneut zu erleben, und suchte sein neues Fahrerprofil fortan in der Gesamtwertung. Weniger schwerwiegend war die Kollision des damaligen Telekom-Profis Giuseppe Guerini am 14. Juli 1999, auf der zehnten Etappe dieser Tour mit Ziel in L'Alpe d'Huez: In Führung liegend, fuhr Guerini nahe der Flamme Rouge in einen Hobby-Fotografen, der mitten auf dem Mittelstreifen stand – rappelte sich aber wieder auf und siegte, 21 Sekunden vor Pawel Tonkow.

Die Geburtsstunde des »Finisseurs«

Verbunden mit der Einführung der Flamme Rouge wurde im Laufe der Jahre ein neuer Fahrertypus geboren: der »Finisseur«, der über genug Kraft und Willensstärke verfügt, sich am Ende mit einer Attacke von der ohnehin schon mit hohem Tempo fahrenden Konkurrenz entscheidend zu lösen. Mit dieser Spezialität wurden in den vergangenen Jahrzehnten viele Finisseure zu Stars im Peloton, darunter etwa ein Walter Godefroot, der in den 1960ern und 1970ern reihenweise Siege auf dem letzten Drücker abräumte – und entsprechend nicht nur die »Bulldogge von Flandern«, sondern auch »Le Finisseur« höchstpersönlich genannt wurde. Mehrere Jahrzehnte später gelang es Fabian Cancellara immer wieder, die Sprinter kurz vor dem Massensprint noch zu düpieren. So etwa bei der Tour de France 2007 auf der Etappe nach Compiègne: Nur 750 Meter vor der Ziellinie verschärfte der Schweizer, der das Gelbe Trikot des Gesamtführenden trug, die Geschwindigkeit im Peloton plötzlich noch einmal deutlich, setzte sich ab, schoss an der vierköpfigen Ausreißergruppe vorbei und hielt die heranrasenden Sprinter unter der Führung von Erik Zabel bis ins Ziel auf Distanz.

Ermöglicht wurde dieser außergewöhnliche Sieg insbesondere durch Cancellaras erstklassige Qualitäten als Zeitfahrer, aber auch durch den ihm eigenen »Powerburst«, den Cancellara im Interview in diesem Buch beschreibt: seine Eigenschaft, für kurze Momente extrem viel Power aufs Pedal zu bringen. Eine weitere Stärke Cancellaras, die ihm besonders bei den Frühjahrsklassikern immer wieder zum Sieg verhalf, wird in diesem Buch ausführlich beschrieben: die Intuition, das Bauchgefühl, das Cancellara oft den richtigen Moment der Attacke vorgab.

In den Mannschaftsbesprechungen vor dem Rennen diskutieren Teams oft sowohl die Taktik im ersten Teil des Rennens als auch im Finale. Geht es bei den Überlegungen zum Rennverlauf zunächst um Fragen wie, welche Fahrer in Ausreißergruppen mitfahren oder diese initiieren sollen, steht mit Blick aufs Finale besonders das eigene Taktieren im Sprint Royal (wie der Massensprint im Französischen genannt wird) im Vordergrund: Wer fährt an welcher Position bis wie weit im Sprinterzug? Wo lauern voraussichtlich die schärfsten Wettbewerber? Von wo kommt der Wind? Gibt es Kurven, Anstiege? Die Organisation von Sprinterzügen, in den 1990ern von Mario Cippolini und seinem »Treno rosso«, dem roten Zug des Saeco-Teams, perfektioniert, gilt als hohe Kunst, für die Mannschaften ganz gezielt trainieren. Gelingt das kollektive taktische Manöver, dann zwingt ein Zug den anderen Teams seine Regeln auf, dominiert das Tempo und kontrolliert die Positionierung der Fahrer an der Spitze des Feldes bis ins Ziel. Im Buch erklärt die erfahrene deutsche Anfahrerin Trixi Worrack, wie der perfekte Sprint organisiert wird. Und doch passieren immer wieder Fehler und Missverständnisse, wie Fabian Wegmann am Beispiel der Baskenland-Rundfahrt 2003 im Interview berichtet.

Die Psychologie im Zweier- und Gruppensprint

Wenn die letzten Fahrer aus versprengten Ausreißergruppen sich dem Ziel nähern, bahnen sich oft nervenzerreißende Duelle an, die von taktischen Überlegungen geprägt werden. Sie bleiben auch Jahrzehnte später noch in Erinnerung. In diesem Buch werden zwei historische Radsportzweikämpfe im Detail rekapituliert – in beiden Fällen Aufeinandertreffen äußerst ungleicher Fahrer. Der legendäre Schlagabtausch, den sich Leontien van Moorsel und Jeannie Longo bei der Tour Cycliste Féminin 1992 auf den letzten tausend Metern der Etappe nach L'Alpe d'Huez geliefert haben, gehört zu den spannendsten Finals der Radsportgeschichte: der aufstrebende Stern gegen die Legende, die vor dem entscheidenden Zweikampf im Gesamtklassement gerade einmal neun Sekunden auseinanderlagen. In ihrer Karriere haben diese beiden Fahrerinnen immer wieder Duelle ausgefochten, nie jedoch so unerbittlich wie auf dem Weg nach L'Alpe d'Huez. Ähnlich wie bei der Entscheidung zwischen Longo und van Moorsel lieferten sich auch Alexander Winokurow und Salvatore Commesso im Finale der Tour-Etappe nach Freiburg im Juli 2000 einen regelrechten Psychokampf, wie er sonst nur aus dem Bahnradsport bekannt ist.

Was für den direkten Zweikampf Frau gegen Frau und Mann gegen Mann gilt, trifft bei Sprintentscheidungen kleinerer Gruppen oft ebenfalls zu: Am Ende ist es häufig der Kopf und nicht die Beine, der über Sieg oder Niederlage entscheidet. Und je mehr Köpfe an der Entscheidung beteiligt sind, desto komplexer die Situation, die es zu meistern gilt. In diesem Buch wird dies einerseits am Beispiel von Gerald Cioleks Erfahrungen bei Mailand–Sanremo illustriert – einem von Regen, Eis und Schnee geprägten Rennen, in dem der Kölner letztlich von seiner Außenseiter-Rolle profitierte. Konträr dazu war die Konstellation ein Jahr später bei der Flandern-Rundfahrt, bei der Fabian Cancellara im Wettkampf mit drei Belgiern die Oberhand behielt – in dem Fall trotz seines Favoritenstatus. Über das dritte Beispiel in diesem Buch ließe sich allein ein ganzes Buch schreiben: die Niederlage der belgischen Nationalfahrer Eddy Merckx und Freddy Maertens bei der Straßenweltmeisterschaft 1973 in Barcelona, im Duell mit Felice Gimondi aus Italien und Luis Ocaña aus Spanien. Das Rennen war gespickt mit Intrigen und Rivalitäten – und mündete in eine Jahrzehnte währende Feindschaft der Belgier.

Mit Schultern und Ellbogen als Waffen

Nicht immer werden die Duelle im Finale primär psychologisch ausgefochten, oft setzen Sprinter eher den Körper als den Kopf als Waffe ein. So wie Dschamolidin Abduschaparow aus Taschkent (heute Usbekistan), der im Feld wegen seiner aggressiven und riskanten Fahrweise gefürchtet wurde. Olaf Ludwig, der dem Usbeken bei der Friedensfahrt begegnete, warnte seinerzeit: »Der fährt in Löcher hinein, wo keine sind.« Besonders bekannt wurde »Abdus«

Sturz auf den Champs Élysées beim Tour-Finale 1991, als er mit rund 70 Kilometern pro Stunde im Zielsprint das Gitter der Absperrung touchierte und zu Boden krachte – es aber dennoch ins Ziel schaffte und im Krankenhaus das Grüne Trikot überreicht bekam.

Auch Freddy Maertens galt während seiner aktiven Profikarriere als furchtloser Fahrer. Im Interview räumt der Belgier ein, dass er sich in der entscheidenden Phase von Rennen häufiger einen Bidon mit Champagner hat reichen lassen – für den letzten Kick im Finale.

Mit der Einführung des Teamfunks ist es für Ausreißer immer schwieriger geworden, den Vorsprung bis ins Ziel zu halten. Die Sportlichen Leiter können den Verfolgern stets genaue Angaben über den Rückstand zur Spitze machen und entsprechende Anordnungen geben, das Tempo zum richtigen Zeitpunkt zu verschärfen – was besonders auf Flachetappen meist zu den immergleichen, monotonen Rennverläufen führt: Es bilden sich Ausreißergruppen, die kurz vor dem Finale eingeholt werden, worauf die Entscheidung im Massensprint gesucht wird. Vor diesem Hintergrund bleiben die wenigen gelungenen Ausreißversuche oft fest im Gedächtnis der Radsportfans verankert, so etwa der Sieg des damaligen Team-Sunweb-Domestiken Simon Geschke bei der Tour-Etappe nach Pra Loup 2015. Im Gespräch schildert der gebürtige Berliner sehr detailliert, was in seinem Kopf und Körper auf den letzten Metern vor der Ziellinie, nach 49 Kilometern alleine an der Spitze, passiert ist – wie die Muskeln gegen jede Pedalumdrehung rebellierten. Während Geschke seinerzeit den größten Sieg seiner Karriere feierte, erlebte Martin Elmiger im Jahr zuvor eine bittere Niederlage, die manchem Zuschauer die Tränen in die Augen trieb und die er für dieses Buch im Interview im Detail rekapituliert.

Fabian Wegmann schildert ebenfalls eindrücklich den Moment des Scheiterns: »Erst hörst du hinter dir die Motorräder und weißt, dass das Feld nicht mehr weit sein kann. Und dann siehst du das erste Vorderrad neben dir, und schlagartig bricht deine Leistung ein. Es ist vorbei.«

Tragische Stürze und Pannen

Gerade in Frankreich erobern oft eher die Gescheiterten als die Gekrönten die Herzen der Radsportfans. Fahrer wie Christophe Mengin, der 2005 bei der Tour de France in Nancy nach einem taktisch perfekten Rennen in der letzten Kurve stürzte. Bis heute wird der frühere »Baroudeur«, wie notorische Ausreißer bezeichnet werden, immer wieder auf seinen tragischen Ausrutscher auf regennassem Asphalt angesprochen. »Ich habe so schöne Rennen gewonnen, aber die ganze Welt will mit mir nur über den Sturz reden«, moniert Mengin. Und auch für Mengins damaligen Teamchef Marc Madiot ist der Sturz noch heute präsent: »Alle anderen Enttäuschungen sind im Laufe der Zeit verblichen, doch von dieser bleibt ein großer Schmerz.«

Einen Sturz auf nasser Straße kurz vor der Ziellinie erlebte auch Robert Förster beim Giro d'Italia 2003. Statt den bis dato größten Erfolg seiner Karriere zu feiern, bretterte der damalige Gerolsteiner-Fahrer in die Bande, kurz nachdem bereits Mario Cipollini den Abflug gemacht hatte. Das Foto, wie Förster anschließend sein Rad ins Ziel schob, wurde zum Bild des Tages.

Weniger emotional besetzt als bei Mengins tragischer Rutschpartie, aber ebenso spektakulär war ein Fauxpas von Robert Millar (heute Philippa York) bei der Tour de France 1988, kurz vor dem Ziel der Etappe nach Guzet-Neige. Im Interview erinnert sich Millar neben dem Malheur auch an den eigenen Triumph vier Jahre zuvor am gleichen Ort, als der Schotte den Grundstein für das gepunktete Trikot des Bergbesten legte – für ein Vierteljahrhundert der größte Erfolg eines britischen Fahrers bei der Tour de France.

Echte und falsche Freunde

Selbst wenn Radsport auch ein Mannschaftssport ist, stehen doch meist die Fahrer im Fokus, die als erste über die Ziellinie rollen. Daher erscheint es außergewöhnlich, wenn Fahrer am Ende den Schulterschluss üben, aus Rivalen zumindest für einige Minuten Verbündete werden – von solchen Szenen der Verbrüderung an der Flamme Rouge gibt es einige in der Radsportgeschichte. Die berühmteste Szene war bei der Tour de France 1986 in L'Alpe d'Huez zu sehen, als sich Greg LeMond und Bernard Hinault absetzten und am Ende Hand in Hand über die Ziellinie rollten. Für die vermeintliche Verbrüderung war viel Schauspieltalent vonnöten, denn die beiden Fahrer waren Teamkameraden, ohne Kameraden zu sein. Auf Geheiß ihrer Mannschaftsführung überquerten der fünfmalige Tour-Gewinner und der ungeliebte amerikanische Rivale in gespielter Eintracht die Linie. Dabei soll sich Hinault noch um einige Zentimeter nach vorne geschoben haben, was LeMond ihm offenbar noch Jahre später übel genommen hat. Auch bei der Tour de France 2001, der Etappe nach Luz Ardiden, wählten die Nummer eins und zwei des Gesamtklassements im Finale des Rennens große gemeinsame Gesten – mit dem Unterschied, dass sich Lance Armstrong und Jan Ullrich tatsächlich respektierten und bis heute freundschaftlich verbunden sind. Bevor der Deutsche und der US-Amerikaner Hand in Hand die Ziellinie passierten, hatten sie jeweils – vergeblich – versucht, den anderen Fahrer bei der Bergetappe abzuschütteln. Besonders Ullrich wurde die Geste im Nachhinein von Kritikern angekreidet. Der Vorwurf: Wie so oft bei der Tour de France habe sich der Deutsche frühzeitig in der Rundfahrt mit dem zweiten Platz abgefunden und daher nur halbherzig und vorhersehbar attackiert.

Psychologie spielt, wie bereits erörtert, ganz grundsätzlich eine große Rolle im Radsport: im Duell mit dem eigenen Körper, der sich gerne mit Krämpfen gegen die Höchstbelastung zur Wehr setzt; oder aber im Wettstreit mit den Rivalen, bei dem Nervenstärke und schauspielerisches Talent zur wichtigsten Waffe werden können. Wer auch immer der Widersacher ist – im Finale spitzen sich solche Psychoduelle meist zu. In dieser Disziplin hat Lance Armstrong wiederholt große Leistungen vollbracht, so etwa bei der Tour de France 2001, auf der Etappe nach L'Alpe d'Huez: Zwischenzeitlich spielte der US-Postal-Fahrer den sterbenden Schwan, indem er sich stets mit leidendem Gesicht am Ende des Feldes aufhielt. Doch als die Fahrer die Kehren hinauf nach L'Alpe d'Huez erreichten, zündete Armstrong plötzlich den Turbo und raste dem Feld davon. Im Ziel hatte er zwei Minuten Vorsprung – und die Tour de France für sich entschieden.

Nicht nur auf der ganz großen Bühne des Radsports gab es immer wieder Beispiele für den großen Bluff: In diesem Buch wird an die Austragung von Rund um Köln im Jahr 1974 erinnert, bei der mit Hermann Jungbluth ein Amateur die besten Karten hatte, das Rennen für sich zu entscheiden – um am Ende doch von Dietrich Thurau auf eine umstrittene Art und Weise geschlagen zu werden.

Bei einem weiteren Rennen, das in diesem Buch thematisiert wird, wurde Thurau Schauspielerei vorgeworfen, diesmal jedoch in der Rolle des großen Verlierers: Bei der Straßenweltmeisterschaft 1977 in San Cristóbal in Venezuela soll der Deutsche den Sieg an Francesco Moser verkauft haben. Auch hier schildert Thurau im Interview seine eigene Sicht der Dinge.

Der kleine Held

Die letzten tausend Meter haben in diesem Buch oft etwas Dramatisches an sich. Es geht um große Gefühle, bittere Niederlagen oder triumphale Siege. Eine Geschichte ragt heraus, weil sie nicht in diesen emotionalen Rahmen passt: Sie handelt von einem bis dato unbekannten Fahrer aus dem Pro-Continental-Team Delko Marseille, der durch Paris-Roubaix 2018 zumindest für einige Tage berühmt wurde. Nicht weil er als Außenseiter einen Sieg erlangt hätte – Evaldas Šiškevičius kam erst ins Ziel, nachdem das Gros des Publikums im Anschluss an die Ehrung des Siegers Peter Sagan schon längst gegangen war. Sondern weil er sich noch ins Ziel gekämpft hat, während andere Fahrer längst aufgegeben hätten. Weit hinter dem Feld fahrend, am Ende sogar noch vom Besenwagen überholt und aus der Karenzzeit gefallen, nach zahlreichen Pannen am Rad und am Begleitfahrzeug fuhr Šiškevičius, komplett auf sich allein gestellt, ins Ziel nach Roubaix. Seine Begründung klingt wenig heroisch: »Ich fahre Rennen und ich wollte meine Arbeit zu Ende bringen. Das ist wie im normalen Leben: Wenn du etwas beginnst, musst du es auch fertig machen.«

1
km

FLAMME ROUGE

1
km

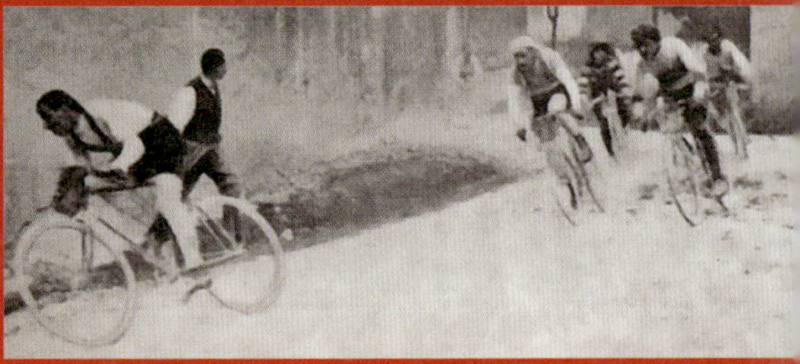

1
km

DIE GESCHICHTE DER FLAMME ROUGE

von Feargal McKay

Die Flamme Rouge – ein rotes Stoffdreieck, das im Englischen oft als »Red Kite« und im Deutschen auch als »Teufelslappen« bezeichnet wird – signalisiert die finalen 1.000 Meter eines Radrennens und wurde erstmals bei der Tour de France 1906 eingesetzt.

In den ersten Jahren der Frankreich-Rundfahrt war der Zieleinlauf von Etappen immer wieder wegen störender Zuschauer im letzten Moment verlegt worden. So endeten beispielsweise die Marseille-Etappen der Tour de France 1903 sowie 1904 jeweils im Vorort Saint-Antoine, rund zehn Kilometer nördlich des Zentrums der südfranzösischen Metropole. 1905 wurde entschieden, dass das genaue Ziel der Etappen deshalb nicht mehr vorab bekanntgegeben wird. Die Ziellinie würde zwar ganz in der Nähe des Etappen-Zielorts liegen, nur wenige Kilometer entfernt, aber die Fahrer würden erst in dem Moment vom genauen Ziel erfahren, wenn sie Georges Abran am Streckenrand erblickten: den Mann, der sie beim Start mit einer gelben Fahne auf die Reise schickte und sie in diesem Jahr nun auch mit der Fahne im Ziel willkommen hieß.

Der Plan ging insofern auf, als er verhinderte, dass Fans den Zieleinlauf störten. Für die Fahrer jedoch klappte dieses Verfahren nicht so gut. Nach der fünften Etappe nach Nîmes legte Lucien Petit-Breton eine Beschwerde ein. Er hatte eine Fahne am Streckenrand mit der offiziellen Zielfahne verwechselt und seinen Sprint an ihr ausgerichtet – statt an der von Georges Abran geschwenkten Fahne. Am Ende wurde er nur Vierter.

Für die Fahrer war die Reihenfolge ihres Zieleinlaufs insofern besonders wichtig, als die Wertung nach den ersten beiden Austragungen der Tour de France umgestellt worden war: Basis war nun nicht mehr die benötigte Fahrzeit, sondern ein neues Punktesystem. Der erste Fahrer im Ziel erhielt einen Punkt, der zweite zwei, der dritte drei und so weiter. Wer mehr als fünf Minuten nach dem zuletzt über den Zielstrich gerollten Fahrer ins Ziel kam, erhielt einen zusätzlichen Punkt. Der Fahrer, der am Ende am wenigsten Punkte gesammelt hatte, war der Gesamtsieger der Rundfahrt. Wenn also zwei oder drei Fahrer gemeinsam ins Ziel kamen, konnte ihre Reihenfolge das Endergebnis entscheidend beeinflussen.

In der Veranstalterzeitung »L'Auto« musste Petit-Breton lesen, dass er selbst den Fehler zu verantworten habe; er hätte wissen müssen, dass nur die von Abran geschwenkte Fahne zählt. Dennoch entschieden die Veranstalter im Folgejahr 1906, das Ende der Etappen besser zu markieren als mit Abran und seiner kleinen gelben Fahne: Oberhalb der Ziellinie würde ein weißes Banner angebracht werden, während ein Kilometer vor dem Ziel eine rote Flagge – die *drapeau rouge* – aufgehängt werden sollte.

Zuvor war solch eine Markierung des letzten Kilometers nicht nötig gewesen. Eintagesrennen endeten oft im örtlichen Velodrom, während Zielankünfte von Etappenrennen auf der Straße noch die Ausnahme waren. Die Notwendigkeit ergab sich also erst durch die Entscheidung der Tour-Organisatoren, das genaue Etappenziel vorab nicht zu enthüllen, und durch die Probleme, die dadurch entstanden.

Im Laufe der Zeit wurde aus der *drapeau rouge* die *flamme rouge*, und als solche wurde sie international zum festen Bestandteil des Radsport-Vokabulars, weil sie auch bei anderen Rennen eingesetzt wurde. Die Flamme Rouge etablierte sich gewissermaßen als radsportliches Äquivalent der Glocke, die in der Stadionleichtathletik bei Laufwettbewerben traditionell die letzte Runde einläutet.

Die Verbindung zwischen der Flamme Rouge und der Sicherheit der Fahrer war hingegen für viele, viele Jahre nicht entscheidend. Das änderte sich erst 1972.

In jenem Jahr stürzte Eddy Merckx auf der dritten Etappe der Fernfahrt Paris–Nizza von Autun nach Saint-Étienne rund 60 Meter vor der Ziellinie. Der Belgier trug zu diesem Zeitpunkt das Weiße Trikot des Gesamtführenden und hatte bereits die drei Austragungen des Rennens zuvor gewonnen – was damals ein Rekord war. Merckx war fest entschlossen, den vierten Sieg in Folge davonzutragen, kämpfte bei den Zwischensprints und im Finale darum, so viele Bonifikationen wie möglich zu sammeln. In Saint-Étienne schien er für seinen Eifer aber einen hohen Preis zu zahlen: 47 Sekunden dauerte es, bis er sich nach seinem Sturz vom Boden aufraffen und die Ziellinie passieren konnte.

Der neue Renndirektor Jacques Anquetil verschaffte Merckx, mit der Unterstützung der Rennkommissäre, jedoch kurzerhand einen Freifahrtschein: Der Mann in Weiß wurde schließlich mit der gleichen Zeit gewertet wie die Gruppe, mit der er vor seinem Sturz unterwegs war.

Schon seit den Tagen der allerersten Etappenrennen hatten Organisatoren gelegentlich die Zeit für die Wertung der Fahrer schon vor der Ziellinie genommen. Wenn Etappen, wie so häufig, mit einigen Runden im örtlichen Velodrom endeten – eine gute Gelegenheit, mehr Geld mit Radrennen zu verdienen –, waren darunter auch gefährliche Zieleinläufe. Indem die Veranstalter die Zeit noch vor dem Stadion stoppten, konnten sich die Fahrer auf ihre Show auf der Radrennbahn konzentrieren, statt sich Gedanken über die Gesamtwertung zu machen. Außerdem schützten die Organisatoren so auch die Fahrer weiter hinten im Feld, wo es bei der Einfahrt ins Velodrom häufig zu Staus kam. Auch heute noch ist dies gängige Praxis, beispielsweise bei engen Zielankünften der Tour of California. Ähnlich ist es bei der Schlussetappe der Tour de France, wo eine Regel die Zeitnahme bereits beim ersten Überqueren der Ziellinie ermöglicht, falls das Wetter regnerisch ist und das Kopfsteinpflaster auf den Champs Élysées rutschig erscheint.

Was jedoch bei Paris–Nizza 1972 passierte, war ganz anders gelagert. Hier ging es nicht um Sicherheitsvorkehrungen, die schon im Vorfeld des Rennens so entschieden und kommuniziert worden waren. Die Merckx-Regelung wurde wegen besonderer Umstände getroffen, quasi aus der Luft gegriffen. Verständlicherweise waren nicht alle mit der Entscheidung des Renndirektors Jacques Anquetil einverstanden, besonders nicht Jean Leulliot, der Organisator des »Rennens zur Sonne«. Wie viele andere Veranstalter von Radrennen reagierte er genervt darauf, dass Merckx so oft gewann. Und so setzte er 10.000 Franc (heute etwa 1.500 Euro) Kopfgeld auf Merckx aus, das sich schließlich Raymond Poulidor sicherte. Der »ewige Zweite« gewann auf der abschließenden Etappe das Zeitfahren zum Col d'Èze und stahl Merckx so das Weiße Trikot mit einem Vorsprung von gerade mal sechs Sekunden im Gesamtklassement.

Andere kommentierten die Entscheidung zugunsten von Merckx mit Wohlwollen. Die bei Paris–Nizza getroffene Regel wurde dann auch bei anderen Etappenrennen eingeführt und schließlich offiziell im Regelwerk verankert: Der letzte Kilometer wurde zur Sicherheitszone, deren Beginn durch die Flamme Rouge markiert wurde. Außer beim Zeitfahren oder bei Bergankünften galt seitdem: Wenn Fahrer in diesem Streckenabschnitt wegen eines Sturzes oder mechanischer Probleme Zeit verloren, wurden sie mit der gleichen Zeit gewertet wie die Gruppe, zu der sie zuletzt gehörten.

Die Einrichtung dieser Sicherheitszone auf dem letzten Kilometer trug dazu bei, den Bedürfnissen zweier unterschiedlicher Fahrertypen bei Etappenrennen gerecht zu werden: einerseits den Sprintern und Etappenjägern, die auf den Tagessieg aus sind, andererseits den Fahrern mit Ambitionen aufs Gesamtklassement. Und doch entstanden so neue Probleme: Wenn Anquetil und die Kommissäre Nachsicht zeigen konnten, als Merckx in Saint-Étienne 60 Meter vor der Ziellinie stürzte – was wäre, wenn ein Fahrer unmittelbar vor der Flamme Rouge zu Fall käme?

Veranschaulichen lässt sich dies anhand einer weiteren Episode bei Paris–Nizza, die sich elf Jahre nach Merckx' Sturz in Saint-Étienne zutrug. Sean Kelly ging 1983 als Titelverteidiger ins »Rennen zur Sonne«, erwischte jedoch einen schlechten Start. Nachdem er im Prolog bereits fünf Sekunden auf seinen Widersacher Eric Vanderaerden eingebüßt hatte, stürzte der Ire auf der ersten Etappe 150 Meter vor der Flamme Rouge, als das Peloton gerade in Lancy einfuhr. Anquetil war immer noch Renndirektor und wollte Kelly gegenüber genauso großzügig sein wie gegenüber Merckx ein Jahrzehnt zuvor. Doch diesmal waren die Kommissäre anderer Meinung: Kelly war außerhalb der Sicherheitszone gestürzt, und sie waren nicht bereit, diese für ihn zu verlängern. Der irische Vorjahressieger trat die zweite Etappe von Platz 96 im Gesamtklassement an – eine Bergetappe, auf der er vorne dabei sein musste, um die letzte Hoffnung auf einen Sieg nicht gänzlich zu verspielen. Dem Sprintspezialisten Kelly gelang dies tatsächlich, und später überlistete er auf der vorletzten Etappe seine Konkurrenten am Col du Tanneron, um sich seinen zweiten von insgesamt sieben Siegen in Folge bei Paris–Nizza zu sichern.

Kelly gab dem Sprinter-Konkurrenten Vanderaerden damals die Schuld an seinem Sturz. Im Laufe der Jahre nahmen das Tempo und die Aggressivität rivalisierender Sprinterzüge immer weiter zu, was dazu führte, dass die gefährlichen Abschnitte im Finale immer länger wurden. Als Antwort darauf wurde die Sicherheitszone in der

Saison 2005 von der Flamme Rouge abgekoppelt und von einem auf drei Kilometer ausgeweitet.

Einigen reicht dies immer noch nicht, sie verlangen weitere Änderungen: Es gibt Forderungen, die Sicherheitszone auf fünf Kilometer auszudehnen oder die Zeiten schon zum Beginn der Sicherheitszone zu stoppen, um den Rest der Etappe allein der Show der Sprinter zu überlassen. Dan Martin ist einer der Fahrer, die sich für den letztgenannten Vorschlag stark machen. In einer seiner Tour-Kolumnen für die »Irish Times« schrieb er 2013, die Rennorganisatoren sollten »die Zeit drei Kilometer vor der Ziellinie werten, damit sich die Fahrer mit Ambitionen auf das Gesamtklassement danach keine Sorgen mehr machen müssen. Die Sprinter können dann ihr Ding machen, und wir können ihnen das überlassen.«

Andere wiederum gehen davon aus, dass die Einrichtung einer Sicherheitszone letztlich für eine Art Rationalitätsfalle bei Etappenrennen gesorgt hat, indem sie Fahrer dazu verleitet, noch mehr Risiken einzugehen. Eine Gruppe US-amerikanischer Wissenschaftler zeigte in einer Studie, dass die Zahl der Stürze auf den letzten drei Kilometern nach der Ausdehnung der Sicherheitszone im Jahr 2005 zugenommen hat.

Welcher Weg auch immer eingeschlagen werden mag: Die Flamme Rouge wird heute nicht mehr primär mit der Sicherheitszone assoziiert, wie dies zwischen 1972 und 2005 der Fall war. Stattdessen hat sie sich wieder ihrer ursprünglichen Bedeutung kurz nach ihrer Einführung 1906 zugewandt: ein visuelles Zeichen für die Fahrer, dass sie jetzt aufmerksam sein müssen. Wie ihr Vorläufer aus der Leichtathletik, die Schlussglocke, signalisiert sie, dass die Zeit knapp wird. An der Spitze des Fahrerfeldes sorgt sie für einen Adrenalinschub, sowohl bei den Fahrern als auch den Fernsehzuschauern. Und selbst am Ende des Pelotons hat sie einen psychologischen Wert. Um den Titel eines Buches von Tim Hilton aus dem Jahr 2004 zu zitieren: *One More Kilometre and We're in the Showers* – Nur noch ein Kilometer, dann stehen wir unter der Dusche.

Feargal McKay ist Autor des Buches »The Complete Book of the Tour de France« (Aurum Press, 2014). Seit fast zehn Jahren rezensiert McKay außerdem für die Webseite »Podium Café« Bücher zum Thema Radsport.

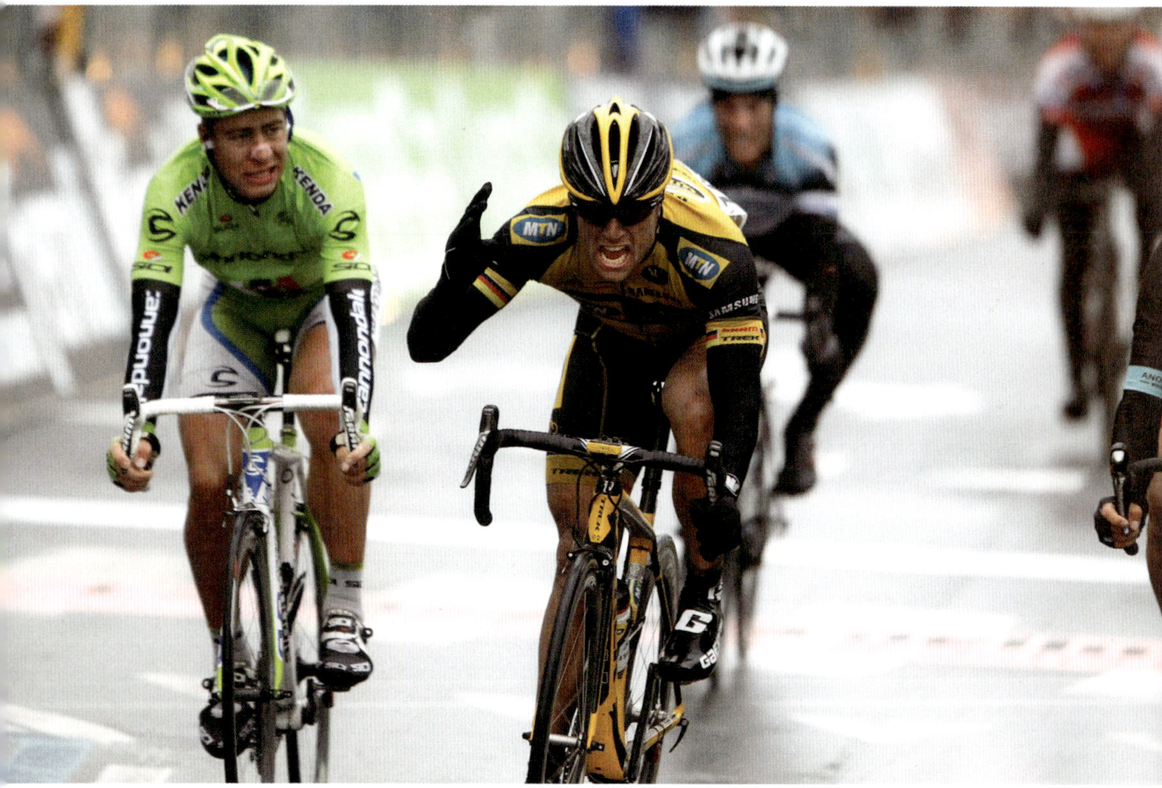
KENDA
cannondale
MTN
MTN
SAMSUNG

GERALD CIOLEK

WIE EIN UNDERDOG RADSPORTGESCHICHTE SCHREIBT

Mailand–Sanremo, 17. März 2013

Es dämmert schon in Sanremo, als sechs Fahrer am Corso Raimondo die Flamme Rouge passieren. Der feuchte Asphalt reflektiert das Scheinwerferlicht des Kamera-Motorrads, das dem Sextett folgt. Die Fahrer tragen teilweise dicke Winter-Mützen unter den Helmen und Handschuhe. Die Gesichter sind von den Anstrengungen der letzten Stunden gezeichnet, die Trikots von Schlamm bespritzt. Kurz zuvor hat der Sky-Fahrer Ian Stannard noch einmal versucht, mit einer Tempoverschärfung seine Verfolger abzuschütteln. Doch es gelingt dem Slowaken Peter Sagan (Cannondale), einmal mehr die Lücke zu schließen. Unmittelbar an seinem Hinterrad fährt der Deutsche Gerald Ciolek.

Der Fahrer aus dem südafrikanischen Continental-Team MTN-Qhubeka ist so dicht an Sagan dran, dass sich dieser mehrfach umdrehen muss, um in der alles entscheidenden Phase des Rennens seine brandgefährlichen Rivalen dahinter ins Auge zu nehmen. Hinter Ciolek positioniert sind der Schweizer Klassikerjäger und mehrfache Zeitfahr-Weltmeister Fabian Cancellara (RadioShack-Leopard), der 2008 bei Mailand–Sanremo den Sieg davontrug, der italienische Katusha-Fahrer Luca Paolini, wenige Wochen zuvor beim belgischen Halbklassiker Omloop Het Nieuwsblad siegreich, sowie Sylvain Chavanel (Omega Pharma-Quick-Step), der sich eine Woche zuvor die Punktewertung bei der Radfernfahrt Paris–Nizza gesichert hatte.

Erst nach dem Zielstrich begreift Ciolek seinen Erfolg

Jetzt beginnt das Taktieren, die Fahrer drehen sich zueinander um, nehmen Tempo raus. Als sich Taylor Phinney (BMC) von hinten der

Gruppe nähert, startet Peter Sagan seinen Sprint, rund 200 Meter vor dem Ziel. Der große Favorit des Rennens sieht wie der sichere Sieger aus, wie bereits eine Woche zuvor, als er beim Etappenrennen Tirreno-Adriatico zwei Tageserfolge – einen im Massensprint und einen aus einer Gruppe heraus – erlangen konnte. Bis sich Ciolek aus seinem Windschatten löst, links zu Sagan aufschließt und sich unter heftigem Nicken des Kopfes sogar an Sagan vorbeischiebt. Erst nach dem Zielstrich erkennt Ciolek, dass er gerade den wichtigsten Sieg seiner Karriere und den größten Erfolg für sein Team errungen hat. Mit einem lauten Schrei begleitet der Kölner seinen Erfolg, unter dem ungläubigen Seitenblick von Sagan. Ein Schrei, in dem noch viel mehr mitschwingt als die Freude eines Überraschungssiegers.

La Classicissima, wie das Rennen von Mailand nach Sanremo auch respektvoll genannt wird, ist zwar mit 298 Kilometern Distanz das längste Eintagesrennen der Saison, aber trotz der außergewöhnlichen Länge bei den meisten Fahrern beliebt. Die Strecke ist weitestgehend flach und der Rennverlauf meist vorhersehbar: Es gibt oft harmlose Fluchten, so richtig ernst wird es aber erst an der Cipressa und am Poggio di Sanremo, den beiden Anstiegen im Finale des Rennens, wo stets heftig attackiert wird – bevor es am Ende meist aber doch zum Gruppensprint kommt.

Beliebt ist das erste Monument des Jahres aber besonders, weil die 1907 erstmals ausgetragene »Fahrt in den Frühling« als landschaftlich attraktiv gilt – wenn hinter dem Turchino-Pass in Richtung Mittelmeer die Sonne scheint und die Blumenküste Liguriens erstrahlen lässt.

Was macht Mailand-Sanremo für Sie besonders?

Gerald Ciolek: Das Rennen ist durch Erik Zabel bei mir ins Bewusstsein gekommen. Der Erik hat ja viermal in Sanremo gewonnen, ich habe keinen seiner Siege verpasst. Die Rennen habe ich immer im Fernsehen angeschaut.

Was macht das Faszinosum des Rennens aus?

Mailand-Sanremo ist seit Jahrzehnten das immer gleiche Spiel. Es gibt Ausreißer, die meist am Poggio starten. Und doch geht es nicht immer gleich aus. Es gibt oft eine Sprintentscheidung, aber es kommen auch Ausreißer durch, seien es Gruppen oder einzelne Fahrer. Außerdem machen die knapp 300 Kilometer es zu etwas ganz Besonderem. Und am Ende entscheiden Meter oder gar Zentimeter.

Rückblick: Es ist kein Zufall, sondern Ausdruck der damals in Deutschland grassierenden Radsport-Passion, dass Gerald Ciolek im Jahr 2000, mit 14 Jahren, erstmals selbst in den Sattel steigt, um Rennen zu fahren, zunächst für seinen Heimatverein Pulheimer SC, bevor er 2006 von dem renommierten Radsportfotografen Hennes Roth zur U23-Nachwuchsmannschaft des deutschen Continental-Teams Akud Arnolds Sicherheit vermittelt wird.

Nur mit einer Wild Card dabei

2007 tritt er erstmals selbst bei Mailand-Sanremo an, im Trikot des – inzwischen fusionierten – Teams Wiesenhof-Akud, und landet auf einem beachtlichen Platz 27. In den Jahren 2008 (inzwischen beim Team Columbia) und 2009 (Milram) folgen zwei weitere Starts, ohne jedoch das Rennen zu beenden. 2012 holt Ciolek Platz 142 für das Team Omega Pharma-Quick-Step, bevor er 2013 zum fünften Mal an den Start geht.

Welche persönlichen Ziele hatten Sie 2013 im Rennen?
Ich war extrem auf das Rennen fokussiert, nachdem mir Teammanager Douglas Ryder im Januar die Startzusage gegeben hatte. MTN-Qhubeka war nur mit einer Wild Card dabei, wir wurden als Underdogs gehandelt, wobei ich im Vorfeld schon zwei, drei richtig gute Rennen in dem Frühjahr gefahren war.

Weshalb Erik Zabel Sie im Vorfeld des Rennens einen »Geheimtipp« nannte?
Man kann seine Form ja schon ein bisschen einschätzen. Mein – allerdings nicht nach außen kommuniziertes – Ziel war, unter die Top Ten oder gar Top Five zu fahren. Ich war in einer komfortablen Situation, weil ich nicht als der große Favorit gehandelt wurde.

Wie war die Taktik des Teams?
Wir wollten grundsätzlich primär dabei sein und ins Ziel kommen und uns vielleicht an einer Ausreißergruppe beteiligen. Jens Zemke als Sportlicher Leiter hat damals aber auch in einer Besprechung gesagt, dass wir durch die guten Ergebnisse im Frühjahr eine kleine Chance haben, ein Top-Ergebnis zu erreichen. Die Taktik war auf mich als Leader ausgerichtet, ich hatte Fahrer dabei, die mich den ganzen Tag aus dem Wind gehalten haben.

Schnee macht das Rennen zur Tour de Tortur

Womit Ciolek im Vorfeld des Rennens aber nicht gerechnet hatte: In diesem Jahr gleicht die Fahrt in den Frühling eher einer Tour de Tortur. In der Nacht auf Sonntag hatte es auf dem 588 Meter hohen Turchino-Pass geschneit, die Temperaturen bleiben tagsüber unter null. Die Fahrer sind schon zwei Stunden unterwegs, vom Dauerregen und dann Schnee durchnässt und unterkühlt, als die Organisatoren entscheiden, das Rennen nach 118 Kilometern in Ovada zu unterbrechen. Der Turchino und auch der Anstieg nach Le Manie werden gestrichen. Die halb erfrorenen Fahrer werden stattdessen in Bussen zum Neustart nach Cogoleto, rund 130 Kilometer vor dem Ziel, gebracht, wo die Temperaturen aber auch nur bei sieben Grad Celsius liegen. Die Stimmung im Fahrerfeld ist frostig. Mehrere Favoriten wie der Belgier Tom Boonen und der Italiener Vincenzo Nibali geben entnervt auf. Der Australier Adam Hansen beklagt sich mit Blick auf die Veranstalter: »Wir sind wie die Tiere im Zoo.«

Haben Sie den Neustart auch bedauert?
Durchaus. Im Bus, beim Transfer zum neuen Startort, habe ich auch gedacht, dass der Veranstalter das jetzt eigentlich auch sein lassen könnte. Es war für uns alle extrem. Ich hätte fast geweint, meine Hände waren so kalt. Jeder, dem im Skiurlaub schon mal die Hände fast eingefroren sind, kennt das Gefühl, das wir hatten. Ein Betreuer ist dann auf die Idee gekommen, die Hände mit einem Schneeball abzureiben, das hat geholfen. Aber nach dem Wiederstart war das Rennen eigentlich wie jedes andere auch. Es war nur sehr schwierig, sich noch mal neu zu motivieren im Bus.

Wie ist Ihnen das gelungen?
Ich habe mir Kopfhörer im Bus aufgesetzt und das Album »Mother's Milk« von den Red Hot Chili Peppers gehört, also funkige, peppige Musik. Das hat geholfen.

Wie sind Sie als Radprofi mit Kälte grundsätzlich zurechtgekommen?
Besser als mit Hitze. Ich habe Kälte nie als angenehm empfunden, aber mir ist sie nicht so schwer gefallen wie anderen. Wir waren in dem Jahr Ende Januar im Teamtrainingslager in der Toskana gewesen, und da

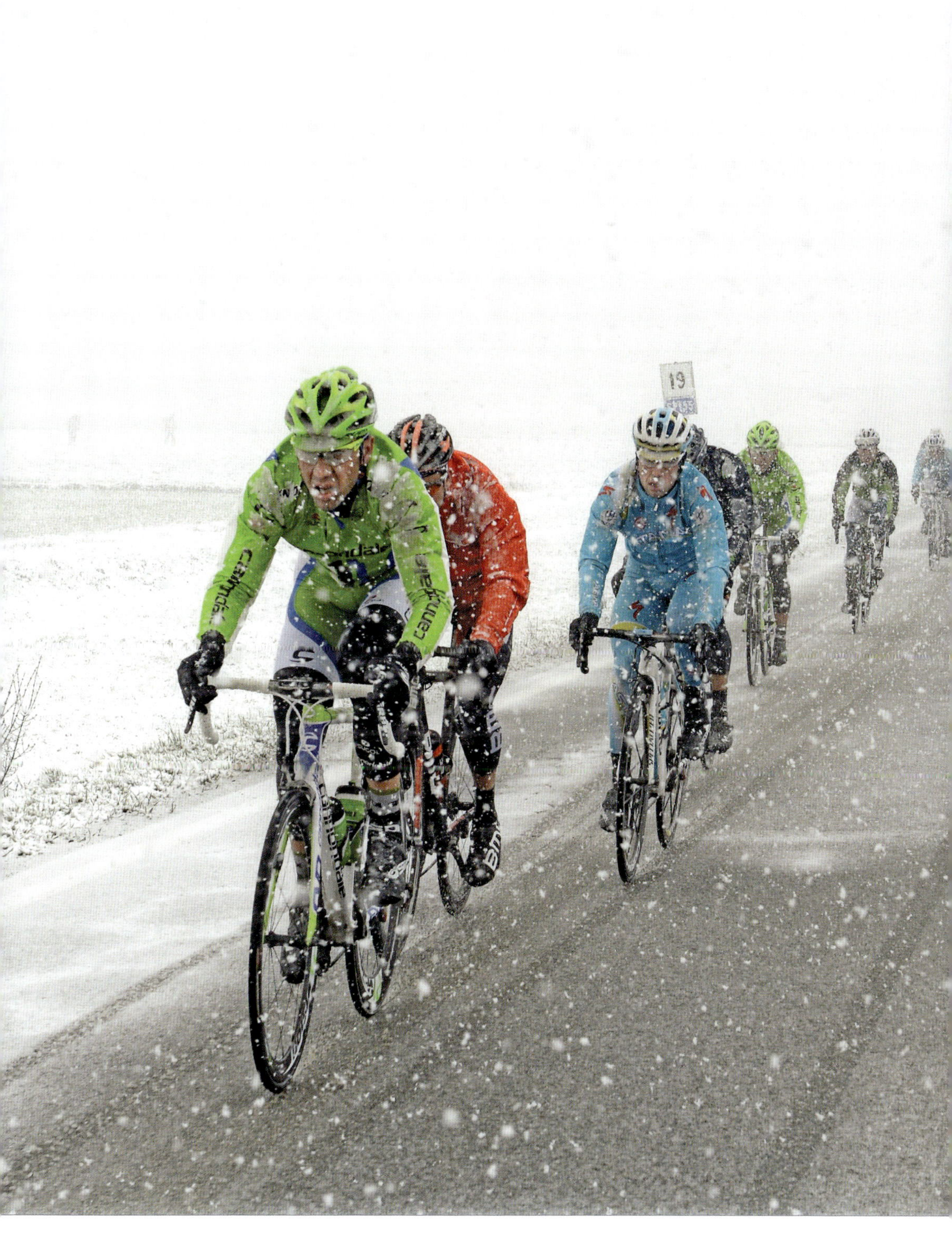
19

lagen die Temperaturen auch nur knapp über dem Nullpunkt. Der Körper gewöhnt sich daran.

Debütanten motivieren Ciolek

Ciolek hilft in dieser Situation nicht nur seine Wetterresistenz, sondern auch die Unterstützung des Teams für seinen Leader. Was die Sanremo-Debütanten an Erfahrung vor Ort vermissen lassen, machen sie mit guter Laune trotz widriger Bedingungen wett. Unter Cioleks Helfern sind die Südafrikaner Jay Thomson und Songezo Jim, die wertvolle moralische Unterstützung leisten, wenn auch nicht bis zum Ende des Rennens. Der eine, Thomson, der während der Rennunterbrechung versucht hatte, seine eiskalten Gliedmaßen mit einer heißen Dusche noch einmal wiederzubeleben, muss 70 Kilometer nach dem Neustart des Rennens endgültig aufgeben. Sein Sportlicher Leiter Jens Zemke weist ihn an, auf das letzte Betreuerauto zu warten, das Thomson jedoch ebenso wie den Besenwagen verpasst – per Taxi lässt er sich stattdessen für 170 Euro ins Ziel bringen. Jim, erster dunkelhäutiger Fahrer in der Geschichte des Rennens, hatte wenige Tage zuvor erstmals in seinem Leben Schnee gesehen – und ist offenbar in Italien so irritiert von den Wetterbedingungen, dass er den vorläufigen Rennabbruch nicht mitbekommt und weiter hinein in den Turchino fährt, bevor er gestoppt wird. Im Jahr zuvor war er beim Rennen Rund um Köln bei ebenfalls schlechtem Wetter nach 70 Kilometern vom Rad gestiegen, klingelte im Bergischen Land bei fremden Leuten und legte sich dort eine Stunde in die heiße Wanne. Bei Mailand–Sanremo unterstützt Jim den Mannschaftskapitän auch nach dem Neustart aufopferungsvoll, bevor er dann doch nach 200 Kilometern der auf 246 Kilometer verkürzten Strecke aussteigt.

So ist Ciolek bis zur Cipressa, dem vorletzten, 240 Meter hohen Anstieg des Rennens hauptsächlich auf seinen Teamkollegen Andreas Stauff angewiesen, mit dem er als »kölsches Tandem« regelmäßig im Rheinland trainiert. Die entscheidende Rennphase beginnt allerdings, wie oft bei diesem Rennen, erst am letzten Anstieg, dem 162 Meter hohen Poggio. In der Abfahrt vom Poggio übernimmt die Sechser-Gruppe, die am Ende den Sieg unter sich ausmacht, die Führung. Für Ciolek ist die Ausgangslage doppelt vorteilhaft: Die Beine fühlen sich noch fit an. Und die Aufmerk-

IM FOKUS: POGGIO DI SANREMO – SCHARFRICHTER BEI MAILAND-SANREMO

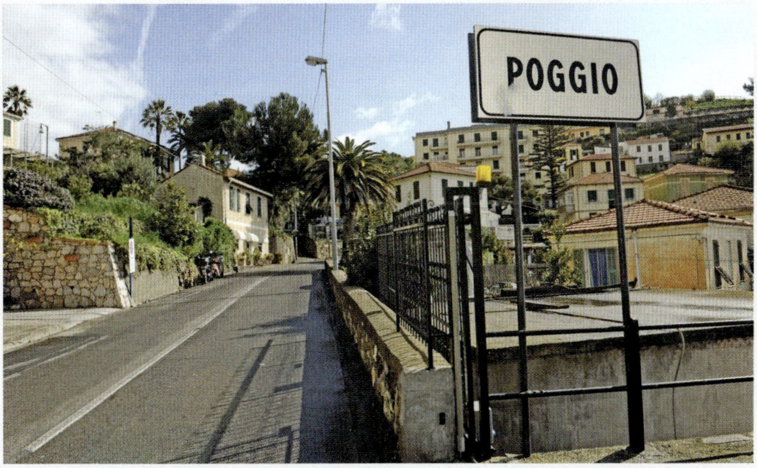

Der Poggio di Sanremo gehört zu den berühmtesten Anstiegen der Radsportgeschichte. Nicht wegen seiner Topografie – mit 3,7 Kilometern Länge bei einer durchschnittlichen Steigung von weniger als vier Prozent stellt der Poggio selbst nach über 280 Rennkilometern bei Mailand-Sanremo keine große körperliche Herausforderung dar. Berühmt wurde der Poggio dagegen wegen seiner strategischen Bedeutung, weil am letzten Berg vor dem Ziel in Sanremo oft die entscheidenden Attacken stattfinden – der Poggio entscheidet dann über Sieg und Niederlage. Zu diesem Zweck wurde der Berg auch 1961 bei der Streckenplanung berücksichtigt: um zu verhindern, dass es stets zu einer Sprintankunft in Sanremo kommt. 1982 wurde zusätzlich die Cipressa (240 Höhenmeter) integriert, der vorletzte Berg vor dem Ziel. Der Anstieg zum Poggio startet neun Kilometer vor der Ziellinie. Auf den ersten zwei Kilometern des Anstiegs liegen vier Haarnadelkurven. Gegen Ende des Anstiegs wird die Straße acht Prozent steil, bevor es nach 149 überwundenen Höhenmetern in die Abfahrt geht, die ein hohes technisches Vermögen verlangt: Die Straße verengt sich teilweise, auch hier gibt es scharfe Kurven. Das Ende der Abfahrt mündet unmittelbar in Sanremo.

In der jüngeren Geschichte des Radsports war der Poggio allerdings nicht immer tatsächlich der Scharfrichter des Rennens, weil viele Sprinter am Berg nicht abreißen lassen mussten. Zu den bekanntesten erfolgreichen Poggio-Attacken gehören die von Francesco Moser 1984 (im Ziel 20 Sekunden Vorsprung vor einer 40-köpfigen Gruppe), Maurizio Fondriest 1993 (ebenfalls alleine aus einer größeren Gruppe ausgerissen), Paolo Bettini 2003 (im Zweier-Sprint gegen Mirko Celestino siegreich), Simon Gerrans 2012 (im finalen Duell mit Fabian Cancellara und Vincenzo Nibali) und Michał Kwiatkowski 2017 (am Ende im Sprint gegen Peter Sagan und Julian Alaphilippe erfolgreich) – sowie die von Vincenzo Nibali 2018, der sogar mit einem hauchdünnen Vorsprung alleine ins Ziel rollte.

samkeit der anderen Fahrer konzentriert sich auf Sagan, den Top-Favoriten.

Welche Erinnerungen haben Sie an diese Phase des Rennens?
Ich wusste, dass ich mit den besten Fahrern am Poggio attackieren musste. Dort hat Sagan attackiert, ich konnte direkt an seinem Rad bleiben, und da hat sich das schon aussortiert. Durch die kurvenreiche, nasse Abfahrt zog sich die Gruppe auseinander. Wir holten Ian Stannard und Chavanel ein, die zuvor ausgerissen waren. Da habe ich tatsächlich gemerkt, dass es klappen könnte. Die Gruppe, die sich gebildet hatte, war für mich von Vorteil. Alle haben auf den Top-Favoriten Peter Sagan geachtet.

Warum Sagan den Deutschen übersieht

Sagan wiederum hat Gerald Ciolek trotz dessen auffälligen gelb-schwarzen Trikots nicht im Fokus: weil Ciolek nicht in einem der finanzstarken WorldTour-Teams fährt, sondern in der zweiten Radsport-Liga bei MTN. Und weil die großen Siege Cioleks schon lange her sind: 2005, mit 18 Jahren, hatte Ciolek bei den Deutschen Meisterschaften sein Idol Erik Zabel im Sprint besiegt und so die zwölf Jahre währende Dominanz des Telekom-Teams bei den nationalen Meisterschaften beendet – »Ein Jungspund stiehlt Zabel die Schau«, titelte seinerzeit die »Stuttgarter Zeitung«. Im Folgejahr gewann der Kölner im österreichischen Salzburg sogar die U23-Weltmeisterschaft, ebenfalls im Sprint aus einer Sechsergruppe heraus. »Eiskalt dieser Mann, oder? So gut war ich nicht in diesem Alter«, räumte der große Zabel damals ein.

Dies sind die Sternstunden des jungen Rennfahrers, der fortan in die erste Liga der Teams aufstieg, aber das Versprechen auf eine ganz große Karriere meist nicht einlösen konnte. Bei T-Mobile und dem Nachfolgerennstall Columbia war Ciolek 2007 und 2008 der Mann für die kleineren Rennen, der ansonsten aber Sprints für Mark Cavendish anfahren musste. Beim Team Milram hatte Ciolek 2009 und 2010 zwar die Kapitänsrolle, konnte diese aber nicht so ausfüllen, wie es von ihm erwartet wurde. Milram-Sportdirektor Christian Henn sagte nach einem erfolglosen Frühjahr 2009: »Gerald muss sich Gedanken machen – er weiß doch selbst, dass er nicht der Massensprintfahrer ist.« Bei Quick-Step, wo Ciolek 2011 und 2012 fuhr, war der Belgier Tom Boonen dann der unumstrittene Boss. Die Kritik am deutschen Fahrer nahm zu, und Ciolek zweifelte an sich: Im »Sprint Royal«, bei einer Massenankunft, seien André Greipel oder eben Cavendish einfach eine Nummer schneller als er, räumte er 2012 zerknirscht ein.

In einem der ersten Zeitungsartikel über Sie ist von einer »Mischung aus Winokurow und Zabel« die Rede, also Allrounder oder Sprinter. Wie haben Sie selbst Ihr Profil eingeschätzt?
Man hat anfangs immer versucht, aus mir einen reinrassigen Sprinter zu machen, was ich nie war, weil ich dafür am Berg zu viele Qualitäten hatte. Viele meinten, ich fahre ähnlich wie Paolo Bettini. Der war aber auch anders, weil er sich die ganz harten Rennen ausgesucht hat. Heute gibt es den klassischen Sprinter kaum noch, sondern eher Sprinter mit Allround-Qualitäten. So habe ich mich auch gesehen. Oscar Freire war ein ähnlicher Fahrer wie ich, er konnte auch aus 20- oder 30-Mann-Gruppen gewinnen.

»Die ganze Karriere über mit der Erwartungshaltung leben«

Kamen die ersten Erfolge in Ihrer Karriere zu früh für Sie?
Sie waren zumindest Fluch und Segen: Sie haben Türen aufgestoßen – viele U23-Fahrer warten Jahre, bis sie zu einem Profiteam wechseln können, ich bekam vier Angebote, was extrem komfortabel war. Andererseits muss man die ganze Karriere über mit dieser Erwartungshaltung leben.

Sie waren besonders erfolgreich, wenn Sie keiner auf dem Schirm hatte.
Im Rennen macht das keinen Unterschied, ob man mit einer Favoritenrolle unterwegs ist oder nicht. Aber es war immer gut, in der Vorbereitung Ruhe zu haben. Wenn von Anfang an aber die Forderung dahintersteht, dass man etwas gewinnen muss, wird es schwierig. In meinem ersten Jahr bei MTN sind wir die Trofeo Laigueglia gefahren. Das war ein extrem schweres Rennen, bei dem ich Vierter wurde. Bei Quick-Step hätten die mit den Achseln gezuckt und gesagt: Beim nächsten Mal wird's besser. Bei MTN habe ich die Wertschätzung auch für ein solches Rennen erfahren.

Dazwischen liegen viele Jahre…
Ja, ich hatte oft die Leaderrolle, konnte die nicht so ausfüllen, wie es von mir erwartet wurde.

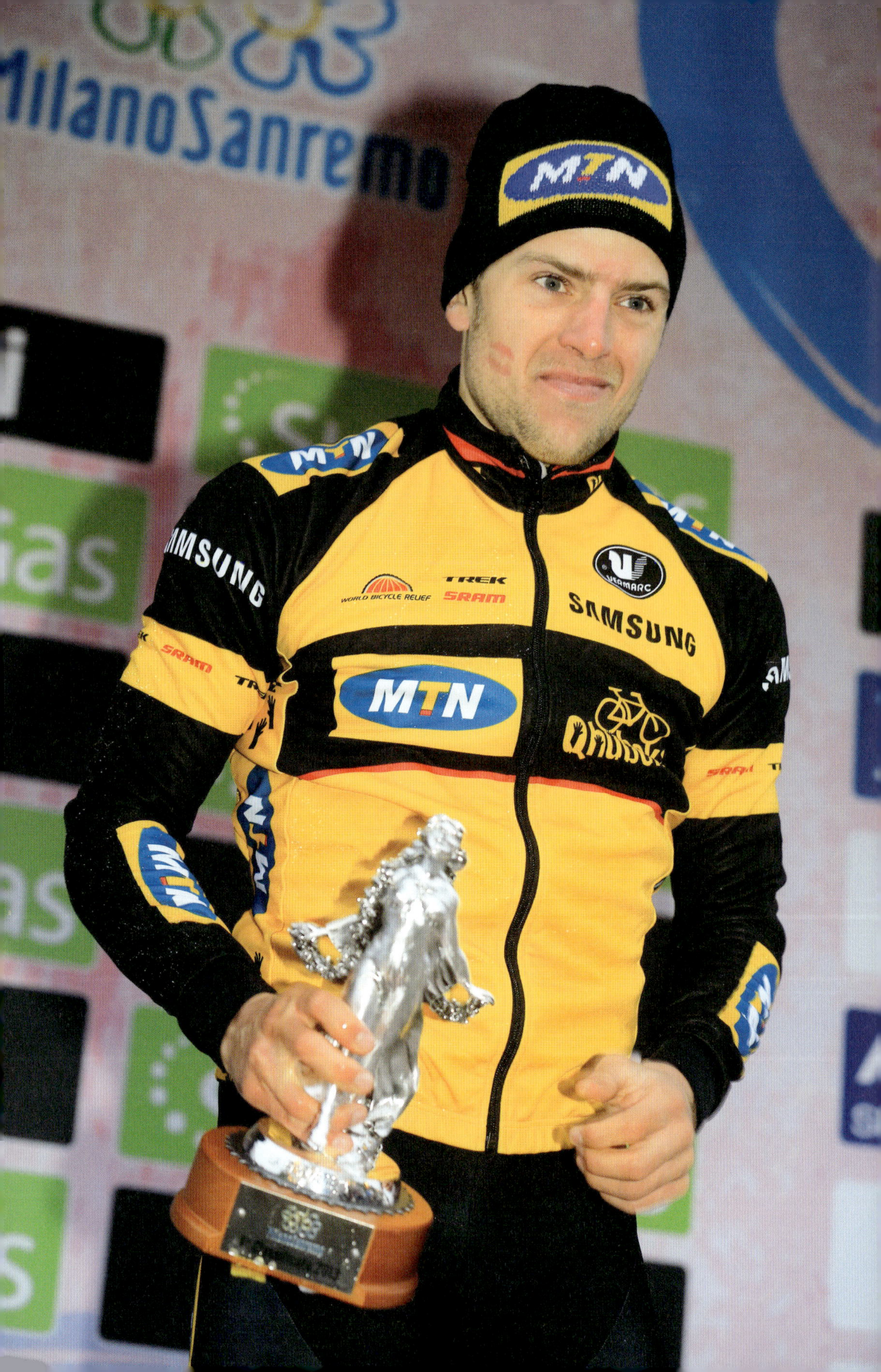
MilanoSanremo
MTN
SAMSUNG
WORLD BICYCLE RELIEF
TREK
SRAM
MTN
SAMSUNG

Bei Mailand-Sanremo 2013 ist die fehlende Erwartungshaltung schließlich indirekt der Schlüssel zum Erfolg. Im Trikot der südafrikanischen Equipe fliegt Ciolek bis zum Schluss unter dem Radar seiner Kontrahenten in der Spitzengruppe.

Welche Erinnerungen haben Sie an die letzten tausend Meter?
An der Flamme Rouge war ich in einer guten Position, Dritter etwa, und kam an Sagans Rad. Das war der Moment im Rennen, in dem ich dachte, dass es für mich nicht mehr nur um die Top Five geht, sondern um den Sieg. Ich fühlte mich gut, die Gruppe war klein genug...

Sagan drehte sich am Ende immer wieder um...
Ja, nicht zu mir allerdings. Sagan hatte mich nicht als schnellen Mann auf dem Schirm. Er ist ja ein paar Jahre jünger als ich. Meine Anfangszeit, in der ich viele Rennen im Sprint gewonnen habe, ist an ihm vorbeigegangen. Er hatte mich nicht auf dem Plan. Das sieht man auch daran, dass er am Ende noch ziemlich viel Arbeit übernommen hat. Im Nachhinein habe ich gehört, dass der Sportliche Leiter ihn sogar noch vor mir gewarnt hat, aber man bekommt dann ja nicht mehr alles mit.

Ciolek zieht am Ende, mit hämmerndem Kopfnicken dicht über dem Lenker, an Sagan vorbei und gewinnt das Rennen, Sagan schaut von der Seite erstaunt zu.

»Jeder Sieg ist eine Genugtuung«

War der größte Sieg Ihrer Karriere auch Ihr liebster?
Doch, schon. Auch weil die Geschichte rund um den Wechsel zu MTN-Qhubeka so schön war. Damals gab es doch einige Fragezeichen: Können wir überhaupt bei den großen Rennen starten? Was kann das Team mir bieten? Alle haben meinen Wechsel irgendwie als Rückschritt wahrgenommen, und plötzlich hatte ich diesen Erfolg. Man fährt über die Linie und weiß, dass keiner einem das mehr nehmen kann: Das gehört jetzt mir.

Eine Genugtuung?
Jeder Sieg ist eine Genugtuung. Ich hatte nicht das Gefühl, dass ich jemandem etwas beweisen muss. Aber die Geschichte war sympathisch. Wir waren eben nicht nur das Team, das fährt, um Rennen zu gewinnen,

sondern das auch soziale Ziele in Afrika verfolgt. Das war einen Ticken cooler.

Was hat der Sieg für das Team bedeutet?
Wir hatten es insgesamt einfacher bei Veranstaltern und Sponsoren. Im Folgejahr sind wir zum Beispiel die Vuelta gefahren.

Doch die Entspannung nach dem Überraschungssieg verfliegt bei Ciolek schon bald, offenbar hemmt die Erwartungshaltung erneut den damals 26-Jährigen. Er erzielt weiterhin vereinzelt Erfolge, wird bei den Deutschen Meisterschaften im Juni Zweiter hinter André Greipel, erlangt Etappensiege bei der Bayern- und Österreich-Rundfahrt – doch viel mehr kommt nicht. 2015 läuft sein Vertrag bei MTN aus. Ciolek wechselt zur Stölting Service Group, einem kleinen Pro-Continental-Team, wird im Juni 2016 noch einmal Fünfter bei den Deutschen Meisterschaften – und kündigt wenige Monate später das Ende seiner Profikarriere zum Ende des Jahres 2016 an.

»Die Welt ist mir fremd geworden«

»Zum Profi-Radsport zieht es mich nicht«, haben Sie damals, nach elf Profi-Jahren, gesagt. Warum die völlige Abkehr?
Ich habe mich nicht mehr als Radprofi gefühlt. Die Welt war mir fremd geworden. Das lag auch an meiner Situation – dass die Erfolge gefehlt haben und ich nicht mehr in diesem Sport aufblühen konnte. Ich hatte immer öfter das Gefühl, fehl am Platz zu sein, beispielsweise abends in den Hotels, am billigen Buffet stehend, immer mit denselben Leuten. Du bist 200 Tage im Jahr unterwegs. Mein letztes Jahr bei Stölting war auch schwierig, weil ich auf einmal wieder in einem ganz kleinen Team gefahren bin. Das hat mich auch nicht mehr motiviert.

Haben Sie diese Entfremdung früher schon gespürt?
Ja, sicher. Und so ging es auch anderen Fahrern. Andy Schleck kam mal bei der Tour de Suisse zu mir, kurz bevor er auch aufhörte, und sagte: »Gerald, du bist wie ich, du hast auch keinen Bock mehr.« Mit Dominic Klemme habe ich mich während der Vuelta mal darüber unterhalten, bei einem meiner letzten Rennen bei MTN. Er sagte: Wir fahren die ganze Zeit nur hinterher, ich möchte mal etwas anderes machen. Wenn man nicht mehr den Drive hat, muss man sich irgendwann zurückziehen.

Warum fehlte der »Drive«?

Das ist ein Kreislauf: Die Motivation stimmt nicht, die Erfolge stellen sich nicht mehr ein, und dann steht das Team nicht mehr hinter einem. Mit 30 muss man zehnmal mehr Erfolge einfahren als mit 20, um bei der Wahl des Teams noch eine Auswahl zu haben. Ich habe keinen attraktiven Vertrag mehr bei einem größeren Team bekommen. Das hätte mich vielleicht noch mal motiviert.

»Wir waren Freiwild«

Was bei Ciolek außerdem hinzukommt, ist der Zeitpunkt seines Karrierebeginns. Ciolek hat den deutschen Radsport-Hype als Jugendlicher miterlebt, fährt als Jungprofi beim T-Mobile-Team, das wesentlich dazu beigetragen hat, den Radsport in Deutschland in die Breite zu tragen. »Das war dann irgendwann schlagartig vorbei, und dann wurde man teilweise angebrüllt«, so Ciolek. Er erinnert sich an den 24. Mai 2007, den Tag, als Erik Zabel und Rolf Aldag vor die Presse traten, um ihre Doping-Verstöße zu beichten. Am Abend habe er in Bonn mit Mitarbeitern der Telekom eine Ausfahrt gehabt. »Auf der Straße wurden wir angeschrien. Wir waren Freiwild.«

In den rund zwei Jahren nach seinem Abschied zog Ciolek zunächst nichts mehr in den Profiradsport. Vielleicht werde er sich einmal im Nachwuchsbereich engagieren, erklärte er im Interview. Einige Monate später ließ er durchblicken, sich bald wieder dem Radsport anzunähern und als Sportlicher Leiter bei einem Kölner Continental-Team zu arbeiten. Cioleks Ratschläge für junge Fahrer sind sicherlich wertvoll. Eine seiner Lektionen ist dann vermutlich: wie man mit Erwartungshaltungen umgeht – und sie im richtigen Moment nutzt, um große Siege davonzutragen.

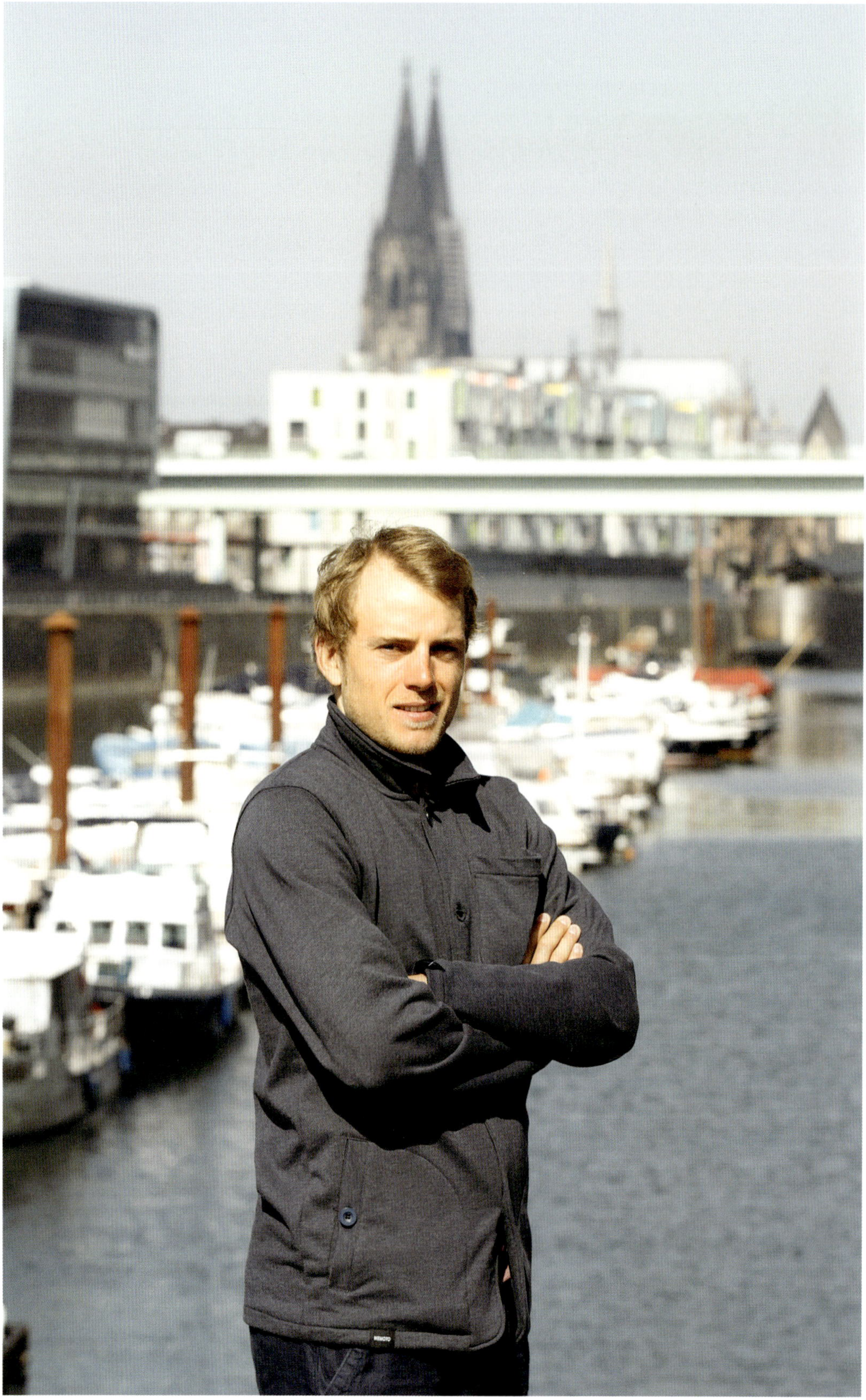

GERALD CIOLEK

Geboren: 19. September 1986 in Köln
Nationalität: deutsch
Profil: Sprinter mit Puncheur-Qualitäten

Teams:
2016 Stölting Service Group
2013–2015 MTN-Qhubeka
2012 Omega Pharma-Quick-Step
2011 Quickstep Cycling Team
2009–2010 Milram
2008 Team Columbia
2007 T-Mobile Team
2006 Team Wiesenhof Akud

Größte Erfolge:
Sieger Mailand–Sanremo (2013)
5 Etappensiege Deutschland-Tour (2008, 2007, 2006)
1 Etappensieg Vuelta a España (2009)
3 Etappensiege Österreich-Rundfahrt (2013, 2007)
Deutscher Meister Straße 2005
U23-Weltmeister Straße 2006

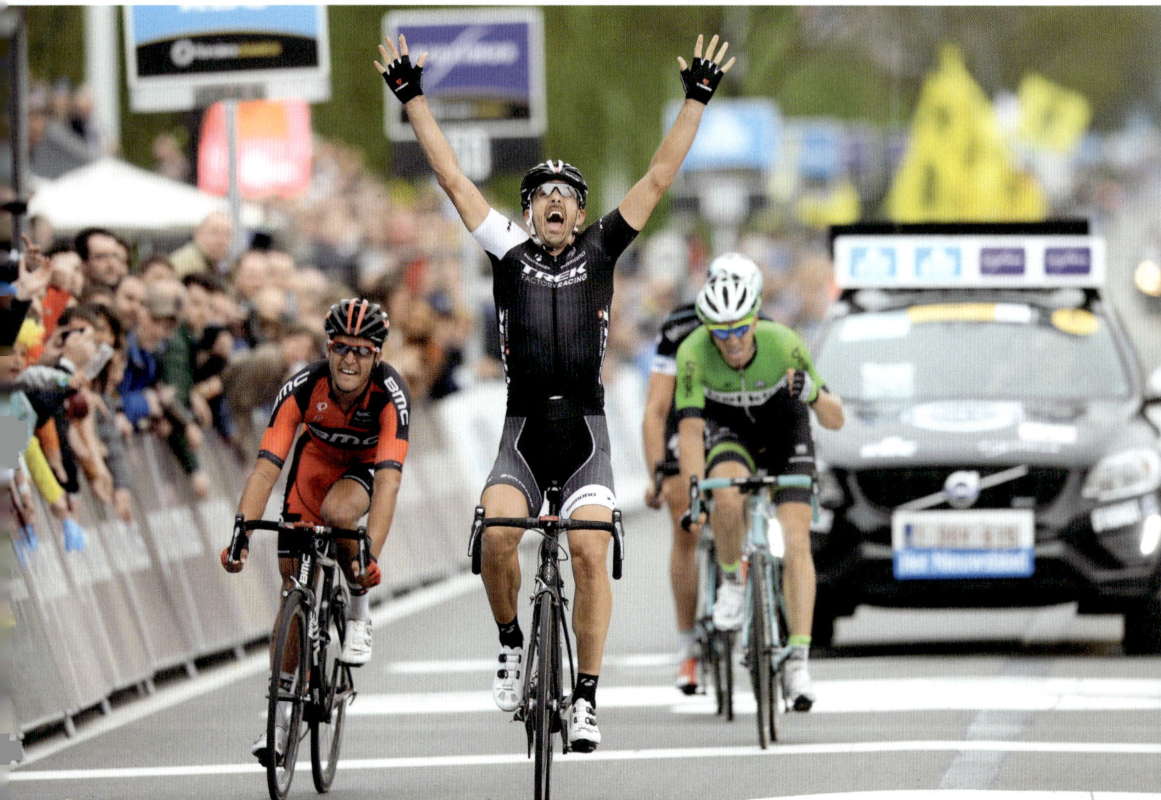
TREK
FACTORY RACING
BMC

DIE SCHÄRFSTE WAFFE VON »SPARTACUS«

Flandern-Rundfahrt, 6. April 2014

Die schärfste Waffe von »Spartacus« wird durch einen Schalter aktiviert. Kein Schalter, der einen Motor in Gang setzen würde, was dem früheren Radprofi jahrelang unterstellt wurde, sondern ein innerer Schalter, der Gedanken statt einen Stromfluss steuert. Der Schweizer war in seiner Radsportkarriere immer am besten, wenn er im entscheidenden Moment alle störenden Gedanken ausschalten konnte. Wenn alle Freuden oder Probleme in der Familie, wenn allzu komplexe taktische Überlegungen aus dem Vorfeld der Rennen plötzlich sekundär wurden. Wenn die eigene Aufmerksamkeit ausschließlich den Radius von 50 Metern rund ums Rad fokussierte. Die Erkenntnis: Zu viel Nachdenken tötet die Intuition – die wichtigste Waffe des Radprofis Fabian Cancellara.

Immer wieder ist Fabian Cancellara in seiner Karriere an diesem radikalen Fokus gescheitert. Im Jahr 2006 etwa, als er bei der Flandern-Rundfahrt wegen zu intensiven Grübelns am Ende nur Sechster wurde – was für seine Verhältnisse eine schlechte Platzierung war. »Ich lernte auf der Flandern-Rundfahrt vor allem, dass man seine Kraft gut einteilen muss. Jedoch kann zu viel Einteilung und Planung auch ein Nachteil sein, da man dann zu viel nachdenkt«, erinnert sich Cancellara Jahre später in der Biografie »Fabian Cancellara: Radrennfahrer und Familienmensch« von Guy Van Den Langenbergh. »Doch ich wusste, dass ich die nötigen Voraussetzungen habe, diese anspruchsvolle und berüchtigte Strecke in naher Zukunft zu gewinnen.«

»Die Aufmerksamkeit von mir weglenken«

Der klare Fokus und die Entscheidungen aus dem Bauch heraus haben dem Schweizer indes am 6. April 2014 bei der 98. Ronde van

Vlaanderen zum Sieg verholfen: Cancellara, der in seiner Karriere die größten Siege als Solist herausgefahren hat, gewinnt ausgerechnet im Sprint einer Vierergruppe, zudem als Schweizer im Duell mit drei Belgiern. Es ist bereits Cancellaras dritter Sieg beim belgischen Frühjahrsklassiker – und auch der außergewöhnlichste.

Sie haben in einem Interview gesagt, dass 2014 zunächst kein gutes Jahr war für Sie. Sie seien stets von anderen Fahrern und den Medien beobachtet worden – nachdem Sie im Vorjahr das Double aus Flandern und Paris-Roubaix gewonnen hatten.
Fabian Cancellara: Ich stand immer unter großer Beobachtung, wurde genau analysiert, was meine Stärken und Schwächen betrifft. Da ist es natürlich total schwierig, frei zu agieren.

Sie hatten in dem Jahr bis dato noch keinen Sieg gelandet, aber sind Zweiter bei Mailand-Sanremo und Sechster bei Strade Bianche geworden. Wie war Ihre Form in dem Frühjahr?
Die war sicher nicht schlecht, aber ich bin in der Zeit auf einer sehr hohen Welle unterwegs gewesen, daher war die Erwartungshaltung auch groß.

Weshalb Sie am Morgen beim Start der Flandern-Rundfahrt in Brügge erklärt haben, dass Sie den Tag vor allem »genießen« wollen?
Klar, damit wollte ich den anderen Fahrern den Druck aufbürden. Ich hatte das Rennen ja schon mehrfach gewonnen, die anderen nicht, daher war es wichtig für mich, die Aufmerksamkeit von mir wegzulenken.

Ihre Frau und Kinder waren im Publikum, was hat das für Sie bedeutet? War das oft der Fall?
Nein, in Flandern war meine Familie 2013 und 2014 dabei, sonst war das eher selten. Für mich war das ein Zeichen der Wertschätzung. Für meine Familie bedeutete meine Radsportkarriere immer auch Verzicht, insofern habe ich mich sehr gefreut, wenn sie mich vor Ort unterstützt haben.

Wer gehörte neben Ihnen zu den Favoriten?
Das waren sicherlich diejenigen, mit denen ich am Ende unterwegs war: besonders Sep Vanmarcke und Greg Van Avermaet. Andererseits

natürlich auch Peter Sagan und Tom Boonen, der dann aber schnell seine Chancen verspielte.

Viele Klassikerjäger mit am Start

Das von Cancellara benannte Favoriten-Quartett steht mit einer exzellenten Frühjahres-Zwischenbilanz am Start: Van Avermaet hatte am 1. März zum Auftakt der Klassikersaison den Omloop Het Nieuwsblad gewonnen, tags darauf Tom Boonen Kuurne–Brüssel–Kuurne. Der Slowake Sagan wiederum landete auf Platz zwei bei Strade Bianche und erlangte einen Etappensieg bei der Fernfahrt Tirreno–Adriatico. Vanmarcke schließlich wurde eine Woche vor der Flandern-Rundfahrt bei Gent–Wevelgem Vierter.

Nach dem Start um 10.15 Uhr in Brügge dauert es fast 40 Kilometer, bis sich eine elfköpfige Ausreißergruppe formieren kann. Mit dabei ist Taylor Phinney, der BMC-Teamkollege von Greg Van Avermaet, ansonsten fehlen vorne die für den Sieg favorisierten Teams.

Es entwickelt sich ein nervöses Rennen, ab dem zweiten Drittel des insgesamt 259 Kilometer langen Klassikers durch die flämischen Ardennen gibt es viele Stürze und Ausfälle – von den 200 gestarteten Fahrern kommen am Ende wegen Stürzen, Ausfällen oder Zeitüberschreitung nur 102 in die Wertung. Auf der langen Liste der Sturzausfälle steht unter anderem der Vorjahresdritte Jürgen Roelandts aus André Greipels Lotto-Team. Der schwerste Unfall ereignet sich bei Kilometer 57 in der Ortschaft Wielsbeke, wo der belgische Paris–Roubaix Gewinner von 2011 Johan Vansummeren (Garmin-Sharp) mit hoher Geschwindigkeit frontal eine ältere Zuschauerin erfasst, die in der Mitte der Straße auf einer Verkehrsinsel steht – beide werden ins Krankenhaus eingeliefert; Vansummeren kommt mit einem blauen Auge und einigen Wunden im Gesicht davon, die damals 66-Jährige ist seit dem tragischen Unfall ein Pflegefall.

Auch das Trek Factory Racing Team von Cancellara ist mehrfach in Stürze verwickelt: Jaroslaw Popowitsch bleibt mit seinem Lenker am Mantel einer Frau hängen, stürzt und muss das Rennen aufgeben, auch Cancellaras Landsmann Gregory Rast steigt aus. Edelhelfer Stijn Devolder, selbst Doppelsieger bei der »Ronde«, geht gleich dreimal an dem Tag zu Boden und kämpft danach vergeblich um den Anschluss an die Spitze; am Ende fährt er als 86. ins Ziel.

Sie waren relativ früh im Rennen auf sich alleine gestellt, weil einige Teamkollegen stürzten.
Richtig, neben den Stürzen gab es aber auch taktische Gründe, die dazu geführt haben, dass ich früh alleine war: Wir mussten mehrfach offensiv agieren und die Tempoarbeit verrichten. Aber für mich war das nichts Neues, ich war in meiner Karriere sehr oft in Rennen auf mich alleine gestellt, ohne Unterstützung meines Teams oder anderer Mannschaften.

»Drei Viertel Intuition«

Bis zu sechs Minuten Vorsprung fährt die Ausreißergruppe heraus, bevor die Mannschaftskollegen der Favoriten im Verfolgerfeld das Tempo anziehen, allen voran das Team Omega Pharma-Quick-Step von Tom Boonen. Auch die Ausreißer reagieren an der Spitze mit einer Tempoverschärfung, worauf die Gruppe allmählich auseinanderfällt. Es bleibt nur noch das Trio aus Phinney, Daryl Impey (Orica-GreenEdge) und Stig Broeckx (Lotto Belisol) zusammen, das 44 Kilometer vor dem Ziel ebenfalls eingeholt wird: Am Koppenberg, dem steilsten der schmerzhaften Pflasteranstiege des Rennens, passiert Boonen mit zwei Teamkollegen das verbliebene Ausreißer-Trio, gefolgt von einer rund 15-köpfigen Gruppe mit Favoriten wie Cancellara, Sep Vanmarcke, Peter Sagan (Cannondale) und John Degenkolb (Giant).

Es folgen mehrere Attacken aus dem Favoritenkreis, vorentscheidend ist der Angriff von Greg Van Avermaet 31 Kilometer vor dem Ziel, dem zunächst nur Stijn Vandenbergh (Quick-Step) folgen kann – Vandenbergh verweigert jedoch bis fast zum Schluss des Rennens die Führung, in der Hoffnung, dass die Teamkollegen Tom Boonen oder Zdeněk Štybar wieder aufschließen können.

Van Avermaets Attacke war eine entscheidende Szene des Tages. Warum haben Sie die beiden Fahrer ziehen lassen?
Ich habe mir in dem Moment überlegt, dass ich mich auf den Oude Kwaremont fokussieren sollte. Dort wollte ich nach hinten eine Vorentscheidung herbeiführen und dann nach vorne hin wieder den Anschluss finden.

Als Sie am Oude Kwaremont, 17 Kilometer vor dem Ziel, attackieren, kann nur Sep Vanmarcke folgen…

Seine Motivation war, selbst zu gewinnen, als Belgier in Belgien Geschichte zu schreiben, deshalb war er hochmotiviert mitzugehen.

Warum wählten Sie den Oude Kwaremont?
Am Ende kommt noch der Paterberg, den hätte ich auch nehmen können, aber die Steigung am Kwaremont ist besser, um eine Vorentscheidung zu suchen.

Der Paterberg gilt mit einer Steigung von im Schnitt 13 und maximal 20 Prozent als der neben dem Koppenberg härteste Anstieg der »Ronde«. Doch mit nur rund 360 Metern ist er wesentlich kürzer als der 2.200 Meter lange Oude Kwaremont, bei dem im Falle einer Attacke ein größeres Durchhaltevermögen nötig ist.

Der frühere Profi Fabrizio Guidi hat einmal über Sie gesagt: »Cancellara greift nicht zwanzigmal an, sondern nur einmal, aber erfolgreich.« Wie haben Sie den entscheidenden Moment meist gewählt?
Das war zu drei Vierteln Intuition, zu einem Viertel geplant. Ich habe mir vorher schon Gedanken über mögliche Rennverläufe gemacht, aber genaue Planungen waren meist nicht möglich. Dann blieb die Intuition.

Die Intuition, das Bauchgefühl, hat Cancellara in seiner Karriere oft zum Sieg verholfen. Im Gegensatz zu anderen Fahrern benötigt er während des Rennens kaum taktische Anweisungen. »Mich leitet der Instinkt«, hat der Schweizer schon früh in seiner Karriere gesagt. In seiner Laufbahn, bei entscheidenden Situationen etwa der Klassiker-Rennen im Frühjahr, wurde er nie aus dem Teamauto heraus dirigiert: weder bei der Flandern-Rundfahrt 2010, als Cancellara an der Muur in Geraardsbergen Tom Boonen mit einem trockenen Antritt abhängte und solo zum Sieg fuhr, noch eine Woche später bei Paris–Roubaix, als er mehr als 40 Kilometer vor dem Ziel auf einer langen Geraden attackierte und sofort einen großen Abstand auf Rivalen wie Tom Boonen, Thor Hushovd, Filippo Pozzato und Juan Antonio Flecha herausfuhr – im Ziel hatte er komfortable zwei Minuten Vorsprung.

Markenzeichen Kraftexplosion

In beiden Fällen wurde Cancellara im Nachhinein der Einsatz eines Motors im Rahmen unterstellt. Unter den Zweiflern waren nicht

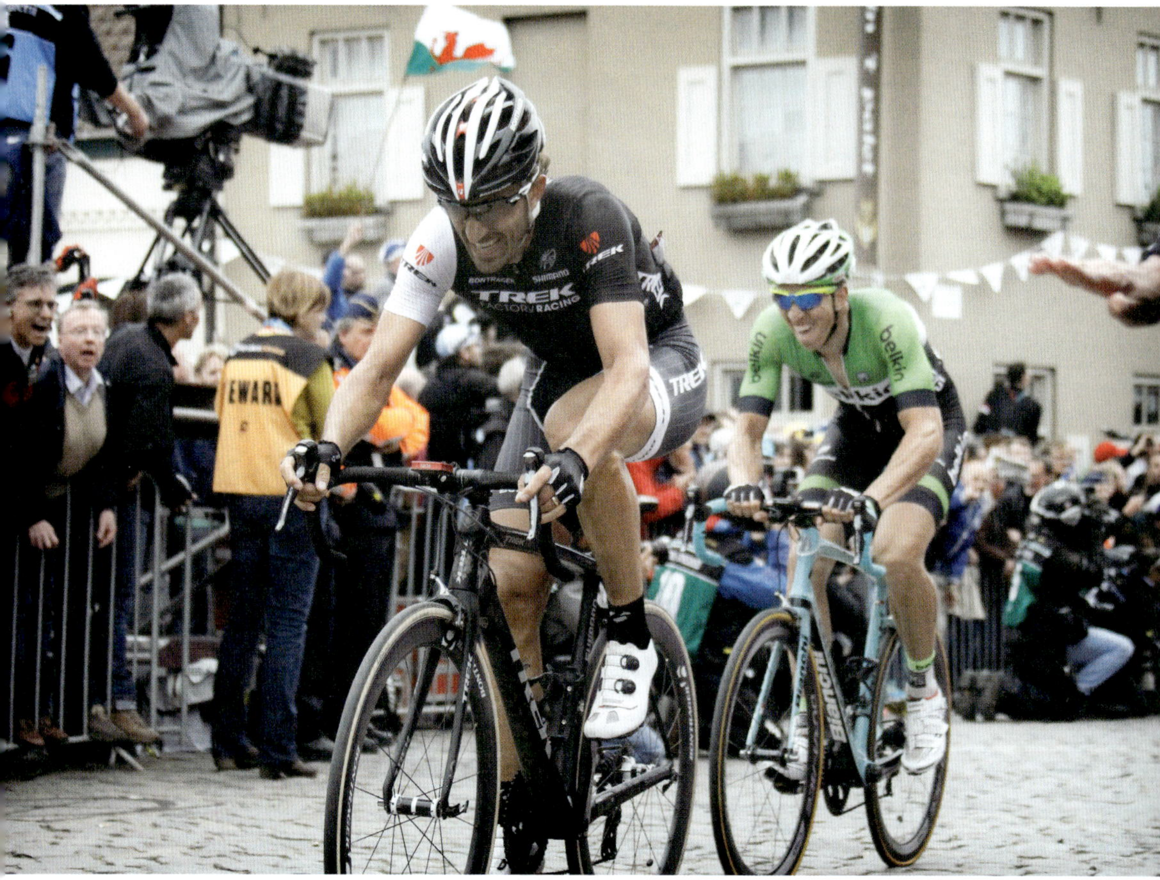
TREK
FACTORY RACING
SHIMANO
belkin

nur Journalisten, sondern auch Profi-Kollegen wie Phil Gaimon, der in seinem Buch »Zugtiere in Trägerhosen« Cancellara explizit des Motordopings verdächtigt. Und sogar Roberto Damiani, der Cancellara bei Mapei und Fassa Bortolo als Sportlicher Leiter begleitet hat, erklärte im Herbst 2010: »Ich habe mir das Video von Paris–Roubaix sicher 300-mal angesehen. Und noch immer bin ich der Meinung, dass irgendwas nicht mit rechten Dingen zu- und hergegangen ist.« Cancellara hat die Vorwürfe stets bestritten.

Wenn man Ihre Stärken, Ihr Erfolgsrezept untersucht, dann stößt man neben Ihrer exzellenten Kurventechnik insbesondere auf Ihre Kraftexplosion: das Vermögen, über kurze Zeit extrem viel Watt zu treten. Hat Ihnen diese Eigenschaft den Motordoping-Verdacht eingebracht?

Ja, mit Sicherheit. Von 2006 bis 2016 waren Art und Weise meiner Erfolge immer sehr ähnlich: die Dynamik, nicht oft, aber dann entscheidend zu attackieren. Ich habe ein paar Sekunden sehr hohe Wattwerte treten können, auf einer zweiten Stufe habe ich anschließend die Kraft noch hochhalten können – während andere längst verblasen wurden. Das war mein Stil.

Eine Eigenschaft, über die Cancellara schon zu Beginn seiner Karriere verfügte, wie die Journalisten Christof Gertsch und Benjamin Steffen in ihrer Biografie »Fabian Cancellaras Welt« herausgearbeitet haben. Mehrere Berner Trainingskollegen von Cancellara berichten, dass dieser schon als junger Radsportler bei den gemeinsamen Ausfahrten mit einem kurzzeitigen »Powerburst« den Rest der Gruppe, darunter viel erfahrenere Kollegen, habe distanzieren – und so düpieren – können. Bis zu 1.450 Watt hat Cancellara beispielsweise bei der »Ronde« 2010 als Maximalleistung auf die Pedale gebracht.

Die Kraft seines Antritts war neben den breiten Schultern sowie der italienischen Herkunft seines Vaters Donato auch der Grund, der Cancellara schon zu Fassa-Bortolo-Zeiten den Spitznamen »Spartacus« einbrachte – Teamkollege Roberto Petito verglich den Schweizer mit dem muskelbepackten römischen Gladiator, der zum Anführer eines Sklavenaufstands wurde. Die oft nur wenigen Sekunden seiner Kraftexplosion haben Cancellara im Laufe der Karriere wiederholt ausgereicht, um eine Vorentscheidung im Rennen herbeizuführen. Dies war gerade bei Wettbewerben wie in

Flandern wichtig, in denen ohnehin alle Augen auf den Klassiker-Spezialisten Cancellara gerichtet waren.

Bei der Flandern-Rundfahrt 2014 ist es nur Sep Vanmarcke, dem es gelingt, Cancellaras explosivem Antritt am Oude Kwaremont zu folgen. Doch der Rückstand der beiden Fahrer zu den Führenden ist – rund 17 Kilometer vor dem Ziel – groß.

Im Vorfeld gezielt Sprints trainiert

Der Abstand des Ausreißerduos Van Avermaet und Vandenbergh lag bei rund einer Minute. Wie gefährlich war die Situation für Sie?
Eine Minute ist schon relativ viel, aber man kann nicht immer entscheiden, wann man eine Attacke setzt. Ich war relativ zuversichtlich, dass ich noch mal nach vorne kommen werde.

Cancellara und Vanmarcke gelingt tatsächlich der Zusammenschluss. Am Paterberg holen sie erst Vandenbergh und kurz dahinter Van Avermaet ein. Somit ist das Quartett komplett, das den Sieger unter sich ausmachen sollte.

Auf den letzten 13 Kilometern startet immer mal wieder einer der Fahrer einen Angriff, aber stets können die Verfolger die Lücke schnell schließen. Cancellara hält sich dabei zurück. In dieser Situation gilt der Schweizer bei den Buchmachern des Radsports nicht als Top-Favorit, denn: Auch Van Avermaet ist schnell im Sprint. Und Cancellara hatte seine großen Triumphe als Solist gefeiert, auch seine Flandern-Siege 2010 und 2013. Vereinzelt konnte er sich auch im Sprint durchsetzen, 2013 etwa bei Paris-Roubaix im Duell mit Sep Vanmarcke – da hatte er jedoch nur einen Gegner, den er leichter kontrollieren konnte. Bei Sprintentscheidungen aus Gruppen heraus kamen für Cancellara meistens jedoch zweite und dritte Plätze heraus. So wie zwei Wochen zuvor bei Mailand–Sanremo, als er im Massensprint von Alexander Kristoff bezwungen wurde – und kurz nach der Ziellinie wütend seine Faust auf den Lenker schmetterte.

Der Hintergrund für die Verärgerung: Cancellara hatte im Winter ganz gezielt mit Trek-Teamchef Luca Guercilena an seinen Sprintfähigkeiten gearbeitet, mit dem Ziel, gerade am Ende von kräftezehrenden Rennen ganz vorne zu bleiben – was in Sanremo beinahe gelungen wäre. Auch zwei Tage vor der Flandern-Entscheidung hatte Cancellara gezielt kurze Sprints trainiert.

Cancellara ist der Erste, der kurz vor 16.30 Uhr in Oudenaarde unter der Flamme Rouge hindurchfährt, um direkt dahinter zur Seite auszuscheren und seine Verfolger genau zu beobachten. Es beginnt eine Zitterpartie. Die Fahrer fahren in Wellen von links nach rechts, starten Stop-and-go-Manöver, wie sie vom Bahnradsport bekannt sind – die Zuschauer sehen ein Ballett auf zwei Rädern, mit synchronen Bewegungen, die eher einer künstlerischen als taktischen Choreographie zu folgen scheinen. Das Ganze mit großem Risiko, denn nur 24 Sekunden hinter den vier Fahrern nähern sich Alexander Kristoff (Katusha) und Niki Terpstra, Vandenberghs Quick-Step-Teamkollege, mit hohem Tempo. Neun Kilometer vor dem Ziel haben die beiden gemeinsam die Verfolgung aufgenommen.

»Beinahe die Lücke nicht mehr schließen können«

Wie haben Sie sich im Finale gefühlt?
Ich war sehr stark am Limit, in den Beinen und im Kopf. Ich habe mich gefragt: Habe ich noch die Kraft? Und dann haben die anderen angefangen zu attackieren. Ich selbst habe mich da zurückgehalten. Es gab zwei, drei Szenen, in denen ich nach Attacken beinahe die Lücke nicht mehr schließen konnte.

Sie haben mehrfach die Beine ausgeschüttelt. Waren die Beine »zu«?
Die waren voller Laktat, ich habe Muskelkrämpfe gespürt.

Die Ausgangslage war zudem für Sie nicht optimal, weil Sie als Schweizer gegen drei Belgier antraten?
Das stimmt grundsätzlich. Andererseits war mir klar, dass kein Belgier einem anderen Belgier den Sieg überlassen würde. Die drei haben sich gegenseitig quasi ausgeschaltet. Mein größter Wunsch war zu diesem Zeitpunkt, dass wir am Ende die Entscheidung im Sprint suchen.

Bevor es so weit kommt, startet Vandenbergh 800 Meter vor der Linie einen letzten Versuch, durch eine Attacke das Rennen für sich zu entscheiden. Doch nach nicht einmal 150 Metern hat Van Avermaet den Landsmann gestellt – während Cancellara hinten erneut Schwierigkeiten hat, den Anschluss zu halten. Erst als Van Avermaet erneut Tempo rausnimmt, kommt Cancellara wieder an die Gruppe heran. Von hinten nähert sich Kristoff bedrohlich schnell, der Terpstra abgehängt hat. Während die Spitze weiterhin das Tempo verschleppt, ist der Norweger auf weniger als hundert Meter herangekommen. Doch seine Hoffnungen sind zerstört, als die Spitze zum Sprint ansetzt.

Untypischerweise haben Sie selbst den Sprint eröffnet, 200 Meter vor der Ziellinie. Wie kam es dazu?
Normalerweise eröffne ich keinen Sprint. Warum es tatsächlich zum entscheidenden Sprint kam und warum ich sogar den Sprint angezogen habe, kann ich nicht beantworten. Viel hatte sicher wieder mit der Intuition zu tun. Ich bin auch sehr untypisch gesprintet, bin aus dem Sattel gegangen – normalerweise sprinte ich im Sattel sitzend. Das Besondere an dem Sprint war auch, dass wir nicht hintereinander, sondern so halb nebeneinander gefahren sind. Als ich den Sprint lanciert habe, war ich schon im Wind. Das Finale verlief also nach keinem vorgefertigten Plan, sondern hauptsächlich nach meinem Bauchgefühl.

Zu den Legenden aufgeschlossen

Waren Sie selbst überrascht, dass am Ende keiner mehr an Sie herankam?
Und wie, das sieht man auch daran, wie ich gejubelt habe.

Cancellara breitet schon vor der Linie die Arme aus, pumpt die Fäuste in die Luft. Kurz darauf liegt er in den Armen seiner Ehefrau Stefanie, die für die Mikrofone der herbeigeeilten Reporter hörbar laut schluchzt.

Mit Ihren drei Flandern-Siegen haben Sie mit den Rekordsiegern Tom Boonen, Johan Museeuw, Eric Leman, Fiorenzo Magni und Marcel Buysse gleichgezogen. Wie wichtig war das?
Im Vorfeld habe ich da nicht dran gedacht, hinterher hat es mich schon sehr gefreut, zu diesen Legenden aufzuschließen.

Welcher Flandern-Sieg war der wichtigste?
Der 2013.

Weil das Vorjahr rein psychologisch schwierig für Sie war?
Richtig, in dem Jahr war viel passiert: Ich war 2012 zweimal aus eigenem Verschulden gestürzt, in Flandern und bei den Olympischen Spie-

len in London. Außerdem wurde meine Tochter vor dem Londoner Rennen geboren, nach einer schwierigen Schwangerschaft, und musste danach aber direkt wieder ins Krankenhaus… Ein bewegtes, auch schwieriges Jahr. Deshalb war der Flandern-Sieg 2013 wie eine Befreiung.

Die Probleme, mit denen Cancellara 2012 zu kämpfen hatte, waren nicht neu für ihn. Schon zu Beginn seiner Profikarriere bei Mapei monierte der damalige Sportliche Leiter Roberto Damiani, dass Cancellara oft selbst bei Rennen im Kopf woanders – hauptsächlich bei der Familie – sei. Bjarne Riis, Teamchef bei der dänischen Mannschaft CSC, für die Cancellara ab 2006 fuhr, kritisierte wiederholt dessen grundsätzliche Einstellung. In einem Interview für das Buch »Fabian Cancellaras Welt« erklärte er: »Er verliert so schnell seine Form. Er geht heim, trainiert nicht, hat hunderttausend andere Sachen im Kopf und vergisst, Radprofi zu sein.« Letztlich sei das auch der Grund gewesen, warum Cancellara nie den Gesamtsieg großer Rundfahrten wie der Tour de France erzielt habe: Dafür hätte er mehrere Wochen ins Höhentrainingslager fahren und fünf bis acht Kilogramm abnehmen müssen – wozu der Schweizer nicht bereit gewesen sei. Dessen Motto stattdessen: mit allen Mitteln erfolgreich, aber mit überschaubarem Aufwand, um der Familie nicht noch mehr Entbehrungen aufzubürden.

Auch wenn Motivationsprobleme ein Dauerbegleiter in Cancellaras Karriere waren, so stark ausgeprägt wie in dem bewegenden Jahr 2012 waren sie nie. Nach den Olympischen Spielen in London, wo er im Straßenrennen 15 Kilometer vor dem Ziel in aussichtsreicher Position liegend stürzte und dann auch im Zeitfahren mit Platz sieben die angestrebte Medaille deutlich verpasste, verzichtete er auf alle weiteren Wettbewerbe des Jahres, fasste sein Rad sogar zwei Monate nicht an und suchte sich psychologische Hilfe. Ziel: eine bessere Work-Life-Balance, aber auch ein besserer Umgang mit dem hohen Erwartungsdruck.

146 Podiumsplätze erzielt

Bei kaum einem Radsportler war der Druck so stark ausgeprägt wie bei Cancellara, dem schon in jungen Jahren der Ruf des Siegers in der Branche vorauseilte – nachdem er im zweiten Jahr bei den Junioren bei jedem einzelnen Rennen, zu dem er antrat, am Ende auch gesiegt hatte. Im Einzelzeitfahren wurde er zweimal Juniorenweltmeister; als der fünffache Tour-de-France-Sieger Bernard Hinault den Schweizer Zeitfahrer beim Grand Prix des Nations 1998 siegen sah, erklärte er: »So etwas habe ich bei einem Junior noch nie gesehen!«

Ende 1999 lockte Alvaro Crespi, der Manager des damaligen Mapei-Teams, das Berner Ausnahmetalent in seine Mannschaft. Dies war der Beginn einer herausragenden Profikarriere, in der »Fabü«, wie er in seiner Heimat genannt wird, ob seiner Siege unter Dauerbeobachtung stand: mit 23 Jahren Etappensieger bei der Tour de France, mit 25 Jahren erstmals Gewinner von Paris-Roubaix. Im Verlauf seiner Laufbahn erzielte Cancellara 146 Podiumsplätze, darunter vier Weltmeistertitel im Einzelzeitfahren, sieben Tour-de-France-Etappensiege und jeweils drei Siege bei Paris-Roubaix und der Flandern-Rundfahrt.

Dass Cancellara letztlich gestärkt aus dem Krisenjahr 2012 hervorging, wird nicht nur am Flandern-Sieg 2013 deutlich. Cancellara nimmt sich fortan häufiger Auszeiten, verzichtet beispielsweise 2013 auf die Tour de France, um mehr Zeit mit der Familie verbringen zu können – um sich dann wieder bei den nächsten Rennen ausschließlich auf den Radsport zu konzentrieren. Gleiches Bild im folgenden Jahr 2014: Nach den erfolgreichen Frühjahrsklassikern – Zweiter in Sanremo, Sieger in Flandern, Dritter in Roubaix – pausiert Cancellara und startet erst wieder Ende Mai bei der Bayern-Rundfahrt. Mit dem Wechsel von An- und Entspannung gelingt es ihm, bis 2016, dem 16. und letzten Jahr seiner Profikarriere, Höchstleistung zu bringen: Er siegt bei Strade Bianche, wird Zweiter bei der »Ronde« und sichert sich im Einzelzeitfahren der Olympischen Spiele in Rio de Janeiro die Goldmedaille.

Anders als sein Spitznamensvetter Spartacus, der mit 40 Jahren eine Schlacht und sein Leben verlor, gewann Cancellara das letzte Rennen seiner Karriere triumphal. Kurz vor dem Start hatte er noch betont, einfach losfahren zu wollen, ohne Druck, um dann mal zu schauen, zu welcher Platzierung es reicht. Den Schalter im Kopf umlegen, den Druck und andere störende Gedanken wegschieben und der Intuition folgen – die Flandern-Methode hat bis zum Schluss funktioniert.

»DEN FANS ETWAS ZURÜCKGEBEN«

NACHGEFRAGT: Fabian Cancellara über seine Unternehmerkarriere nach dem Profiradsport

Zwei Jahre nach seinem Sieg bei den Olympischen Sommerspielen 2016 in Rio de Janeiro ist Fabian Cancellara mit mehreren Sport-Projekten als Unternehmer aktiv, darunter als Veranstalter von »Chasing Cancellara«. Das Prinzip: Jedermänner und -frauen treten gegen den Ex-Profi an. Wer Cancellara schlägt, erhält eine Bezwinger-Urkunde. Die Rennserie umfasst verschiedene Formate: vom Bergrennen mit Massenstart über eine Team-Challenge, bei der Teams von zwei bis vier Fahrern im Zeitfahren gegen Cancellara antreten, der als Letzter startet, bis hin zum »Chased by Cancellara«-Rennen, bei dem die Teilnehmer ein paar Minuten Vorsprung vor Cancellara und anderen Ex-Profis erhalten und versuchen, diesen ins Ziel zu retten.

Ist die Idee zu »Chasing Cancellara« schon zu Ihren Profi-Zeiten entstanden?
Fabian Cancellara: Nein, damals habe ich mich immer nur auf das Sportliche konzentriert – ich bin gefahren, um zu gewinnen, nicht, um nebenbei eine neue Karriere aufzubauen. Die Idee ist im Frühling 2017 entstanden, als ich sehr viele Anfragen bekam, ob ich nicht mal da- oder dorthin kommen könne. Mir schwebte eine Mischung aus VIP-Treffen, Firmenevents und eher privatem Austausch mit Jedermann-Fahrern vor.

Wer ist die Zielgruppe?
Ich bezeichne unseren Ansatz als Boutique-Rennen für Jedermann – ob jung oder alt, dick oder dünn, Familie oder keine. Das ist kein typischer Gran Fondo für 10.000 Leute, mit der obligatorischen Medaille, dem Pasta-Essen und dem kostenlosen Bidon. Mir ist wichtig, dass es einen richtigen Austausch gibt. Das muss nicht nur ein Foto sein, sondern vielleicht auch mal ein kurzer Schwatz.

Wie groß ist die sportliche Herausforderung für Sie?
Teilweise sehr groß, aber es geht nicht darum zu sehen, wie gut ich noch bin – auch wenn ich schon noch sportlichen Ehrgeiz habe. Es geht um Fun, wir wollen lachen beim Schwitzen.

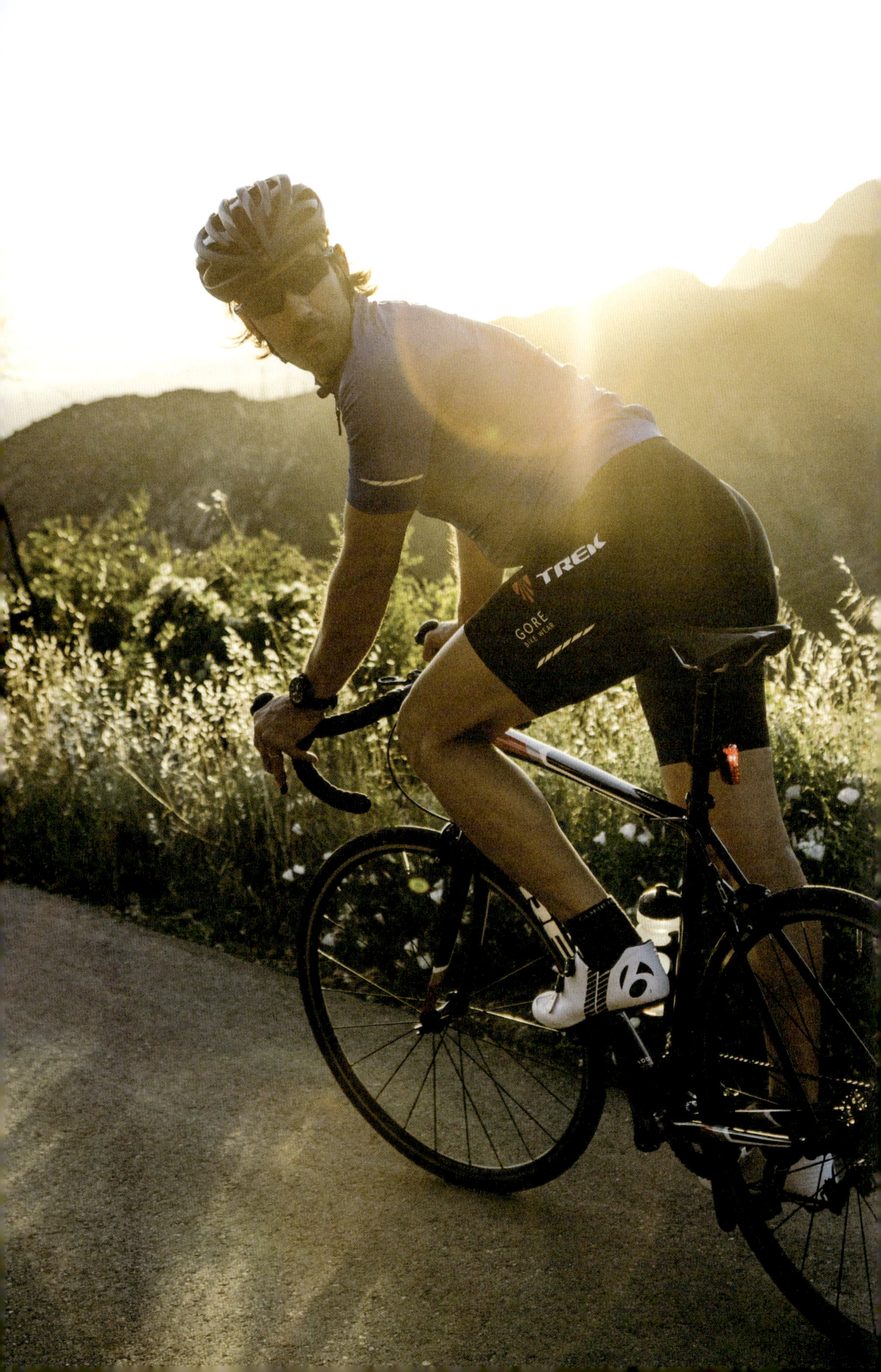
TREK
GORE
BIKE WEAR

Armin Meier, Ihr langjähriger Manager, hat über Sie gesagt: »Fabian Cancellara ist in der Lehre als Unternehmer. Er lernt aber schnell, zeigt sich clever, hat ein hervorragendes Netzwerk. Er hat sich besser entwickelt als erwartet.« Wie weit sind Sie auf dem Weg in die neue Welt der Wirtschaft?

Das ist für mich eine ganz andere Welt, sicher. Hier kommen Emotionen, die im Sport ganz wichtig sind, meist nicht so sehr zur Geltung. Hier geht es um Zahlen. Ich nehme viele Dinge mit, habe viel gelernt, bin aber immer noch am Anfang einer unternehmerischen Karriere. Wohin die Reise geht, kann ich heute noch nicht sagen. Es gibt ein Blatt Papier bei mir, auf dem Ideen und Projekte stehen, aber das ist heute noch nicht spruchreif. Egal, was es sein wird, ich möchte in allen Projekten meine Persönlichkeit einbringen, damit das alles authentisch bleibt.

Steht auf dem Blatt Papier auch die Rückkehr in ein Profiteam, vielleicht als Sportlicher Leiter?

Nein, nicht als Sportlicher Leiter, auch nicht als Trainer, und als Teammanager habe ich zu wenig Erfahrung. Mir fehlt aktuell die Motivation, in der Radsport-Welt der Profi-Teams wieder Fuß zu fassen, weil ich dort viele Probleme sehe. Es gibt einerseits viel Potenzial, den Radsport weiterzuentwickeln, gerade was das Thema Sponsoring betrifft. Aber auf der Ebene der Verbände und Organisationen, etwa UCI und ASO, fehlen mir Visionen. Die bisherigen Reformen greifen nicht.

Sie könnten sich selbst in solchen Organisationen einbringen.

Im Moment reizt mich das nicht. Ich bin schon involviert in das Projekt Radsport-WM 2024 in der Schweiz. Aber wenn ich das intensiver machen würde, sehe ich die Gefahr, dass ich direkt schubladisiert würde. Das möchte ich nicht. Ich möchte meine Freiheiten behalten. Ich habe im Sommer auch nicht drei Wochen die Tour im Fernsehen gemacht. Im Sommer gab es die Gelegenheit eines attraktiven, langjährigen Sponsoring-Engagements, aber ich habe gesehen: Das bin nicht ich. Daher habe ich das nicht gemacht.

Was ist das Faszinierende am Fahrradfahren?

Die Freiheit. Energie ab- und aufladen. Endorphine ausschütten. Das Dynamische. Die Vielfalt – alleine oder in der Gruppe, auf Pflastersteinen oder am Mont Ventoux. Die Geschichte des Radsports. Das ganze Equipment. Zur Arbeit fahren oder Städte damit besichtigen. Das Fahrrad bietet für jeden etwas.

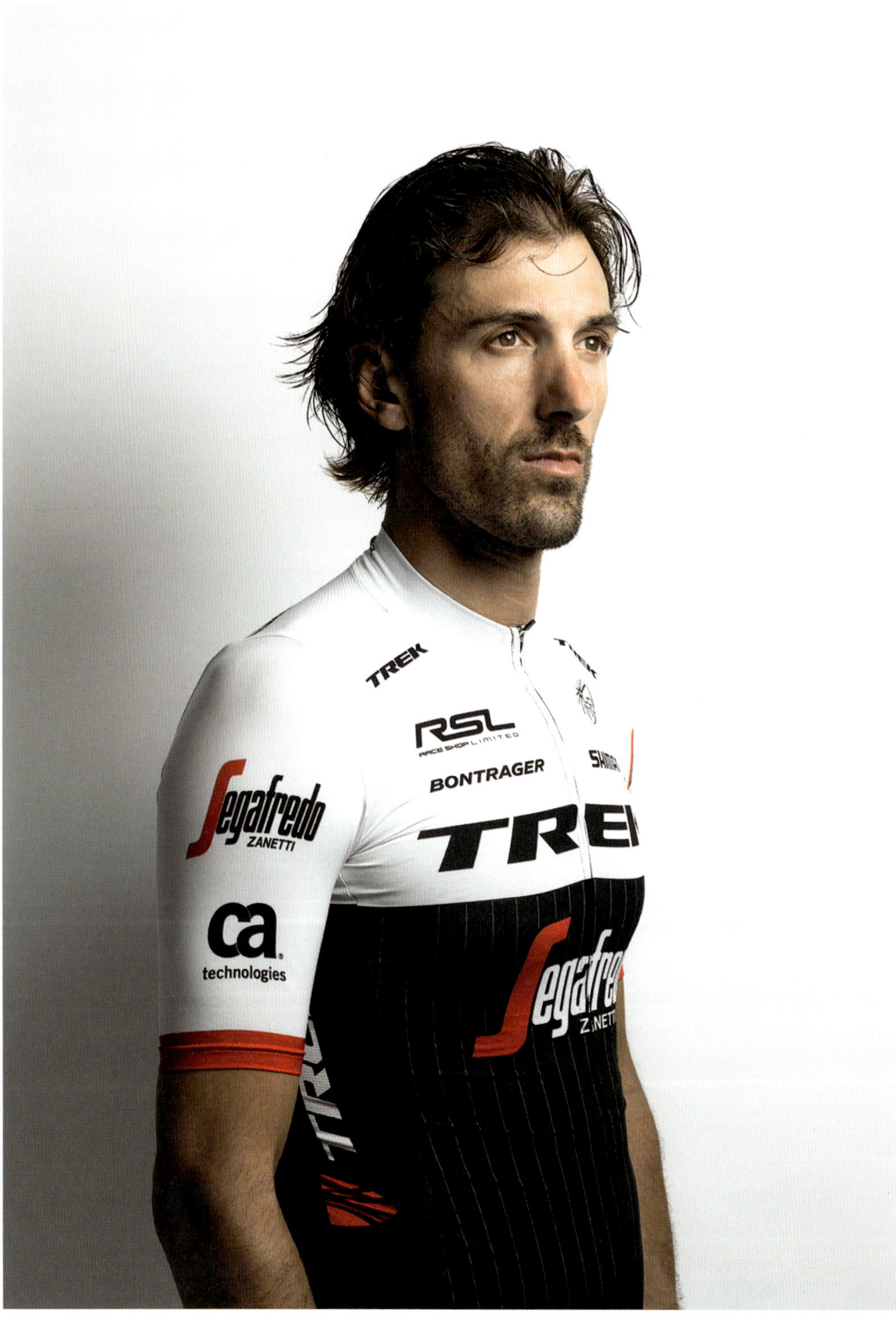
TREK
RSL
RACE SHOP LIMITED
BONTRAGER
Segafredo
ZANETTI
ca
technologies

FABIAN CANCELLARA

Geboren: 18. März 1981 in Wohlen bei Bern (Schweiz)
Nationalität: schweizerisch
Profil: Klassikerfahrer, Einzelzeitfahrer

Teams:
2014–2016 Trek Factory Racing / Trek-Segafredo
2012–2013 RadioShack-Nissan / RadioShack-Leopard
2011 Leopard-Trek
2009–2010 Saxo Bank
2006–2008 Team CSC
2003–2005 Fassa Bortolo
2001–2002 Mapei-Quick Step

Größte Erfolge:
Vierfacher Weltmeister im Zeitfahren (2006, 2007, 2009, 2010)
Zweifacher Olympiasieger im Zeitfahren (2008, 2016)
8 Etappensiege Tour de France (2004, 2007, 2008, 2009, 2010, 2012)
Gesamtsieger Tour de Suisse (2009)
Dreifacher Sieger Paris–Roubaix (2006, 2010, 2013)
Dreifacher Sieger Flandern-Rundfahrt (2010, 2013, 2014)
Sieger Mailand–Sanremo (2008)
Dreifacher Sieger Strade Bianche (2008, 2012, 2016)

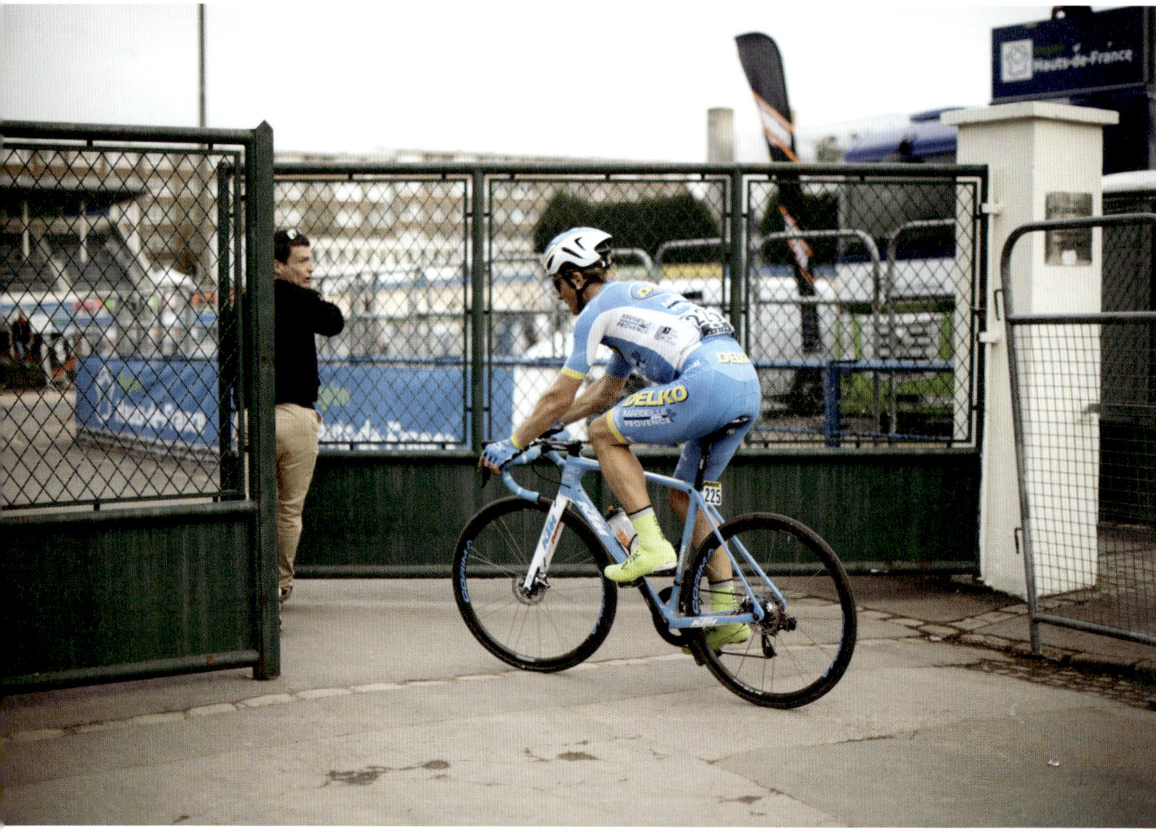
Hauts-de-France
DELKO
MARSEILLE PROVENCE
225

EVALDAS ŠIŠKEVIČIUS

ER MACHT SEINE ARBEIT – BIS ZUM SCHLUSS

Paris–Roubaix, 8. April 2018

Nur noch ein Hindernis liegt vor Evaldas Šiškevičius, als er am 8. April 2018 um 18.13 Uhr, nach fast sieben Stunden im Sattel, an einem fast frühlingshaften Tag unter der Flamme Rouge auf das Ziel zukeucht. Diesmal ist es kein brutales Kopfsteinpflaster mehr, keine böse Panne, kein schmerzhafter Sturz. Es ist einfach nur das Tor zum berühmten Vélodrome André Pétrieux in Roubaix, das gerade vor seinen Augen geschlossen wird.

Der Allrounder mit der Startnummer 225 hatte den ganzen Tag hart gearbeitet, um die Vorgaben seines Teamchefs zu erfüllen. Evaldas Šiškevičius tat, was ihm aufgetragen worden war, machte seinen Job und rackerte unermüdlich für seine Mannschaft, wie er es immer tat. Einen Monat zuvor musste er Paris–Nizza aufgeben, weil ihn eine fiese Liaison aus Angina und Bronchitis niederwarf. Er wusste, dass es knapp werden würde, doch er war rechtzeitig wieder fit, um an seinem Lieblingsrennen teilzunehmen. Aber dann zermürbten ihn die 28 Pavés, die ständigen Kämpfe um Positionen, schließlich kamen Pannen hinzu – am Ende war er nur noch ausgelaugt und abgeschlagen. Es sah nicht so aus, als würde er die Flamme Rouge, den letzten Kilometer des Radsportklassikers, je erreichen.

Schon wieder nicht. Bereits 2013 kam er wegen einer Panne nicht in Roubaix an, auch 2017 konnte er seine Arbeit nicht zu Ende bringen, er stürzte schwer und erlitt so starke Schürfverletzungen, dass er das Rennen aufgeben musste. Nur 2016 kam er an im Velodrom, wurde 74. oder 80. in der ersten Verfolgergruppe. So genau weiß er das selber nicht mehr, denn darum geht es ihm nicht. Es geht ihm um Respekt vor dem Rennen und um seinen Beruf:

Es ist meine Arbeit, da kann ich nicht einfach früher aufhören. Wenn ich einen Job bis 17 Uhr habe, gehe ich ja auch nicht um drei nach Hause!

Sein Tagwerk an diesem 8. April begann um 11.20 Uhr an der Startlinie in Compiègne. Auch wenn das Rennen schon seit Jahrzehnten nicht mehr in Paris startet, blieb der große Name der Hauptstadt Frankreichs erhalten. Überhaupt hat sich das Rennen seit seiner Gründung stark verändert. Anfangs war es ein Steherrennen, bei dem die Fahrer im Windschatten von Motorrädern oder Tandems um die Wette fuhren. Wegen seiner für ein Eintagesrennen vergleichsweise recht kurzen Rennlänge von 280 Kilometern – Paris–Bordeaux beispielsweise ging damals über mehr als 600 Kilometer, Paris–Brest–Paris gar über die doppelte Distanz – entwickelte sich Paris–Roubaix zu einem bei den Fahrern beliebten Trainingsrennen. Das heute so berüchtigte Kopfsteinpflaster fand nur Erwähnung, wenn es in schlechtem Zustand war.

Und mit dem zunehmenden Autoverkehr wurden dann im Laufe der Jahrzehnte auch immer mehr zuvor gepflasterte Straßen asphaltiert. Das Rennen wurde immer leichter und schneller – 1964 stellte der Sieger Peter Post mit 45,129 km/h einen neuen Geschwindigkeitsrekord für Eintagesklassiker auf. Daraufhin entwarf die Renndirektion ein generalüberholtes Paris–Roubaix: Der Start wanderte weiter Richtung Norden, erst nach Chantilly, dann nach Compiègne, und die Strecke wich zusehends von der Direttissima ab und beschrieb auf der zweiten Hälfte etliche Schlenker, um mehr der verbliebenen, grob gepflasterten Wirtschaftswege der Region mitzunehmen – viele von ihnen hatte der vor Ort aufgewachsene Straßenweltmeister Jean Stablinski aufgespürt und empfohlen, unter anderem den Wald von Arenberg.

Doch weiterhin verschwanden immer mehr Pavé-Abschnitte durch Straßenbaumaßnahmen. Erst Anfang der 1980er Jahre erkannten die Menschen in der Region, dass das raue Kopfsteinpflaster ein Teil ihrer ureigenen Identität war und ohne Pavés nicht nur das Rennen seinen Charakter verlieren würde. Es bildeten sich Pro-Kopfsteinpflaster-Initiativen, die für den Erhalt und die Erneuerung kämpften, einige Sektoren wurden gar unter Denkmalschutz gestellt. Heute gehört es zur Ausbildung an den Gartenbauschulen in Raismes oder Lomme, die gepflasterten Passagen der Strecke zu pflegen oder neue Steine zu verlegen. Dies führt zu der skurrilen Situation, dass »die Kopfsteinpflaster, die heute in die Strecke aufgenommen sind, grimmiger und primitiver sind als die Straßen, auf denen vor hundert Jahren gefahren wurde. Der heutige Klassiker Paris–Roubaix ist die Rekonstruktion einer Vergangenheit, die es nie gegeben hat« – wie der niederländische Radsport-Autor Benjo Maso in seiner Geschichte des Radsports »Der Schweiß der Götter« meint.

»Man kann es nicht erklären, man kann es nur fühlen«

Die legendenhafte Überhöhung der Qualen, die einem Rennfahrer auf dieser Strecke drohen, die staubigen, erschöpften Gesichter der Profis, wenn sie ins Velodrom einfahren, machen das Rennen schon zu einer Besonderheit. Für Evaldas Šiškevičius, den erfahrenen Profi aus Litauen, ist der Kopfstein-Klassiker auch bei seiner vierten Teilnahme etwas Außergewöhnliches:

Schon das Gefühl am Start bei Paris–Roubaix ist etwas Unbeschreibliches. Sogar bei der Teampräsentation am Tag vorher sind alle sehr angespannt, da beginnt bereits das Besondere. Man kann es nicht erklären, man kann es nur fühlen – die Atmosphäre ist völlig anders als in anderen Rennen – nur die Flandern-Rundfahrt erzeugt ein ähnliches Gefühl. Dieses Rennen ist wirklich hart, manchmal fragt man sich: Warum tue ich das? Aber wenn es vorbei ist, schon wenige Wochen danach, beginnt man zu überlegen: Was mache ich nächstes Jahr besser?

Nächstes Jahr mache ich es ein bisschen anders, ich ändere mein Rennprogramm vorher, dass ich noch besser vorbereitet bin auf dieses Rennen. Denn es ist schwierig, bei Paris–Roubaix zu bestehen – besonders für ein kleines Team wie unseres. Wir bestreiten alle französischen Klassiker, und die anderen Mannschaften sind viel stärker. Wir müssen also bei 100 Prozent sein, um eine Chance zu haben! Und dann will jeder schon am Morgen in der Fluchtgruppe sein.

Und so versuchte Evaldas Šiškevičius' Mannschaft, das Pro-Continental-Team Delko Marseille, ihr Glück in der Flucht. Die Rennfahrer hatten die Order, sich möglichst häufig vorne zu zeigen und in die Ausreißergruppe des Tages zu kommen. Dies schien die einzige Möglichkeit zu sein, sich in der »Hölle des Nordens« eine Chance zu erkämpfen und den Sponsor zu repräsentieren. Evaldas Šiškevičius hatte bei dieser Mission zwei Möglichkeiten:

Mein Job war es, eine Fluchtgruppe zu erwischen oder jemandem zu helfen, in eine Fluchtgruppe zu kommen. Also brachten wir Gatis Smukulis nach vorne und meine Mission war erfüllt. Und nachher sollte ich den Fahrern helfen, die in dem Moment in einer besseren Verfassung waren als ich. Ich denke also, mein Job war erledigt. Ich war ganz froh darum, denn bei Paris–Roubaix in eine Fluchtgruppe zu kommen, ist nicht so einfach…

Warum ist das so?
Das ist etwas Spezielles bei Paris–Roubaix, weil man permanent um seine Position kämpfen muss, gleichzeitig muss man Kraft sparen, weil es 260 Kilometer sind. Es ist schwierig, beides zu tun.

Das Rennen ist also von Anfang an hart?
Ja, es ist nicht wie bei der Flandern-Rundfahrt, bei der sich die Favoriten auf den ersten flachen hundert Kilometern oft im Feld schonen können. Selbst Olympiasieger Greg Van Avermaet war direkt in der zweiten Gruppe – es ist für jeden eine Herausforderung!

Tod durch Herzstillstand

Tragisch endete diese Herausforderung für den jungen Belgier Michael Goolaert: Nach rund hundert Kilometern raste der Fahrer des Teams Vérandas Willems nach einer leichten Rechtskurve in die Böschung und blieb regungslos liegen. Im Nachhinein wurde klar: Er hatte einen Herzstillstand erlitten und so die Kontrolle über das Fahrrad verloren. Trotz Wiederbelebungsmaßnahmen starb Michael Goolaert am späten Abend in einem Krankenhaus in Lille.

Das Fahrerfeld bekommt während des Rennens von all dem nichts mit – auch Evaldas Šiškevičius nicht. Das Team des Litauers arbeitet derweil hart, um die Vorgaben des Sportlichen Leiters Andy Flickinger zu erfüllen. Der zeigt sich zufrieden, denn der Plan ist aufgegangen – trotz des hohen Anspruchs des Rennens an seine »Zweitliga«-Mannschaft.

Was hat Ihr Sportlicher Leiter während des Rennens gesagt?
Er war glücklich, dass wir einen Fahrer vorne hatten. Später ging es nur noch darum, dass wir uns zusammen so oft wie möglich vorne zeigten für unseren Kapitän Gatis Smukulis, dass wir etwas für ihn tun konnten.

Die Männer von Delko Marseille werden auf den Sektoren gründlich durchgeschüttelt und leiden wie die großen Stars des Pelotons unter Staub, Pavés und Pannen. Etliche Reifenschäden zwingen die Fahrer des französischen Teams, anzuhalten und die Räder zu wechseln. Einige geben entnervt oder erschöpft auf – nur drei von sieben kommen innerhalb der Karenzzeit im Velodrom in Roubaix an.

68 Kilometer alleine ins Ziel

Schließlich fällt auch das Teamfahrzeug aus: Die Kopfsteinpflasterpassagen sind oftmals so schmal, dass die Autos nicht in ganzer Breite auf dem Pflaster fahren können und deshalb mit zwei Rädern am Straßengraben entlang navigieren müssen. Da kommt es vor, dass der Unterboden auf die Steine schlägt, Ölwannen reißen, Achsen brechen, Reifen aufgeschlitzt werden. Auch der Renault Megane von Delko-Marseille-Teamchef Andy Flickinger bleibt plötzlich liegen und kann nicht weiterfahren. Das Auto wird auf einen Sattelschlepper verfrachtet, Teamleitung und Mechaniker müssen in andere Fahrzeuge umsteigen und haben keinen Funk-Kontakt mehr zu ihren Fahrern. Šiškevičius ist isoliert, nach zwei Reifenschäden verliert er den Kontakt zu seinen Teamkameraden. Schließlich gerät gar das gesamte Fahrerfeld aus den Augen. Er fährt nun allein, es liegen noch 68 Kilometer und 13 Pavé-Sektoren vor ihm bis zum Ziel, darunter der berüchtigte Carrefour de l'Arbre – ein Sektor der schwersten, der fünften Kategorie. Anders als beispielsweise bei der Tour de France werden die Schwierigkeiten dieses Radrennens aufsteigend nummeriert: Das am einfachsten zu überwindende Kopfsteinpflaster erhält die Bezeichnung »difficulté 1«, die schwierigsten Pavés werden mit fünf Sternen gekennzeichnet.

Ob es diese Strapazen sind, die sich der junge Evaldas Šiškevičius erträumte, als er mit 13 Jahren anfing, ambitioniert Rad zu fahren? Als Kind spielte er Basketball mit seinen Freunden, dann fuhr er so ziemlich alles: Rennrad, Mountainbike und auf der Bahn. Aus einem Hobby wurde für den Sohn einer Lehrerin und eines Lkw-Fahrers erst Leidenschaft, später sein Beruf. Er musste Litauen verlassen, um professionell trainieren zu können. Schon mit 16 zog Evaldas Šiškevičius nach Belgien, nahm dort an Rennen teil, auch Europa- und Weltmeisterschaften waren sein Ziel. Schließlich fin-

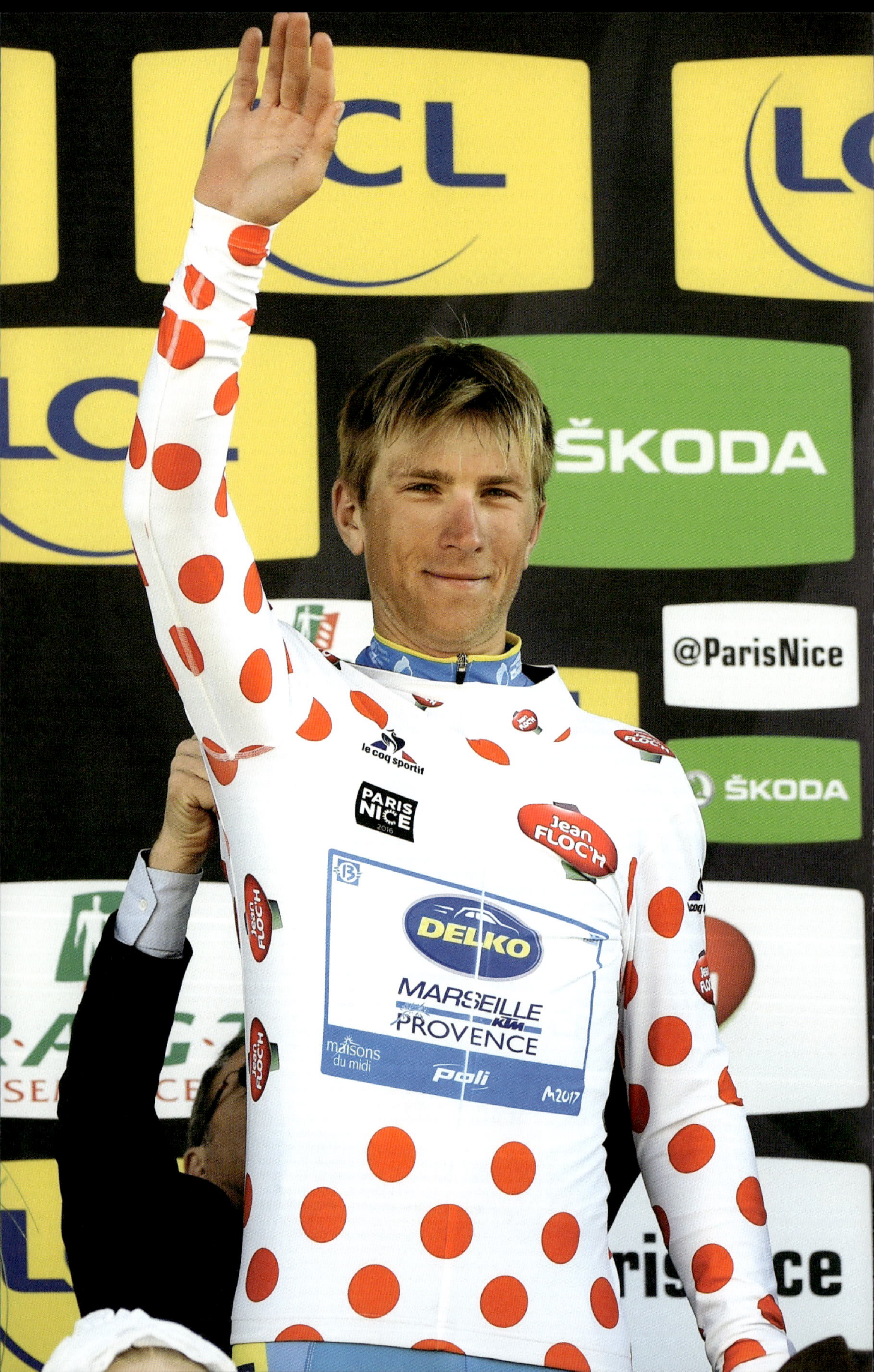
LCL
ŠKODA
@ParisNice
le coq sportif
PARIS NICE 2016
Jean FLOC'H
DELKO
MARSEILLE PROVENCE
KTM
maisons du midi
Poli

det er in Marseille, wo er mit seiner Frau Kornelija lebt, einen neuen Lebensmittelpunkt. Er kennt hier nur wenige Landsleute, seine Frau ist sein bester Freund in der Fremde. Der große Durchbruch gelang ihm zwar nie, aber bei einer Etappe der Dauphiné wurde er Zweiter. Sein schönster Sieg war ein Tageserfolg bei der zweiten Etappe der Tour de Limousin 2012:

Ich war der letzte Überlebende einer Fluchtgruppe und widerstand als Einziger dem Peloton. Da war ich so glücklich! Danach trug ich das Trikot des Führenden, das war echt ein schöner Sieg!

Rededuell mit dem Besenwagenfahrer

Weit entfernt von einem Sieg droht ihm am 8. April 2018 – rund 60 Kilometer vor Roubaix – der Voiture Balai, der Besenwagen, der als letztes Fahrzeug alle Rennfahrer aufnimmt, die wegen Erschöpfung, Krankheit oder einer Verletzung zu langsam und aus dem Zeitlimit gefallen sind. Sie müssen ihre Startnummer abgeben und werden als »*abandon*« gewertet – »Rennen aufgegeben« –, ob freiwillig oder nicht, spielt keine Rolle mehr. Es muss für jeden Rennfahrer ein schrecklicher, entwürdigender Moment sein, wenn sich von hinten das Fahrzeug nähert, dann eine Weile fast am Hinterrad klebt. Aufgeben, an den Straßenrand fahren und in den Bus umsteigen oder noch einmal alle verbliebenen Kräfte mobilisieren und den schier unmöglich erscheinenden Versuch unternehmen, wieder Anschluss zu finden? Es ist dieser Moment, in dem einem klar wird, dass das Rennen vorbei ist, man keine Rolle mehr spielen wird. Gleichzeitig kann es aber auch ein Moment der Erleichterung sein, weil man seinen geschundenen Körper den mitleidigen Blicken des Publikums entziehen kann und es keine Zweifel mehr gibt: Die Qualen des Rennens sind zumindest für diesen Tag vorbei.

30 Kilometer vor dem Ziel kommt dieser Moment der Entscheidung auch für Evaldas Šiškevičius. Aber es macht ihm nichts aus:

Waren Sie enttäuscht, als Sie den Besenwagen sahen?
Ich habe nicht darüber nachgedacht, es war nicht mein Job, darüber nachzudenken. Ich wollte einfach nur mein Bestes geben und Paris–Roubaix beenden! Ich hatte keinen Sturz. Ich war zwar nicht in bester Verfassung, weil ich erkrankt war bei Paris–Nizza, aber ich wusste, dass

ich die Kraft hatte, es zu beenden. Ich tat das für mich, zu meiner eigenen Befriedigung.

Also störte es Sie nicht, dass Sie im offiziellen Klassement als »abandon« geführt werden?
Nein, überhaupt nicht. Ich tat das nicht für ein Ergebnis oder so etwas. Ich habe das nur für mich gemacht. Ich fahre Rennen und ich wollte meine Arbeit zu Ende bringen. Das ist wie im normalen Leben: Wenn du etwas beginnst, musst du es auch fertig machen.

Der Fahrer des Besenwagens fährt schließlich an den abgeschlagenen Litauer heran und fordert ihn auf, einzusteigen.

Ich weiß nicht mehr genau, was er gesagt hat. Ich glaube, er fragte mich, ob ich anhalten möchte. Und ich sagte Nein, weil ich bereits 230 Kilometer gefahren war und es nur noch 30 Kilometer zu fahren waren. Also sagte ich, dass es mir leid tue, aber ich das zu Ende fahre. Er verstand meine Entscheidung und hatte keine Einwände.

Da vermeldet Radio Tour im Besenwagen den Sieg von Peter Sagan. Nach einem fulminanten Angriff 54 Kilometer vor dem Ziel hatte der Slowake erst die Ausreißergruppe eingeholt, in der auch Šiškevičius' Teamkollege Gatis Smukulis bis zum Wald von Arenberg mitgefahren war. Und gute 15 Kilometer vor dem Ziel hatte er sich dann mit dem Schweizer Meister Silvan Dillier absetzen können, den er dann im Velodrom übersprintete und so seinen ersten Sieg bei der »Königin der Klassiker« errang. Adrien Garel, einer der abgekämpften und niedergeschlagenen Passagiere im Bus der Verlierer, blickt kurz auf und sagt knapp: »*Gagné* – verdient!«, dann herrscht wieder Schweigen. Der Fahrer teilt das Ergebnis auch dem stoischen Litauer mit, der neben dem Besenwagen gen Ziel rollt. Der nimmt es ungerührt zur Kenntnis und fährt weiter und weiter.

»Er ist verrückt!«

Und dann hat Evaldas Šiškevičius wieder eine Panne – das Hinterrad. Aber statt die Gelegenheit zu nutzen, endlich erhobenen Hauptes aufzugeben und im Besenwagen Platz zu nehmen, verlangt er sein Ersatzrad, das sich auf dem Dach des havarierten

Teamfahrzeugs befinden sollte. »*Il est fou* – er ist verrückt!«, ruft der Busfahrer.

Šiškevičius rennt entschlossen zum Sattelschlepper, der direkt hinter dem Besenwagen fährt und auf dem sich der Renault Megane des Teams befindet, nur um festzustellen, dass seine Ersatzmaschine für den Transport abmontiert worden war. Also nimmt er sich ein neues Hinterrad aus dem Auto, springt mit schmerzenden Beinen unter Applaus des noch vorhandenen Publikums vom Auflieger und tauscht mit Hilfe des Busfahrers das Hinterrad. Dann steigt er wieder auf sein Arbeitsgerät und setzt seine Fahrt fort:

Er hatte akzeptiert, dass ich zu Ende fahren wollte. Er half mir, das Hinterrad zu tauschen. Er war ein echt netter Kerl – ich bin ihm sehr dankbar. Er machte Überstunden meinetwegen!

Der Busfahrer telefoniert schließlich mit Renndirektor Thierry Gouvenou und fragt, was er tun soll. Ihm wird gesagt, dass er den sturen Litauer fahren lassen soll – sie würden sonst den wieder einsetzenden Verkehr auf der bisher gesperrten Strecke aufhalten. Wieder fährt er an Evaldas Šiškevičius heran und richtet ihm die Entscheidung der Rennleitung aus.

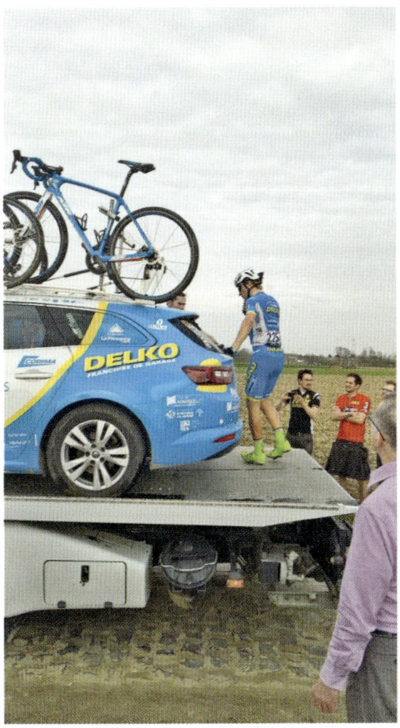

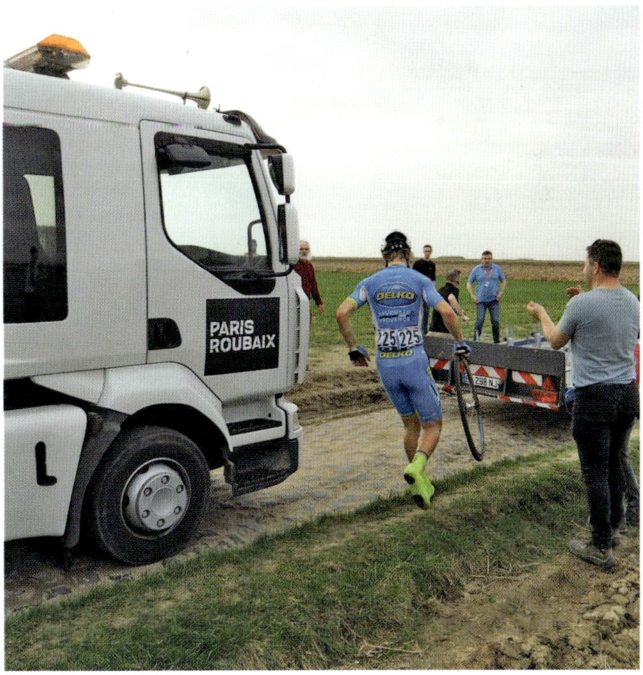

»Ich muss dich jetzt alleine lassen!«, ruft der Busfahrer. »*N'est pas grave* – das ist nicht schlimm!«, antwortet Šiškevičius.

Er wird vom Besenwagen überholt und bleibt allein zurück. Nicht ganz allein, zwei Polizeimotorräder setzen sich vor ihn, damit er keine Schwierigkeiten mit den Zuschauern bekommt, die mittlerweile auf der Rennstrecke nach Hause streben. Vor Evaldas Šiškevičius liegt noch ein Zwei-Sterne-Sektor, Willems à Hem, 1.400 Meter lang, dann erreicht er die Stadtgrenzen von Roubaix – endlich Roubaix!

In ihrer Blütezeit im 19. Jahrhundert war es die »Stadt der tausend Schornsteine«, hier war das Zentrum der Textilindustrie Frankreichs. In der Zeit der Belle Époque lebten hier mehr als 120.000 Menschen, der Erste Weltkrieg brachte die Besatzung der Deutschen. 8.000 Bürger der Stadt mussten Zwangsarbeit leisten.

Nach dem Zweiten Weltkrieg gab es einen erneuten Aufschwung, der jedoch mit dem Aufkommen der synthetischen Fasern in den 1970er Jahren endete. In Roubaix und Umgebung verloren viele Menschen ihren Broterwerb – auch Radtrikots wurden nun nicht mehr aus Wolle hergestellt.

Tor des Velodroms wird vor seinen Augen geschlossen

Evaldas Šiškevičius fährt hinter den Polizei-Motorrädern über die Ausfallstraßen der trostlosen Vororte der Stadt und nähert sich dem Radstadion von Roubaix. Schließlich kommt er auf die letzten 300 Meter vor der Flamme Rouge, die Espace Charles Crupelandt. Das letzte Kopfsteinpflaster ist harmlos – ein Pavé der ersten Schwierigkeit. Sauber und lückenlos verlegt ist es benannt nach dem einzigen Sieger (1912 und 1914) dieses Rennens, der selber aus Roubaix kam. Der »Bulle des Nordens« kehrte mit dem Croix de Guerre dekoriert aus dem Ersten Weltkrieg zurück, rutschte aber in den Nachkriegswirren in die Kleinkriminalität ab und wurde wegen Schwarzhandels aus dem Französischen Radsportverband Union Vélocipédique de France ausgeschlossen. Er starb 1955 – blind und an beiden Beinen amputiert.

Evaldas Šiškevičius muss mit ansehen, wie auf seinen letzten Metern das Tor zum Velodrom vor seinen Augen geschlossen wird.

Ähnlich erging es Anfang der 1970er Jahre auch Jean-Pierre Danguillaume, dem späteren Teamchef von Mercier, der als Profi unter anderem sieben Tour-de-France-Etappen gewinnen konnte. Denn bei seiner ersten Teilnahme an Paris-Roubaix stand er mit einer Gruppe mehr als eine Stunde nach Ende der Wertung vor bereits geschlossenen Toren. Seine Schaltung war kaputt, das Rad in einem ähnlich erbärmlichen Zustand wie sein Fahrer. Der völlig erschöpfte Danguillaume rief laut nach den Verantwortlichen, bis ihm schließlich das Tor wieder geöffnet wurde, während seine Leidensgenossen zu den Duschen im Stadion davonschlichen. Obwohl bereits ein anderes Rennen auf der Bahn stattfand, zwängte sich Danguillaume auf das betonierte Rund und fuhr sein Rennen zu Ende. Später – als Kapitän des Peugeot-Teams – erzählte er seinen jungen Kollegen vor ihrer ersten Teilnahme seine Heldengeschichte, um sie ganz besonders zu motivieren: »Wenn du im Velodrom bist, bevor sie die Türen schließen, dann bist du ein echter Fahrer!« – so berichtet Philippe Bouvet in »Paris-Roubaix – A Journey Through Hell«. Und auch wenn Jean-Pierre Danguillaume dieses Rennen nie gewinnen konnte, so siegte er doch noch in Roubaix – bei der elften Etappe der Tour de France 1977.

Auch für Evaldas Šiškevičius öffnen die Verantwortlichen das Tor wieder, als sie ihn kommen sehen, damit er seine Runde auf der berühmtesten Radrennbahn der Welt ziehen kann. Er hat es sich verdient. Das Publikum ist nach der Siegerehrung teilweise bereits gegangen, doch die Verbliebenen – größtenteils Gäste der Sponsoren – jubeln ihm begeistert zu. »Das ist das ganz Besondere an Paris-Roubaix, die grenzenlose Unterstützung der Fans«, sagt der Litauer mit ein paar Wochen Abstand, als ihm gewahr wird, was an diesem Tag mit ihm und seinem Lieblingsrennen passiert ist. Nach diesem Höllenritt in die Herzen der Fans sprach ihn ein Vater an und erzählte, dass er seinen Kindern das Video seines Kampfes gegen die Aufgabe zeigen werde:

Er wollte es ihnen als Beispiel zeigen, als Beispiel für Hingabe und wie man seine Ziele erreicht. Als er mir das erzählte, dachte ich: Ich habe zwar nicht gewonnen, aber ich habe jemandem etwas gegeben. Durch die Bewunderung der Leute wurde das, was ich tat, zu etwas Besonderem. Darauf bin ich sehr stolz!

Nach 256 Kilometern im Sattel, fast 55 Kilometern zermürbenden Kopfsteinpflasters und zwei Pannen gleitet Šiškevičius über den lachsfarbenen, mittlerweile rissigen Beton des in die Jahre gekommenen Vélodrome André Pétrieux, wo seit 1936 Radrennen ausgetragen werden.

Es ist immer so: Wenn man den letzten Sektor geschafft hat und ins Velodrom kommt, hat man nach dem ganzen Geschüttel auf dem Kopfsteinpflaster den Eindruck, als würde man zu Hause über einen Teppich rollen. Das fühlt sich toll an!

Zieleinfahrt ohne große Geste

Doch jetzt ist der Litauer allein, niemand fährt mit ihm. Was muss es für ein Gefühl sein, nach einem so entbehrungsreichen Tag endlich kurz vor dem Ziel zu sein? Ist es Erleichterung, pure Freude oder einfach nur Erschöpfung?

Als Evaldas Šiškevičius die Ziellinie überquert, richtet er sich nicht auf wie ein Sieger und schließt den Reißverschluss seines Trikots – er hebt nicht einmal eine Hand. Er rollt einfach über den Strich und ist froh, einen langen, anstrengenden Arbeitstag zu Ende gebracht zu haben. Feierabend. Sein einziger Gedanke gilt der Dusche – nicht in den legendären Katakomben des Velodroms, wo die Sieger von Paris–Roubaix ihre eigenen Namensplaketten haben, sondern im Teambus von Delko Marseille.

Denn nur im Teambus kann man im Sitzen duschen.

Nachtrag: Am 14. April 2019 schloss sich für Evaldas Šiškevičius im Vélodrome André Pétrieux gewissermaßen ein Kreis und seine außergewöhnliche Hingabe an sein Lieblingsrennen wurde mit einer unerwarteten Top-Ten-Platzierung bei einem der »Monumente« des Straßenradsports belohnt. Bei der 117. Austragung von Paris–Roubaix behauptete sich der Litauer bis zum Schluss in der ersten Verfolgergruppe inmitten designierter Favoriten wie Greg Van Avermaet und Zdeněk Štybar und rollte letztlich nur 47 Sekunden hinter dem Sieger Philippe Gilbert als Neunter über den Zielstrich – einer der größten Erfolge in der Geschichte seines Teams Delko Marseille Provence. Ob Šiškevičius diesmal die Duschen in den Katakomben des altehrwürdigen Radstadions benutzt hat, ist nicht bekannt.

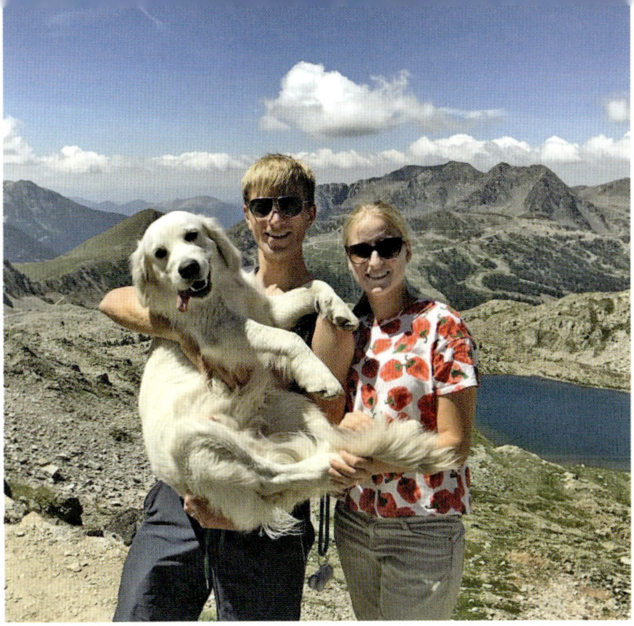

EVALDAS ŠIŠKEVIČIUS

Geboren: 30. Dezember 1988 in Vilnius (Litauen)
Nationalität: litauisch
Profil: Allrounder, Klassikerfahrer

Teams:
seit 2016 Delko Marseille Provence KTM
2015 Team Marseille 13 KTM
2014 Team La Pomme Marseille 13
2013 Sojasun
2011–2012 La Pomme Marseille
2009–2010 VC La Pomme Marseille
2008 Crédit Agricole (Stagiaire)

Größte Erfolge:
Sieger Grand Prix de la Somme »Conseil Général 80« (2012)
1 Etappensieg Tour du Limousin (2012)
Gesamtsieger Circuit des Ardennes (2015)
Gesamtsieger Volta ao Alentejo (2011)
Gesamtsieger Tour of Yancheng Coastal Wetlands (2015)
3. Platz Gesamtklassement Tour de Picardie (2015)
4. Platz Tour of Taihu Lake (2015)
9. Platz Paris-Roubaix (2019)
2. Etappenplatz Critérium du Dauphiné (2017)

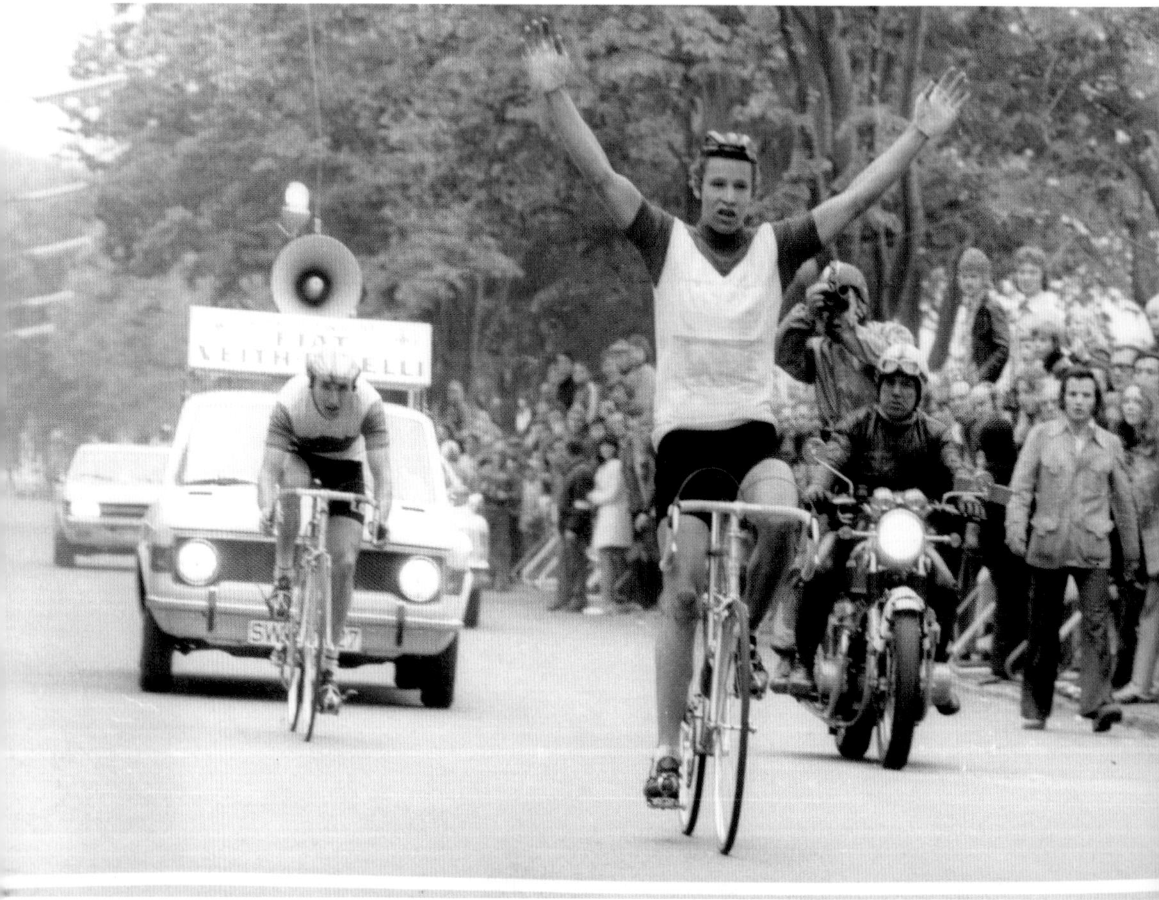
FIAT

HERMANN JUNGBLUTH

ALS DER BLONDE ENGEL ZUM TEUFEL WURDE

Rund um Köln, 5. Mai 1974

Irgendwann kommt jeder Mensch an eine Weggabelung, an der er sich entscheiden muss, in welche Richtung das weitere Leben führen soll. Diese eine Entscheidung, die in jenem Moment womöglich gar nicht als schwerwiegend erkannt wird, kann aber über die nächsten Sekunden hinaus auch als Blaupause für alle weit in der Zukunft liegenden Entscheidungen herangezogen werden: Hat man Erfolg im Beruf? Gelingt es, einen feinen Charakter zu entwickeln? Wie verhält man sich im Umgang mit anderen Menschen? Erwirbt man sich Respekt oder Verachtung? Erreicht man Großes, oder bleibt man bescheiden? Solche Fragen werden in diesem Augenblick zwar nicht gestellt, aber oftmals erhält man eine Ahnung, wie sie beantwortet werden könnten.

Manchmal liegt diese eine entscheidende Weggabelung auf den letzten tausend Metern eines Radrennens. Und es kann vorkommen, dass diese Abzweigung in die falsche Richtung geht...

Es ist der 5. Mai 1974, in Köln findet die 60. Austragung des Radsportklassikers Rund um Köln statt – 175 Kilometer durch die Eifel und das Kölner Umland. Zu dieser Zeit ist die Veranstaltung ein reines Amateurrennen, an dem auch B-Klasse-Fahrer und die NRW-Auswahl unter Trainer Hennes Junkermann teilnehmen. Die Landesmannschaften kämpfen nicht nur um Punkte für die Wertung des Bundes Deutscher Radfahrer, sondern auch um die Aufnahme in die Nationalmannschaft unter Rudi Altig, der das Rennen ebenfalls vor Ort verfolgt.

Damals ist die Sportwelt noch streng in Profi- und Amateursport unterteilt. Es gibt strikte Auflagen für Amateure, sie dürfen außer Preisgeldern keine Einkünfte aus ihrem Sport beziehen und bewahren sich so die Chance, an Olympischen Spielen teilzunehmen. Amateure führen zwei Leben – sie trainieren genauso hart wie

Profis, müssen aber zusätzlich noch einem Broterwerb nachgehen. Berufsfahrer hingegen können sich ganz ihrem Sport verschreiben, in gesponserten Teams fahren, lukrative Antrittsgelder bei Sechstagerennen im Winter kassieren – und sie fahren womöglich in die Ruhmeshallen des Radsports, indem sie an der Tour de France teilnehmen.

Ein Mathematiker auf der Flucht

An diesem nasskalten Tag im Mai rasen zwei Männer unter der Flamme Rouge in Köln hindurch. Sie haben anstrengende Stunden im Sattel hinter sich, sind bei empfindlicher Kühle unter zehn Grad, kräftigen Regenschauern und starkem Wind durch die Eifel gefahren. Der eine ist Hermann Jungbluth, damals 24 Jahre alt, ein leidenschaftlicher Amateurfahrer aus Köln, der für den RSV Viktoria Lövenich in der NRW-Auswahl gestartet war und nebenher Mathematik studiert. Jungbluth gehört zu den sogenannten »Baroudeuren«, den angriffslustigen Haudegen, ihm liegen lange Fluchten.

Warum diese Spezialisierung?
Hermann Jungbluth: Mein Renngewicht lag bei 69 Kilogramm, ich bin 1,77 Meter groß. Das ist kein Gewicht für einen Bergfahrer. Aber ich war relativ kräftig. Wenn es häufiger bergauf und -ab ging, hat mir das schon ganz gut gelegen.

Mit dieser Fahrweise gelang Hermann Jungbluth in seiner Amateur-Karriere nicht nur die Aufnahme in die NRW-Auswahl. 1972 erhielt er sogar die Empfehlung für die Nationalmannschaft und nahm 1974 im Mannschaftszeitfahren an der Radweltmeisterschaft in Montreal teil. 1973, im Jahr zuvor, gewann er den Klassiker auf den Straßen Kölns souverän mit 45 Sekunden Vorsprung auf eine prominent besetzte Verfolgergruppe, nach einer atemberaubenden Alleinfahrt, die rund 18 Kilometer vor dem Ziel begann.

Welche Erinnerungen haben Sie an Ihren Rund-um-Köln-Sieg?
Ich war der Erste, der das Rennen gewann, nachdem Artur Tabat 1973 die Renn-Organisation übernommen hatte. Ich fuhr im National-Trikot, habe mich einfach stark gefühlt und bin so 18 Kilometer vor dem Ziel losgefahren – und war dann allein unterwegs. Da reißt man aus, merkt,

die Lücke wird größer, und zieht's halt durch. Und im Feld haben meine Mannschaftskameraden um Vorjahressieger und Olympia-Teilnehmer Wilfried Trott von Viktoria Lövenich die Beine hochgenommen und so das Tempo verschleppt – Radsport ist halt ein Mannschaftssport. Damals waren immer auch viele Holländer dabei, die das Rennen stark mitbestimmt haben. Und die können Windkante fahren. Als Ausreißer muss man immer durchziehen können, man darf nicht hinter die übliche Geschwindigkeit im Feld fallen – sonst bricht die Flucht in sich zusammen.

Konnten Sie ohne Funk wissen, wie groß die Lücke hinter Ihnen war?
Doch, schon. Ab und an muss man sich halt umschauen, und dann sind da ja auch Begleitfahrzeuge dabei, die einem den Abstand ungefähr sagen. Aber Umsehen kostet Zeit! Deshalb ist es besser, nur nach vorne zu schauen und durchzufahren.

Rudi Altigs Co-Bundestrainer Karl Ziegler zeigte sich damals begeistert von der Stärke Hermann Jungbluths: »Sein Sieg war schon seit Wochen fällig! Er war neben Trott, Fenner und Michalski der stärkste Fahrer im Rennen. Was mich aber am meisten gefreut hat, war die gute Zusammenarbeit innerhalb der Mannschaft, ohne die Jungbluths Erfolg in Anbetracht der Attacken der Belgier und Holländer nicht möglich gewesen wäre.«

1973 war nicht die erste Teilnahme Hermann Jungbluths an Rund um Köln. Im Vorjahr 1972 hatte er den Anschluss zur Fluchtgruppe verpasst und war den größten Teil der Strecke allein oder in kleinen Gruppen gefahren. Für ihn ein Indiz, dass er schon damals das Zeug hatte, den Klassiker zu gewinnen – wenn er denn aufmerksamer gewesen wäre.

Was haben Sie 1972 falsch gemacht?
Wenn man es am Anfang verpasst, hat man keine Chance – gerade wenn viel Windkante gefahren wird. Ich habe mit meiner Kraft nicht richtig hausgehalten. Das Ausreißen hat mir einfach Spaß gemacht. Deshalb bin ich Radrennen gefahren. Es ging mir nicht unbedingt um taktische Finessen. Mein holländischer Trainingspartner Mathias Buckx meinte, ich hätte viel mehr gewinnen können, sei aber immer zu blöd gefahren. Ich habe einfach gerne die mir noch zur Verfügung stehende Kraft auf die Pedale gebracht.

Und die gleiche Fahrweise zeigt er nun auch 1974 bei seiner dritten Teilnahme an Rund um Köln. Doch diesmal klebt an Hermann Jungbluths Hinterrad unter der Flamme Rouge ein weiterer Fahrer: Es ist Dietrich Thurau aus Frankfurt-Schwanheim, erst 19 Jahre alt und doch mit 134 Siegen schon die große Hoffnung des deutschen Radsports. Auch er ist Amateur, hat aber Größeres vor: Er will Berufs-Sportler werden. Jungbluth und Thurau kennen sich bereits aus einem Trainingslager des Bundes Deutscher Radfahrer auf Mallorca. Bei einem Rennen in der Nähe von Palma kollidierten die beiden vier Kilometer vor dem Ziel und verloren so die Chance auf den Sieg. Dennoch war der damalige Co-Bundestrainer Karl Ziegler begeistert von Thuraus Talent, dem er eine glänzende Zukunft, ja sogar den Sieg bei der Tour de France prophezeite.

Das Rennen in Köln ist vom Start weg von zahlreichen Attacken geprägt, das fast 80 Fahrer starke Feld zerfällt schon nach 20 Kilometern in drei Gruppen, deren Abstände sich stetig vergrößern. In der Spitzengruppe, die aus 24 Fahrern besteht, finden sich neben Hermann Jungbluth und Didi Thurau illustre Namen wie der damalige Querfeldein-Weltmeister Klaus-Peter Thaler und Peter Weibel, der im Jahr zuvor als Amateur die renommierte Rheinland-Pfalz-Rundfahrt gewann. Auch der gebürtige Pole Jan Smyrak ist mit von der Partie – er war nach den Olympischen Spielen 1972 in München im Westen geblieben und hatte die deutsche Staatsbürgerschaft angenommen. Dieses Trio versucht mit Thurau 70 Kilometer vor dem Ziel einen weiteren Ausreißversuch, der jedoch schon nach 20 Kilometern vereitelt wird.

Rund 20 Kilometer vor dem Ziel – in der Nähe von Erftstadt, wo er auch im Vorjahr seine zum Sieg führende Attacke lanciert hatte – greift Hermann Jungbluth an. Schnell gelingt es ihm, einen Abstand zur Spitzengruppe herauszufahren. Da löst sich ein weiterer Fahrer und fährt von hinten an den erfahrenen Jungbluth heran – Didi Thurau!

Doch als der junge Frankfurter das Hinterrad von Hermann Jungbluth erreicht, scheint mit ihm irgendetwas nicht zu stimmen. Der Lövenicher mustert seinen Mitfahrer: Dietrich Thurau wirkt angeschlagen, erschöpft – er bittet um Hilfe. »Nimm mich mit, ich mach auch nichts«, soll er gesagt haben.

Was hatte das für eine Bedeutung für den Rennverlauf?
Es gab die Absprache: Ich sollte ihn mitnehmen, attackiere nicht und gewinne dann das Rennen. Und so etwas ist üblich gewesen. Wenn ich mit solch einer Absprache meine eigene Position absichern kann, hat jeder etwas davon. Natürlich kann man die ganze Zeit attackieren – im schlimmsten Fall gehen beide dabei hoch. Aber die Situation damals war nicht so – ich war zu dem Zeitpunkt total überlegen.

Haben Sie sich im Wind abgewechselt?
Am Anfang, nach der Absprache, konnte er überhaupt nicht mehr führen. Danach hat er Scheinführung mitgefahren.

Was heißt das genau?
Man kann eine Führung fahren, die schnell ist, oder man verlangsamt: einfach vorbeifahren und sich gleich wieder einordnen. Thurau ist zumindest später wieder mit durch die Führung gegangen. Aber im entscheidenden Moment der Attacke hat er nicht geführt. Und das ist ja der Moment, in dem man den Vorsprung gegenüber dem Feld rausfährt.

Nach dem Rennen erzählt Didi Thurau der Zeitschrift »Radsport«: »Als wir ausgerissen waren, ist Jungbluth fürchterlich gebrummt, hat auch die meiste Führungsarbeit geleistet. Ich hatte ihm versprochen nicht mitzuspurten…« In der Verfolgergruppe dahinter sorgt die NRW-Mannschaft, zu der Hermann Jungbluth gehört, für eine Tempodrosselung: »Als Hermann weg war, haben wir gebremst, und das hat auch fabelhaft geklappt«, berichtet Mannschaftskamerad Mario Sobottka nach dem Rennen.

Es gelingt Hermann Jungbluth, mit Thurau im Schlepptau den Vorsprung konsequent auf bis zu drei Minuten auszubauen – ein scheinbar sicheres Zeitpolster für die beiden. Doch als die Flamme Rouge schon in Sichtweite liegt, gerät der sicher geglaubte Sieg noch einmal in Gefahr. Auf der Vogelsanger Straße verpassen gleich fünf Ordner das Eintreffen des Führungsduos. Thurau und Jungbluth biegen falsch ab! Als die Veranstalter den Fehler bemerken, sollen sie auf dem Motorrad den beiden Fahrern hinterhergefahren sein und sie auf den Irrtum aufmerksam gemacht haben, wie »Rund um Köln«-Organisator Artur Tabat sich heute noch erinnert. Jungbluth und Thurau kehren wieder auf die Rennstrecke zurück. Sie liegen nun nur noch anderthalb Minuten vor dem Feld.

Enttäuschte Hoffnung

Ein Vorsprung, der auf den letzten tausend Metern dennoch reichen sollte, um trotz der Irreführung an der Weggabelung sicher die beiden ersten Plätze unter sich auszumachen. Jungbluth freut sich bereits auf den zweiten Sieg in Folge beim Rennen in der Stadt seines Vereins. Er glaubt an das Versprechen Thuraus, im Finale nicht mehr anzugreifen. Doch der später von Tour-de-France-Direktor Jaques Goddet »Der blonde Engel« getaufte Thurau entscheidet sich nach der Verwirrung an der Abzweigung anders: Er nutzt seinen unverhofften Vorteil und zerschmettert mit einem diabolischen Antritt den Traum Hermann Jungbluths, seinen Vorjahressieg zu wiederholen. Fassungslos schaut der völlig überrumpelte Lövenicher zu, wie Thurau skrupellos über die Ziellinie schießt und vor Hunderten Zuschauern an der Strecke einen weiteren Schritt auf seinem Weg vom Schriftsetzer zum Profisportler macht.

Wie haben Sie die Situation in Erinnerung?
Ich habe überhaupt nicht mehr reagiert. Ich rollte nur ein paar Meter hinter ihm her, ganz ohne Gegenwehr. Damit habe ich nicht gerechnet, dass einer da … ich habe einfach darauf vertraut, dass er sein Wort hält. Und dementsprechend war ich total schockiert und zu keiner Reaktion fähig. Ich bin dann einfach nur über den Strich gerollt.

Sind Sie im Ziel auf Thurau losgegangen?
Nein, ich bin eher ein ruhiger Typ. Auf gar keinen Fall wäre ich da körperlich auf ihn losgegangen.

Haben Sie mit Ihrem Gegner noch mal über das Rennen gesprochen?
Nein, ich habe nicht mehr mit ihm gesprochen – auch nicht zu dem Thema. Aber ein anderer, dessen Namen ich nicht nennen möchte, hat ihn noch mal konkret auf diese Geschichte angesprochen. Und Thurau erzählte ihm, er habe diesen Sieg unbedingt gebraucht – auch auf diese linke Weise –, um Profi werden zu können. Ich habe die Sache dann abgehakt.

»Ich habe niemanden verschaukelt«, versicherte Thurau dagegen direkt nach der Siegerehrung dem »Kölner Stadt-Anzeiger«: »Zwan-

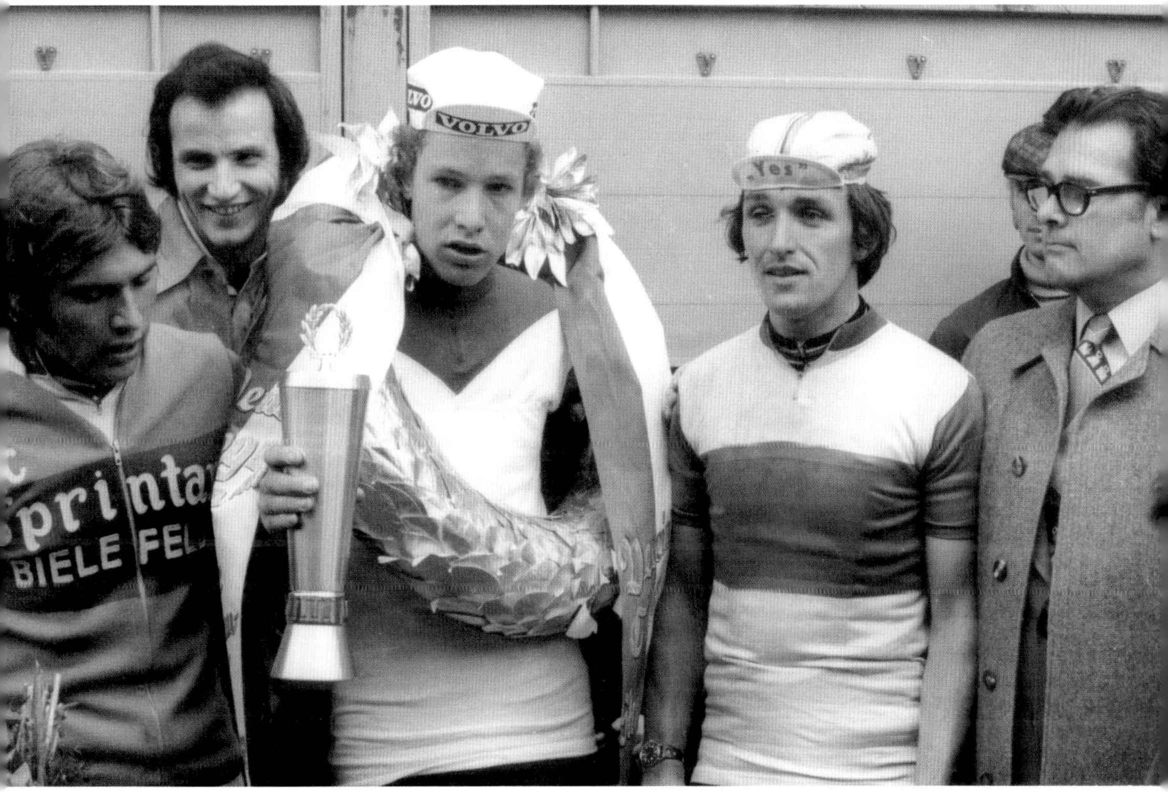
VOLVO
Yes
BIELE FEL

zig Kilometer vor dem Ziel wurde mir plötzlich schlecht. Da habe ich zu meinem Begleiter Hermann Jungbluth gesagt, dass ich keine Kraft mehr besitze, um auf der Zielgeraden mitspurten zu können. Als es später wieder etwas besser rollte, habe ich natürlich meine Chance konsequent genutzt und den Lövenicher noch kurz vor dem Ziel abgefangen.«

Auch mehr als 40 Jahre nach seinem umstrittenen Sieg ist es Thurau noch wichtig zu betonen, dass er niemanden betrogen habe.

Haben Sie Hermann Jungbluth damals reingelegt?
Dietrich Thurau: Nein, das stimmt nicht. Tausend Meter vor dem Ziel gab es eine verwirrende Situation: Ein Streckenposten hat uns fast falsch geleitet. Ich habe früher als Jungbluth erkannt, dass es doch geradeaus ging. Jungbluth aber hat versucht, rechts abzubiegen. Der Ordner hat eine komische Bewegung gemacht, als ob es rechts abginge, aber ich bin geradeaus gefahren. Es kann keine Rede davon sein, dass ich ihn linken wollte.

Also ein Zufallssieg?
Ich hätte wahrscheinlich auch so gewonnen, ich war absolut der Stärkste! Ich glaube nicht, dass der mich geschlagen hätte an dem Tag.

Jungbluth berichtet von einer Absprache zwischen Ihnen.
Nein, Absprachen gab es schon mal gar nicht!

NRW-Auswahl-Trainer Hennes Junkermann schimpfte nach der Niederlage seines Schützlings: »Didi hat mir sogar bestätigt, dass er Jungbluth keinen Strich durch die Rechnung machen wollte!« Auch Rudi Altig, der von dem gebrochenen Versprechen Kenntnis erhalten haben muss, verweigerte Thurau bei der Siegerehrung den Handschlag. »Ich werde auch das verdauen«, meinte Thurau dazu. Hermann Jungbluth jedoch erinnert sich genau an die Absprache und wundert sich bis heute über die einzigartige Abgebrühtheit seines damaligen Gegners.

Dass Thurau in Ihren Augen sein Versprechen gebrochen hat, war das außergewöhnlich für die damalige Zeit?
Hermann Jungbluth: Ich habe nie von solch einem Fall gehört. Was häufiger vorkommt, ist, dass jemand so eine Vereinbarung ablehnt – ist ja auch normal, wenn man sich selbst stark genug fühlt, warum sollte

man dann so eine Absprache machen? Aber wenn man in der Situation ist, abgehängt zu werden, und dann so ein Versprechen macht, dann ist es nicht üblich, das zu brechen. Jeder hat mal gute und auch schlechte Tage, und eine Radsaison ist lang – deshalb ist eine gewisse Kooperation auf Vertrauensbasis sinnvoll.

Die Wege trennen sich

Nach der Siegerehrung trennten sich die Wege dieser beiden so unterschiedlichen Rennfahrer. Dietrich Thurau gelang es, im Herbst desselben Jahres einen Profi-Vertrag beim niederländischen Team TI-Raleigh zu unterschreiben. Er erhielt damals stattliche 24.000 D-Mark im Jahr für seine Dienste. Thurau war am Ziel und konnte endlich den Amateursport und seinen Beruf als Schriftsetzer an den Nagel hängen und fortan von seinen Einkünften als Profi-Radfahrer leben. Eine recht wechselhafte Karriere begann, er gewann 1977 als Neuling fünf Etappen der Tour de France und fuhr 15 Tage im Gelben Trikot des Gesamtführenden, ehe er in den Alpen einen Einbruch erlebte und schließlich mit zwölf Minuten Rückstand Fünfter wurde.

Auch nach der Radsport-Karriere war Thuraus Leben von vielen Aufs und Abs geprägt. Er wurde in der Frankfurter Immobilien-Branche tätig, übernahm sich dort jedoch, musste später Insolvenz anmelden und stand deshalb und wegen anderer zivilrechtlicher Verfahren mehrfach vor Gericht. Heute lebt er in der Schweiz, am Ufer des Bodensees.

Hermann Jungbluth schlug einen anderen Weg ein, sein Leben verlief in geordneten Bahnen. Er blieb dem Amateursport treu und fand andere Möglichkeiten, seinen Lebensunterhalt zu verdienen.

Haben Sie jemals überlegt, Profi zu werden?
Nein, daran hatte ich kein Interesse. Warum, weiß ich nicht so genau. Ich bin einfach gerne Rad gefahren. Fahre ich ja heute noch gerne.

Mittlerweile hat Hermann Jungbluth zwei künstliche Hüften, von denen er sich 2016 bei einer Ausfahrt eine brach: Er wollte auf regennasser Fahrbahn einer Fußgängergruppe ausweichen und fuhr gegen eine Verkehrsinsel. Jungbluth stürzte über den Lenker, erlitt ein schweres Schädel-Hirn-Trauma, und die Keramikkugel im

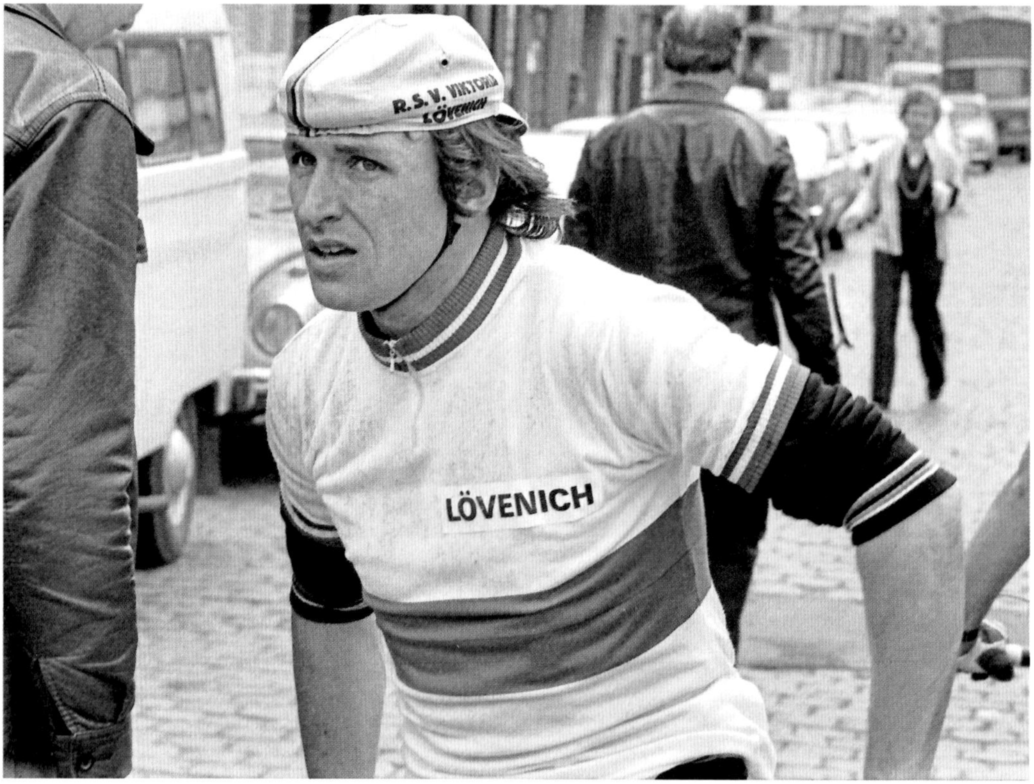

künstlichen Hüftgelenk zerbrach. Zum Interview am Altenberger Dom in der Nähe von Köln erscheint er dennoch mit dem Rad – nicht ohne vorher noch eine Schleife durchs Bergische Land zu fahren, um ein paar Höhenmeter mehr in seine Tour einzubauen.

Wie sind Sie zum Radsport gekommen?
Nicht mit dem Hintergedanken, Leistung zu erbringen. Ich bin in der Nationalmannschaft gewesen, weil ich gerne auch schwierige Strecken gefahren bin, aber ohne gezielt darauf hingearbeitet zu haben.

Ist es nicht der große Traum eines jeden ambitionierten Fahrers, Radprofi zu werden?
Ich habe die Profis sicher bewundert, aber ich habe nicht dieses Ziel gehabt. Aber eine richtige Begründung kann ich dafür nicht geben.

Was hat Sie fasziniert am Fahrradfahren?
Die Dauer der Rennen. Dass man oft in einer schönen Gegend unterwegs ist und trainieren kann, wo es einem gefällt. 1966 war ich mit mei-

nem Bruder bei der Weltmeisterschaft am Nürburgring zum Zuschauen, als Rudi Altig gewonnen hat. Das hat uns begeistert!

Doch nicht das Radfahren allein war es, was Jungbluth in den Bann zog. Auch konnte er sich für die perfekte Verbindung von Mensch und Maschine begeistern, suchte deshalb immer nach Möglichkeiten, noch ein Quäntchen mehr an Leistung aus seiner Rennmaschine herauszukitzeln:

Die Technik hat mich auch fasziniert: Ich schraube ja heute noch, hatte auch immer frisierte Teile. Ein mir bekannter Werkzeugmacher hat die dann für mich optimiert. Ich hatte beispielsweise Titanbremsbolzen für Campagnolo-Bremsen, mit Hülsenmuttern. Die gab es später auch zu kaufen, aber damals eben noch nicht. Die Bremsen waren stinknormal. Mein Bekannter hatte dann den Fimmel zu bohren, also habe ich mir hundert Löcher in die Kettenblätter bohren lassen. Gefährlicher jedoch war das Anbohren der Bremsbügel und -griffe... Bei der Rheinland-Pfalz-Rundfahrt hatte ich Lagerschalen, die dasselbe Maß wie die Campagnolo-Stahlschalen hatten, aber in Wirklichkeit aus Alu waren und nur eine dünne Stahllauffläche hatten. Irgendwann drehten die sich nicht mehr, weil die Lauffläche zu dünn geworden war, und zerbrachen.

Was für ein Rad fuhren Sie denn damals?
Ich hatte mir von dem damals renommierten Rahmenbauer Hugo Rickert für 300 D-Mark einen Rahmen maßanfertigen lassen – gelötet und gemufft. Auch das Rad, mit dem ich an der Weltmeisterschaft in Montreal teilnahm, kam aus seiner Werkstatt in Dortmund-Eving. Leider hat mein Sohn dieses vor kurzem bei einem Unfall zerstört...

Hermann Jungbluth setzte nach der Amateur-Karriere sein Mathematikstudium fort, gründete eine große Familie und wurde schließlich IT-Chef bei einem Zulieferer der Autoindustrie in Remscheid.

Heute – mehr als 40 Jahre nach seiner Zeit als Leistungssportler – wirkt Hermann Jungbluth wie jemand, der gerne geradlinig und mit einem starken Antritt Rennen fuhr. Er liebte den Wettbewerb. Mehr noch liebte er bestimmt den Sieg. Aber niemals konnte er akzeptieren, dass man bei einem Rennen Haken schlagen oder tricksen musste, nur um zu gewinnen.

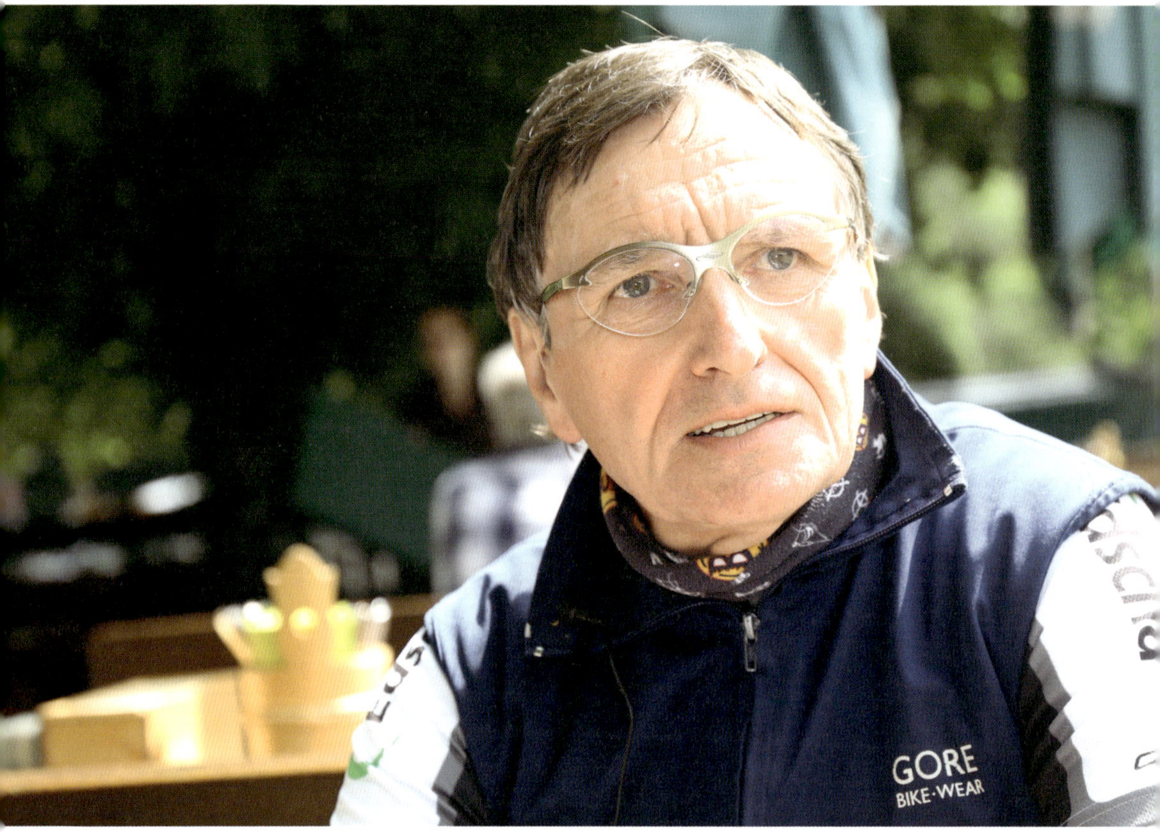
GORE
BIKE·WEAR

HERMANN JUNGBLUTH

Geboren: 28. August 1949 in Wuppertal
Nationalität: deutsch
Profil: Ausreißer

Teams:
1975–1976 RV 1894 Siegburg
1973–1974 RSV Viktoria Lövenich
1969–1972 Musketier Wuppertal
1967–1968 RC Ennepetal
1966 Blitz Barmen

Größte Erfolge:
Sieger Rund um Köln 1973
Sieger Großer Straßenpreis von Herpersdorf 1974
Mitglied der Nationalmannschaft 1972–1975
18. im 100-km-Mannschaftszeitfahren bei der Radweltmeisterschaft 1974 in Montreal mit Gregor Braun, Hans-Peter Jakst und Roland Weißinger

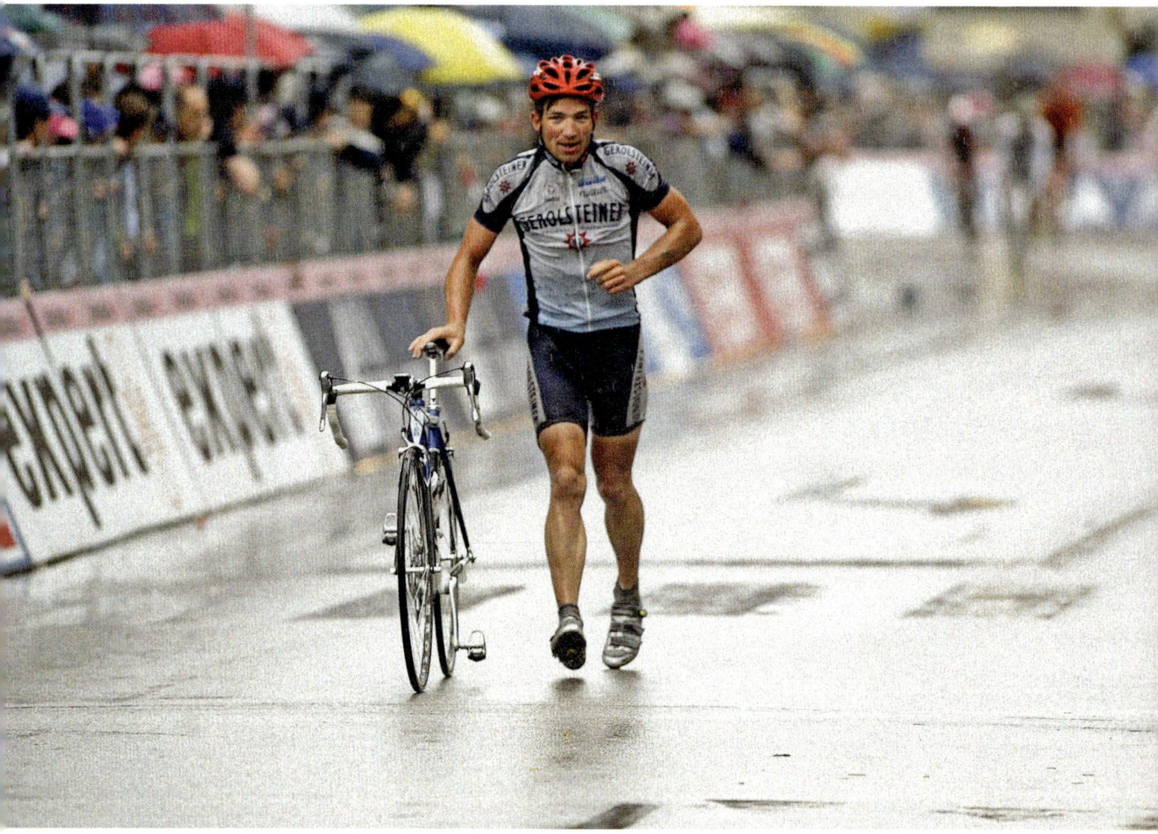
expert
expert

ROBERT FÖRSTER

VOLLES RISIKO IN DER LETZTEN KURVE

Giro d'Italia 2003,
11. Etappe Faenza–San Donà di Piave, 21. Mai

1.2.108 Außer im Falle einer Sonderbestimmung muss jeder Fahrer das Rennen vollständig aus eigenen Kräften und ohne irgendwelche Hilfe beenden, um gewertet zu werden.

1.2.109 Der Fahrer kann die Ziellinie zu Fuß überqueren, muss dies aber obligatorisch mit seinem Fahrrad tun.

[aus Teil 1, Sektion 3, § 7 (Zielankunft) des UCI-Regelwerks zum Rennablauf, Stand 12. Mai 2005]

Wenn man die elfte Etappe des Giro d'Italia 2003 unter Berücksichtigung des offiziellen Regelwerks des Welt-Radsportverbandes Union Cycliste Internationale (UCI) betrachtet, hat Robert Förster am 21. Mai 2003 alles richtig gemacht, als er sein Rad über die Ziellinie schiebt. Und doch war etwas an diesem Tag gehörig schiefgelaufen.

Dabei fing dieser Mittwoch so gut an. Es ist ein gemütlicher Start an einem schönen Tag in Faenza, einer Stadt in der Emilia-Romagna in Nord-Italien, es gibt keine hektischen Ausreißversuche. In seinem Giro-Tagebuch wird der Debütant Robert Förster vom Team Gerolsteiner später berichten, dass nach einer Stunde das Feld von einer geschlossenen Bahnschranke zur Pause gezwungen wird, die viele Rennfahrer zum Austreten in einem Vorgarten nutzen – obwohl die Dame des Hauses verzweifelt die Fahrer anfleht, ihre Blumen zu verschonen. Eine weitere Stunde später servieren Fans Eis und Kuchen und sogar Wein, der von manchem Fahrer auch getrunken wird. Danach kommt es zur ersten nennenswerten Attacke: Zwei Fahrer von Tenax, einem zweitklassigen Team aus Irland, greifen an und fahren davon.

Regen verändert das Rennen

Zwei Fahrer des zweitklassigen Teams Tenax entkamen. Wie ist das passiert?

Robert Förster: Die beiden versuchten wegzufahren, und das gesamte Peloton war happy damit. Das waren Fahrer eines kleinen Teams, die sich ein bisschen präsentieren konnten. Und am Ende holen wir sie sowieso ein. Also: No rush! Früher hat man die Werbewirksamkeit noch nicht so richtig erkannt. Heute ist das anders, da wird um jeden Platz in der Spitzengruppe gefightet. Jetzt sitzt da eine Agentur, die jede Minute Fernsehzeit analysiert und dem Sponsor die Rechnung präsentiert, welcher Fahrer wie lange in der Spitzengruppe und im Fernsehen zu sehen war. Und am Ende des Jahres schaut der Geldgeber, ob sich das gelohnt hat oder nicht. Früher ging es mehr ums Radfahren, nun bestimmen auch Einflüsse von außen die Taktik und das Rennen, ja sogar die Zusammensetzung der Teams.

Doch als der Vorsprung auf 13 Minuten anwächst, wird im Feld die Verfolgung aufgenommen. 25 Kilometer vor dem Ziel sind die beiden Ausreißer wieder gestellt. Zu diesem Zeitpunkt hat ein verhängnisvoller Regen bereits eingesetzt und das Rennen in ein anderes verwandelt.

Und dann kam der Regen…

Das war ein bisschen stärkerer Landregen, eigentlich nicht schlimm, eher warm. Eine Faustregel lautet: Bei Regen unter 15 Grad wird's kalt und unangenehm. Da braucht man dann schon eine lange Regenjacke und muss vielleicht auch die Beine schützen. Je näher wir dem Ziel kamen, desto mehr regnete es.

Wie sind Sie mit schlechtem Wetter klargekommen?

Bei schlechtem Wetter fahre ich eher gut. Ich bin nicht besonders wärmetauglich, kann mit 35, 40 Grad nicht umgehen. Ich habe einen großen Motor, einen großen Körper, der braucht viel Kühlung. Deshalb waren Bedingungen bei 20, 25 Grad und ein bisschen Regen immer gut für mich.

»Es kommt auf die Gummimischung an«

Auf den rutschigen Straßen der von Wein- und Obstanbau geprägten Region kommt es zu vielen Stürzen. Oscar Mason aus dem italienischen Team Vini Caldirola stürzt in einen Graben und muss von Helfern dort wieder herausgeholt werden. Er gibt das Rennen schließlich auf. Die Bedingungen sind miserabel, die Fahrer schon nach kurzer Zeit völlig durchnässt – das Wasser spritzt, von den schmalen Reifen zerteilt, an den rasierten Waden der Profis empor. Jeder Spurwechsel, jede Kurve, jede Berührung eines anderen Rennfahrers, jede Tempoveränderung, ob durch Bremsen oder einen starken Antritt, birgt die Gefahr des Sturzes in sich. Jetzt kommt es für die meisten darauf an, auf dem Rad zu bleiben, das Rennen unversehrt zu beenden. Dennoch muss auch eine solch gefährliche Etappe einen Sieger hervorbringen, und es gibt einige Fahrer, die waghalsig alles riskieren, um eine Etappe beim Giro d'Italia zu gewinnen – einen Sieg für die Radsportgeschichtsbücher.

Was hat die Straße so rutschig gemacht?
Vielleicht Pollen, von denen es um diese Jahreszeit ja sehr viele gibt. Und wenn die vom Regen nicht richtig weggespült werden, sondern nur nass sind, ergibt das einen glitschigen Film auf der Straße.

Welche Rolle spielt dann die Bereifung?
Die Reifen funktionieren alle unterschiedlich. Man weiß zwar, was die so aushalten, aber man kann nicht sicher sein, ob der Reifen bis 35 oder 38 km/h durch die Kurve geht. Das spielt dann in die Gefährlichkeit einer solchen Kurve noch mit hinein – das ist ein Fahren am Limit. Auch schwierig ist es, wenn man nach einer Panne einen Reifen erhält, den man nicht kennt – der funktioniert dann plötzlich ganz anders. Aber man wechselt nicht die Reifen wie bei der Formel 1, wenn das Wetter schlecht wird. Manche lassen bei Regen etwas Luft ab, damit der Reifen sich mehr an den Asphalt anschmiegt. Das habe ich aber nie gemacht. Es gibt beim Rennrad keinen Aquaplaning-Effekt. Ob man Profil auf dem Reifen hat oder ob die Reifendecke komplett Glatze ist, spielt keine Rolle, es kommt auf die Gummimischung an. Wenn diese weich ist, greift sie in den Asphalt – egal, ob da Profil drauf ist oder nicht. Und eine harte Gummimischung rutscht einfach weg. Auch Ort, Dauer und Art der Lagerung spielen eine Rolle, weil sich die Weichmacher verflüchtigen können. Das sind alles Feinheiten, die in einem gewissen Maß eine Rolle spielen.

Das klatschnasse Peloton erreicht nach 215 Kilometern endlich den Zielort San Donà di Piave, eine unscheinbare Stadt im Umland von Venedig. Doch weil hier eine sieben Kilometer lange Schlussrunde geplant ist, müssen die Rennfahrer die Ziellinie erst einmal überqueren, ohne einen Sieger zu küren. Bevor die Glocke der Schlussrunde geläutet wird, haben die Fahrer also die Gelegenheit, den finalen Kilometer ein letztes Mal in Augenschein zu nehmen, ehe das Rennen in die entscheidende Phase geht.

Das Finale beginnt

Wie genau haben Sie sich vor den Rennen auf den letzten Kilometer vorbereitet?

Es gibt Scouts, die sich die Zielankunft vorher anschauen und über die Windverhältnisse informieren oder eine Kurve anders beurteilen, als das im Buch steht. Die geben uns dann über Funk Tipps, wie da zu fahren ist. Außerdem gibt es ja immer das Roadbook, in dem die Höhenprofile drin sind, auch die letzten drei Kilometer als Zeichnung. Und wir haben uns immer den Kurs im Internet angeschaut: Wie breit ist die Straße und welche weiteren Voraussetzungen gibt es?

Schon beim ersten Passieren der Kurve, die 350 Meter vor der Ziellinie liegt, kommen zwei Fahrer zu Fall – sie rutschen auf dem Wasser, das der heftige Regen auf dem Asphalt hinterlässt, ungebremst in die Bande. Spätestens jetzt sollten also alle über die Gefährlichkeit dieser Kurve im Bilde sein. Dessen ungeachtet beginnen sich im weiteren Rennverlauf allmählich die berüchtigten Sprintzüge der beiden Favoriten zu formieren: Mario Cipollini, der Sprintveteran aus der Mannschaft Domina Vacanze, trägt zwar das Trikot des Weltmeisters, ist mit 36 Jahren jedoch im Herbst seiner Karriere angekommen. Bisher hat er zwei Etappen gewonnen – und so, mit insgesamt 42 Erfolgen beim Giro d'Italia, den 70 Jahre gültigen Rekord von Alfredo Binda übertroffen. Der Kapitän des Teams Fassa Bortolo hingegen, Alessandro Petacchi, hat bis hierhin drei Etappensiege eingefahren und durfte deshalb die ersten sechs Tage des Giro das Rosa Trikot, die Maglia Rosa, des Gesamtführenden tragen – er sollte der kommende Sprintstar der Italiener werden. Beide Italiener verfügen über einen einstudierten Sprintzug, der sie meist sicher kurz vor der Ziellinie abliefert, damit sie sich dort duellieren können.

Welche Bedeutung hatten Sprinterzüge zu dieser Zeit?
Mit einem Sprinterzug erhöht man die Siegchancen des eigenen Mannes. Das Team HTC-HighRoad hat das später mit Mark Cavendish perfektioniert. Er war zwar einer der Schnellsten, aber sein sportliches Niveau war nicht das höchste. Doch er saß bei Mark Renshaw am Hinterrad – und das Kilometer für Kilometer. Alle anderen mussten kämpfen, um in den Windschatten zu kommen. Durch die Positionskämpfe verliert man natürlich viel Energie, die man mit einem Sprintzug spart. Und Renshaw und Cavendish haben das so hervorragend gemacht, dass niemand mehr versucht hat, zwischen sie zu kommen. Und so kam Cavendish derart erholt auf die Zielgerade, dass er einfach die 10 bis 15 Prozent mehr Kraft hatte, die man zum Sieg braucht.

Ein Plan, um Petacchi auszuschalten

Waren Sprinterzüge damals noch etwas Besonderes?
Ja, heute versucht das jeder, aber nur wenige können das wirklich. Und so werden viele Rennen zerstört, weil die, die es nicht können, die Sprinterzüge der anderen kaputtmachen. Ein richtig guter Sprinterzug fährt erst bei 1.200 oder 1.300 Metern vor dem Ziel los. Der lässt die anderen alles machen und guckt zu, wie die explodieren – und dann schlägt er zu.

Es gab eine Situation, als Petacchi beim Giro sechs oder sieben Etappen gewonnen hat – das muss 2004 gewesen sein. Daraufhin gab es eine Absprache zwischen unserem Sprintkapitän Olaf Pollack und Robbie McEwen, also zwischen den Teams Lotto und Gerolsteiner, die sich das nicht mehr gefallen lassen wollten. Beide Mannschaften sollten zusammenarbeiten, um Pollack und McEwen im Finale sprinten zu lassen. Und wer gewinnt, sollte eine gewisse Summe zahlen. Dann ist Fassa Bortolo, das Team von Alessandro Petacchi, den ganzen Tag von vorne gefahren, es gab ein paar Ausreißer, die zehn Kilometer vor dem Ziel gestellt wurden – alles lief prima. Unsere Sprintzüge wurden gemischt, und so gab es einen Zug, der zusammengearbeitet hat: Bei 3.000 Metern vor der Ziellinie waren wir zwölf Mann und der Fassa-Bortolo-Zug erst einmal komplett zerstört. Und 800 Meter vor dem Ziel kam dann Fassa Bortolo mit drei Leuten, hat noch mal zwei km/h zugelegt, und so hat wieder Petacchi gewonnen. Die haben einfach zu 100 Prozent funktioniert und waren sehr präzise in den Abläufen.

Man braucht unter der Flamme Rouge noch drei Leute vor sich, denn diesen Speed von 65 bis 75 km/h kann niemand länger als

300 Meter halten. Die meisten, die versuchen, einen Sprinterzug zu formieren, haben gar nicht die Leute dazu. Das liegt aber auch an den veränderten Anforderungen an ein Team für eine Rundfahrt. Cipollini hatte immer sechs Anfahrer dabei, die nur für ihn arbeiten sollten.

Kurz vor dem letzten Kilometer fasst sich wieder ein Tenax-Fahrer, der Slowene Martin Hvastija, ein Herz und versucht, dem Feld zu entkommen. Doch Domina Vacanze, Mario Cipollinis Team, das für seinen Kapitän das Tempo anzieht, ist wachsam und fährt die Lücke wieder zu. Dahinter sucht Alessandro Petacchi neben Robbie McEwen (Lotto-Domo) den Anschluss. Lorenzo Bernucci (Landbouwkrediet-Colnago) versucht, sich Schulter an Schulter an Fabio Baldato (Alessio), dem Anfahrer von Angelo Furlan, vorbeizuschieben, um Cipollinis Hinterrad zu erreichen. Er erhält dafür einen Ellenbogencheck seines Gegners – bei diesen Bedingungen ein hochriskantes Unterfangen. Dahinter müht sich Isaac Gálvez aus dem Team Kelme-Costa Blanca, an die Spitze zu kommen. Aus dem eben noch breit aufgefächerten Peloton ist eine Perlenkette der schnellen Männer geworden, der eine fährt am Hinterrad des anderen, kein Millimeter wird freiwillig aufgegeben – wer jetzt noch nach vorne will, muss in den Wind.

»Im Finale muss viel mehr riskiert werden«

Als die Flamme Rouge erreicht wird, fährt Robert Förster an 15. Position, doch er will weiter nach vorne. Auch Isaac Gálvez gelingt es, Boden gutzumachen: Der ehemalige Weltmeister im Zweier-Mannschaftsfahren auf der Bahn erobert die Position neben Mario Cipollini. Als das Team Domina Vacanze die Führungsarbeit für seinen Kapitän erledigt hat und »Super-Mario« die letzten 400 Meter alleine fahren muss, hat sich Robert Förster nach vorne gekämpft und fährt nun direkt hinter dem amtierenden Weltmeister.

Wie haben Sie sich im Finale gefühlt?
Ich habe mich gut gefühlt! Es gibt immer Fahrer, die eher die Bremse zumachen, weil sie Angst haben zu stürzen. So war ich nicht. Ich wusste, dass dies wahrscheinlich eine einmalige Chance war: Es regnet, es kommt eine Kurve kurz vor dem Ziel. Ich konnte an diesem Tag ein

Top-Ergebnis erzielen, das war der Plan. Und ich war in einer ganz guten Position. Es gab keine richtigen Kämpfe wegen der Bedingungen – alle wussten, dass man die Rundfahrt in dieser Kurve auch verlieren kann, wenn man fällt. Aber einem Sprinter ist das egal. Der denkt: »Entweder ich gewinne hier oder ich fahre nach Hause.« Da kann man nicht auf Sicherheit fahren…

Auch nicht, wenn man aus der Schlussrunde weiß, dass die letzte Linkskurve Stürze verursachen kann?
Im Finale muss viel mehr riskiert werden. Bei großen Rennen wie dem Giro steckt keiner zurück. Je größer die Rennen, desto härter die Zweikämpfe – besonders schlimm ist es bei der Tour de France. 80 Prozent der Fahrer, die an einem Rennen wie dem Giro teilnehmen, sind in Topform. Bei kleineren Rennen sind auch Fahrer dabei, die ihre Teilnahme zum Formaufbau nutzen – bei Landesrundfahrten aber sind alle topfit. Da nimmt man nur die besten Leute mit. Das merkt man auch im Finale, da kommt es häufig zu Stürzen, weil es einfach um mehr geht. Ein Etappensieg beim Giro ist wesentlich mehr wert als einer bei der Bayern-Rundfahrt…

Die Spitze des Feldes rast auf die letzte Kurve zu, das Regenwasser auf der Straße spritzt. Nur noch 350 Meter trennen die Fahrer von Sieg oder Niederlage – jetzt geht es ums Ganze! An der Spitze fährt Robbie McEwen, der Australier, der schon viele Etappen im Massensprint gewonnen hat. Direkt dahinter Mario Cipollini. Links neben ihm versucht der Bahnfahrer Isaac Gálvez aus Spanien, seine Spur auf dem glitschigen Straßenbelag zu halten. Die beiden werden verfolgt von Petacchi und – das erste Mal in aussichtsreicher Position bei seinem Giro-Debüt – Robert Förster. Es geht in die Linkskurve – Robbie McEwen kommt durch. Cipollini fährt dichter an Galvez heran und legt sich in die Kurve. Auch Galvez neigt sich in die Kurve, doch offenbar zu stark. Sein Rad kippt unter ihm weg und schiebt sich unter Cipollinis Rennmaschine in den Farben des Weltmeisters. Beide Fahrer kommen zu Fall und rutschen auf dem nassen Asphalt quer über die gesamte Breite der Straße ungebremst in die Bande. Angelo Furlan vom Team Alessio übersteuert und fliegt ebenfalls mit hohem Tempo in die Absperrung. Robert Förster sieht vor sich nur noch das Ziel und Robbie McEwen. Eine Top-Platzierung, wenn nicht sogar der Sieg sind greifbar nahe. Doch dann kommt es ganz anders.

IM FOKUS:
DAS FRÜHERE DOPPELLEBEN DER RADPROFIS

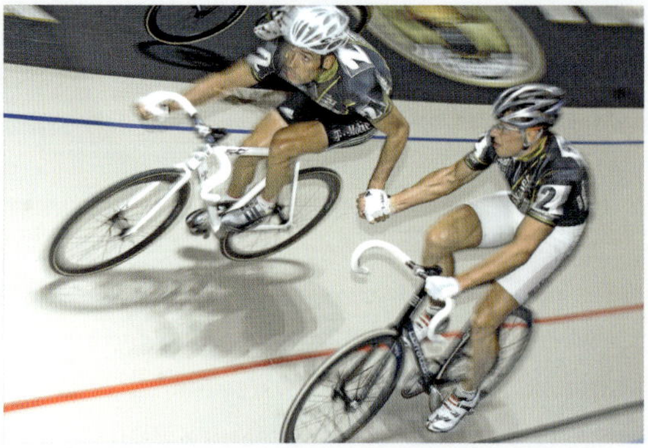

Das tragische Schicksal des Spaniers Isaac Gálvez Lopez wirft ein Licht auf eine Besonderheit des Radsports, die heute in ihrer Wechselhaftigkeit nur noch selten ist. Der zweifache Weltmeister im Madison (1999 und 2006), der bei der geschilderten Giro-Etappe mit Mario Cipollini kollidierte und drei Jahre später bei einem Unfall im Velodrom Kuipke in Gent tödlich verunglückte, fuhr Rennen nicht nur auf der Straße, wo er einige Siege errang, sondern auch auf der Bahn.

Viele Fahrer erhielten ihre Ausbildung im Bahnradsport und führten anschließend eine Art »Doppelleben« auf Straße und Bahn. Nach den weniger lukrativen Amateur-Wettbewerben im Radstadion gelang es so manchen späteren Straßenprofis noch in den 1970er Jahren, einen großen Teil ihres Einkommens allein mit den Antrittsgeldern der Sechstagerennen im Winter zu verdienen. So wurde zum Beispiel Didi Thurau immer wieder vorgeworfen, dass er sich mit seinen Auftritten auf der Bahn seine Form verdarb und so das große Versprechen auf einen Tour-de-France-Sieg nie einlösen konnte.

Doch in den 1990er Jahren drehte sich das Gehaltsgefüge derart, dass es für die Rennfahrer finanziell attraktiver wurde, sich als Profi allein auf den Straßenradsport zu konzentrieren. Deshalb versuchten einige Bahnfahrer, ihre Karriere auf die Straße zu verlagern. So errang beispielsweise Erik Zabel seine ersten Erfolge in der Mannschaftsverfolgung, bevor er zum Seriensieger im Massensprint wurde. Auch Geraint Thomas war auf der Bahn außerordentlich erfolgreich – er wurde dreifacher Weltmeister in der Mannschaftsverfolgung –, bevor er 2018 die Gesamtwertung der Tour de France gewann. Dem Potsdamer Robert Bartko hingegen, Olympiasieger in Sydney in der Einer- und Mannschaftsverfolgung und dreifacher Weltmeister in der Einerverfolgung, gelang es nicht, seine Karriere auf der Straße fortzuführen. Er kehrte nach vier mäßigen Jahren im Team Telekom und bei Rabobank auf die Bahn zurück.

Heute lässt der Rennkalender der UCI WorldTour mit Winter-Veranstaltungen in China, Australien und Abu Dhabi den Straßenprofis nur noch selten Raum für Starts bei den Sechstagerennen im Winter.

»Drei Tritte, und du bist durch!«

Wie kam es zum Sturz?

Ich war an fünfter Position, und als ich den Sturz sah, dachte ich nur noch an den Sieg: drei Tritte, und du bist durch. Doch plötzlich hatte ich das Gefühl, dass mich das Hinterrad überholt. In solchen Situationen rutscht normalerweise das Vorderrad weg, aber hier konnte ich nichts mehr machen. Das gehört natürlich dazu. Man riskiert und verliert, aber in dem Moment gehen einem tausend Dinge durch den Kopf, zum Beispiel: Was wäre gewesen, wenn ich ein km/h langsamer gewesen wäre? Das war extrem bitter, weil ich noch nie so nah dran war.

Sie sind dann in die Bande geknallt. Wie gefährlich war das?

Das ist ja bei einem Sprinter so: Außenstehende fragen sich oft, warum denen nicht so viel passiert. Man merkt im Bruchteil einer Sekunde vor dem Sturz, dass man stürzt. Und dann spannt man seine Muskulatur an, der komplette Körper ist angespannt. Es haut einen sozusagen nur auf die Muskulatur, und diese schützt den Knochen. Deshalb passiert »relativ« wenig bei solchen Massenstürzen – ein Schlüsselbein kann natürlich immer brechen, da ist ja kein Muskel drumrum. Man merkt »Scheiße, es ist vorbei«, aber der Körper hat schon reagiert und die Knochen geschützt. Man hängt in der Bande und sieht, wie der andere gewinnt. Und in diesem Moment überwiegt die Enttäuschung den Schmerz – der kommt erst am nächsten Tag, wenn man aufwacht.

Den Zuschauern offenbart sich eine verheerende Massenkarambolage – in der Bande liegen sechs Fahrer. Die Etappe gewinnt wenige Sekunden später der ehemalige BMX-Fahrer Robbie McEwen, der sein Rad sicher durch die Regenkurve steuern konnte. Alessandro Petacchi wird Zweiter – er fuhr direkt hinter Robert Förster und schaffte es, an rutschenden Fahrern und herumfliegenden Rennmaschinen vorbeizusteuern, konnte aber den Vorsprung McEwens nicht mehr aufholen.

An der Bande richtet sich Cipollini derweil mit schmerzverzerrtem Gesicht wieder auf, beschimpft Gálvez wie ein Rohrspatz und zeigt ihm schließlich einen Vogel. Der Spanier, noch sichtlich unter Schock, hockt an der Absperrung, in die er zuvor mit Höchstgeschwindigkeit hineingerauscht ist, und winkt müde ab. Robert Förster hat währenddessen versucht, wieder aufs Rad zu steigen, doch es geht nicht. Die Schaltung hat einen Schlag abbekommen und funktioniert nicht mehr.

Warum wollten Sie direkt weiterfahren?
Das ist ein Reflex bei Rennfahrern und hat mit dem Memory-Effekt zu tun. Auch jetzt, wenn ich den einen oder anderen Fahrer betreue, merke ich: Wenn die stürzen und nicht direkt weiterfahren können und ins Krankenhaus müssen, haben die nachher viel mehr Angst vor den Stürzen, als wenn sie direkt wieder aufsteigen und wenigstens die letzten 500 Meter noch fahren. Deshalb fahren auch viele, die sich etwas gebrochen haben, erst mal weiter, weil sie dem Körper nicht den Sturz als letzte Erinnerung hinterlassen möchten, sondern ihm zeigen wollen, dass man wieder auf dem Rad sitzt. Alles andere kann man später machen.

350 lange Meter zu Fuß

Also macht sich Robert Förster zu Fuß auf den Weg und schiebt sein Rad ins Ziel. Er wird im Ergebnis als 84. gewertet, 19 Sekunden vor Mario Cipollini, der sich schließlich von seinem Anfahrer Michele Scarponi schieben lässt. Das ist nicht die Platzierung, die sich Robert Förster noch wenige Bruchteile von Sekunden vor seinem Sturz vorgestellt hat.

Was ging Ihnen während des Fußmarsches durch den Kopf? Haben Sie das Publikum wahrgenommen?
Nein, vom Publikum habe ich nichts mitbekommen. Ich war einfach total enttäuscht. Ich habe den ganzen Weg ins Ziel mit der verpassten Chance gehadert. Das ist als Sprinter oft so und das eigentliche Dilemma: Man sitzt sechs Stunden auf dem Rad, und dann muss man im Bruchteil einer Sekunde kurz vor dem Ziel eine Entscheidung treffen, die über Sieg oder Niederlage entscheidet – für die meisten zum Nachteil, weil eben nur einer gewinnen kann. Der Rest sind die Verlierer, so ist der Radsport. Da denkt man ganz oft: »Kann man das nicht noch mal zurückspulen?« Es gibt wahrscheinlich keine sportliche Disziplin, in der man so viel Zeit verbringt und in der es so sehr auf diese eine Sekunde im Finale ankommt wie im Sprint. Bei einem Einzelzeitfahren beispielsweise entscheidet sich das Rennen über die ganze Distanz hinweg – man hat es drauf oder man hat es nicht drauf. Beim Sprint fährt man von der 15. auf die dritte Position. Wie oft habe ich mir anhören

müssen, dass ich zwar der Schnellste gewesen sei, aber nicht gewonnen habe, weil ich von der falschen Position gefahren bin! Heute hat man da ein super Team, das dem Sprinter sagt: »Komm, häng dich ans Hinterrad, und im richtigen Moment fährst du!« Das gab's bei uns damals nicht. Petacchi und Cipollini hatten ihre Züge, und der Rest musste sehen, wo er bleibt. Das war dann eher so ein Rummelboxen.

War es ein Fehler des Veranstalters, eine solche Kurve ins Finale einzubauen?
Nein, das macht ja den Radsport aus. Wir reden hier ja nicht über Verkehrsinseln oder darüber, dass die Straße nur zwei Meter breit war. Die Kurve war weit genug, im trockenen Zustand hätten wir mit zehn Mann nebeneinander durchgepasst. Wenn es regnet, müssen sich die Fahrer eben an die Umstände anpassen. Das kann nicht jeder – auch der kleine Hund, der 300 Meter vor dem Ziel auf die Straße trippelte, war natürlich gefährlich. Aber das passiert nun mal, heute sind die Leute mit ihren Handykameras die schlimmste Gefahr. Wo viele Menschen sind, kann immer auch etwas passieren.

Eine falsche Therapie beendet fast Försters Karriere

Auch wenn Robert Förster keine Angst vor Stürzen hatte und genau wusste, wie mit ihnen umzugehen war, hätte eine Unachtsamkeit auf dem Mountainbike ihn fast eins seiner Beine gekostet.

Aber 2013 ist es Ihnen dann doch schlecht ergangen?
Ich war mit dem Mountainbike unterwegs und bin einen Singletrail relativ schnell runtergefahren. Da war dann ein Loch, in dem mein Vorderrad versank. Beim Sturz über den Lenker bin ich am Schalthebel hängengeblieben und der hat sich ins rechte Knie gebohrt. Ich rief dann einen Krankenwagen, der mich ins Krankenhaus brachte. Dort wusste man, wer ich bin, und hat versprochen, sich richtig Mühe zu geben. Der Schleimbeutel war kaputt, den haben sie rausgenommen. Ich blieb ungefähr eine Woche im Krankenhaus, aber das Knie blieb dick. Dann begann die Reha mit einer Bewegungsschiene, das ging ganz gut. Mir wurde gesagt, ich könne nun auch wieder Rad fahren, ein, zwei Stunden am Tag, rotierende Bewegungen seien nicht schlecht für das Knie. Mir gefiel das aber nicht so richtig, auch der Physio hatte Zweifel. Dann wurde noch mal geröntgt. Ich habe dann vier Wochen später einen Termin bei einem mir bekannten Spezialisten gemacht, zu dem mich am

Unfalltag der Krankenwagen nicht bringen wollte. Am Tag vor dem Termin war ich mit meiner Freundin im Möbelhaus und bekam Herzrasen – später dann auch Schüttelfrost. Beim Arzt wurde Blut abgenommen und ein MRT gemacht. Danach kam meine Freundin heulend auf mich zu, und drei Chefärzte erklärten mir, dass es nicht mehr ums Radfahren an sich geht, sondern darum, ob ich das Krankenhaus auf zwei Beinen verlassen kann. Ich hatte eine gefährliche Blutvergiftung und wurde schon eine Stunde später operiert. Dabei wurde das Knie komplett ausgespült, das voller Eiter war. Offenbar hatte man bei der ersten OP nur den halben Schleimbeutel entfernt, und der Rest hatte sich entzündet. Ich bekam drei Wochen lang Antibiotika über einen Tropf, und erst nach der fünften OP wurde Keimfreiheit festgestellt.

Hatten Sie Sorge, dass Ihre Karriere beendet sein könnte?
Im Krankenhaus haben mich zwar alle bedauert, aber ich habe gesagt: So ende ich nicht! Ich bestimme selber, wann Schluss ist! Ich habe wieder angefangen zu trainieren und drei Monate später in China eine Etappe gewonnen. Ich habe erst 2015 aufgehört, weil mein amerikanisches Team die Strategie geändert hat. Der Sponsor UnitedHealthcare wollte eigentlich auf den europäischen Markt, das durften sie aber wohl aus irgendwelchen kartellrechtlichen Gründen nicht. Deshalb sollte das Team nur noch an süd- und nordamerikanischen Rennen teilnehmen. Ich aber war 37 und hatte keine Lust, das ganze Jahr in Amerika zu verbringen. Es reichte mir nach 15 Jahren dann einfach mit dem Radsport.

»Zigarre und fünf Bier an der Bar, am nächsten Tag trotzdem gewinnen«

Am Tag nach dem furchtbaren Massensturz in San Donà di Piave stand die nächste Etappe beim Giro d'Italia 2003 an. Der Schlussanstieg zum Monte Zoncolan im Friaul – in jenem Jahr das erste Mal im Programm – barg einige Boshaftigkeiten insbesondere für Sprinter: ein Anstieg von 13,3 Kilometern, bei einer durchschnittlichen Steigung von neun Prozent, zum Ende hin sind es dann teilweise sogar mehr als 20 Prozent. Während sich Robert Förster wie jeden Morgen unerschrocken in die Starterliste eintrug, ließ sich der amtierende Weltmeister Mario Cipollini, genannt »Il Re Leone« – »Der König der Löwen«, mit Leidensmiene im Rollstuhl zu einer BMW-Limousine schieben, in die er sich schließlich unter schweren Anstrengungen hineinächzte und davonfahren ließ.

Welche Rolle hatte Cipollini damals im Peloton?

Er war der Entscheider. Am Beginn einer Etappe hat Cipollini allen das Streckenprofil gezeigt und gesagt: »So, das ist der Berg, bis hierhin fahre ich mit. Danach könnt ihr Radrennen fahren.« Und wenn dann einer versucht hat abzuhauen, ist Cipo mit letzter Kraft hinterher, hat dem auf den Helm geklopft und ihn zurückgeholt. Wenn Cipo am Berg das Gruppetto aufgemacht hat, dann haben 50 Mann gesagt, wir fahren Gruppetto. Dann war Stillstand. Alle wussten: Cipollini ist hier, wir kommen innerhalb der Karenzzeit ins Ziel und müssen uns keine Sorgen machen. Als dann aber Cipollini mit dem Radsport aufgehört hatte und Petacchi seine Rolle übernehmen sollte, hat das nicht mehr geklappt. Petacchi fällt am Berg ab, Cavendish guckt kurz rüber und gibt noch mal Gas. Dann gab es kein richtiges Gruppetto mehr, die Sicherheit war weg, und hinten zerteilte sich das Feld auf mehrere Kleingruppen. Cipollini hat den Sport damals dominiert – im Sprint, aber auch neben dem Rennen. Natürlich war da auch viel Show dabei, das hat dem Radsport aber gut getan! Solche Typen braucht es halt. Ich konnte das ja auch nicht, war eher angepasst und bin abends um acht ins Bett gegangen. Aber es gab eben auch die Typen, die abends bis elf an der Hotelbar saßen, fünf Bier tranken und Zigarre rauchten – und am nächsten Tag dennoch die Etappe gewannen.

Im Ziel von San Donà di Piave endete nicht nur für Mario Cipollini die Italien-Rundfahrt 2003. Auch Isaac Gálvez Lopez, der Mario Cipollini bei dieser Etappe zu Fall brachte, musste den Giro d'Italia aufgeben. Drei Jahre später, am 26. November 2006, starb er tragisch, als er beim Sechstagerennen von Gent mit dem belgischen Fahrer Dimitri De Fauw kollidierte, in die Bande stürzte und sich das Genick brach.

Die Rennleitung kennt keine Gnade

Für Robert Förster hieß es, weiter auf seine Chance zu warten, um eine Top-Platzierung zu erringen. Doch liefen die nächsten Tage nicht gut für ihn, immer wieder verpasste er aus unterschiedlichen Gründen bei den Sprintankünften die Gelegenheit, sich ganz vorne zu präsentieren.

Schließlich kommt es zur Königsetappe in der italienisch-französischen Grenzregion: 175 Kilometer, verteilt auf vier Anstiege, die insgesamt 4.500 Höhenmeter in den Himmel wachsen.

Robert Förster hat am Abend vorher Respekt vor der Herausforderung, aber er weiß, wie man sich verhalten muss, wenn man nicht für die Berge gemacht ist. Er hält sich den ganzen Tag im Gruppetto auf, bleibt ständig in der Nähe von Alessandro Petacchi, immer noch Träger der Maglia Ciclamino. Bei den Abfahrten versuchen die Fahrer, Zeit gutzumachen, doch dies gestaltet sich an diesem Tag schwierig, denn es sind Touristenfahrer und Autos auf der Rennstrecke, so dass die Profis sich nicht mit Höchstgeschwindigkeit in die Abfahrt stürzen können. Am vorletzten Berg gewittert es, die Temperaturen sinken auf acht Grad. Kurz vor der Passhöhe liegt Schnee auf der Straße – wieder ist die Abfahrt zu gefährlich, der Rückstand aufs Feld steigt an. Den letzten Anstieg nehmen die 35 Männer um Robert Förster und Alessandro Petacchi wieder gemeinsam in Angriff – attackiert wird nicht, das verstieße gegen die Rennfahrer-Ehre. Im Ziel zeigt ein Blick auf die Uhr, dass das Gruppetto die Karenzzeit von 36 Minuten um vier Minuten überschritten hat.

> **2.6.032** (…) Die Karenzzeiten können in Abhängigkeit vom Profil der Etappen unterschiedlich sein.
> Bei extremen Witterungsbedingungen und anderen außergewöhnlichen Ursachen können die Kommissäre in Abstimmung mit dem Veranstalter die Karenzzeiten verlängern oder außer Kraft setzen.
> *[Teil 2, Sektion 6 des UCI-Regelwerks zum Rennablauf, Stand 1. Januar 2018]*

Doch die Rennkommissäre zeigen keine Gnade und nehmen 35 Fahrer aus dem Rennen: neben Förster auch Größen wie Angelo Furlan, Jimmy Casper, den noch jungen Bradley Wiggins und Alessandro Petacchi.

Wie lautete Ihre Bilanz Ihres Giro-Debüts?
Ich wollte natürlich durchfahren und die eine oder andere Etappe vorne abschließen. Hat beides nicht so richtig geklappt. Zum einen fährt man mit den ganz großen Jungs: mit Cipollini, mit Petacchi und wie sie alle hießen. Und dann haben sie uns aus dem Rennen genommen. Damit hatte niemand gerechnet!

Für den damals 25-jährigen Robert Förster war der erste nicht der letzte Giro d'Italia, in den Jahren 2006 und 2007 konnte er jeweils eine Etappe gewinnen.

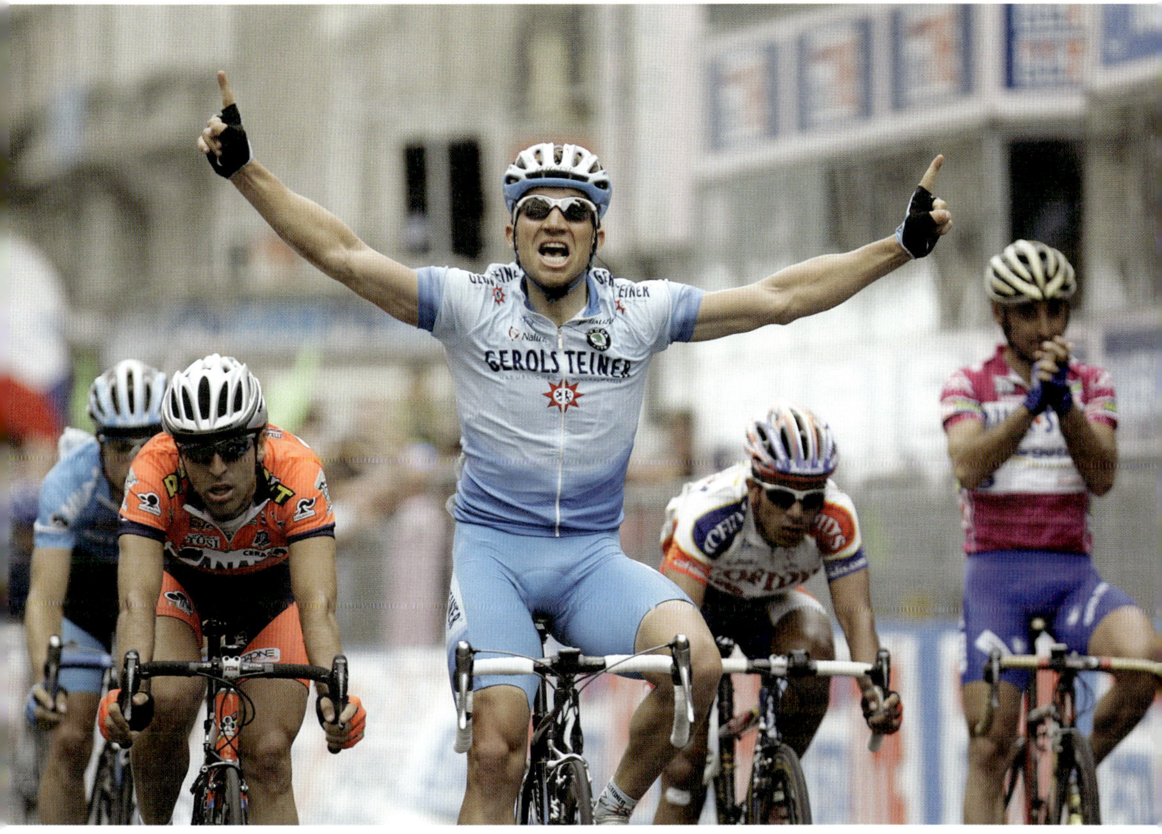
GEROLSTEINER

Es gibt ein Leben nach dem Peloton

Was machen Sie heute beruflich?
Ich habe drei Radsportgeschäfte, mit denen ich mein Geld verdiene. Daneben habe ich einen Trainerschein und betreue hier ein paar Hobby- und Lizenzfahrer, denen ich meine Erfahrung weitergebe. Dann mache ich im Nachwuchsbereich recht viel, veranstalte eine Rennserie, den »Robert-Förster-Nachwuchs-Cup«, das sind fünf bis sieben Rennen im Jahr. Und ich organisiere verschiedene Crossrennen.

Was macht den Radsport für Sie aus?
Mich begeistert das Gefühl von Freiheit, der Kick der Geschwindigkeit, die Action im Finale. Man sieht von der Landschaft sehr viel und kann überall hinfahren.

Wie sind Sie zum Radsport gekommen?
Als Kind habe ich eigentlich Handball gespielt, aber im Sommer mit meinem Vater immer wieder Radtouren gemacht. Und dann kam mein Onkel ins Spiel. Dessen Söhne wollten auch alle Radrennfahrer werden. Das waren alles gute Amateure, aber keiner ist Profi geworden. Und da habe ich mir als kleiner Junge gedacht, dass eben ich derjenige bin, der es schaffen muss. Als ich mit zwölf anfing, hatte ich einen wirklich guten Trainer. Der ließ mich erst mal nur trainieren, ich durfte an keinen Radrennen teilnehmen. Das ging ein halbes Jahr. Dann musste ich Crossrennen fahren – die ersten beiden habe ich dann auch gewonnen. Mein Trainer wusste, dass ich Talent hatte, und hat mich deshalb richtig heißgemacht, ohne mich zu verheizen.

Planen Sie die Rückkehr in den Profiradsport?
Im Auto zu sitzen als Sportlicher Leiter, wäre nichts für mich, da wäre ich zu viel unterwegs… Ich habe zwei kleine Töchter, die wollen ihren Vater auch mal sehen. Und ich habe alle Hotelbetten dieser Welt bereist, das brauche ich nicht mehr. Und hier in Markkleeberg ist es schön – ich muss nicht weg. Das war nach dem Ende meiner Radsportkarriere für meine Freundin immer doof, die wollte in den Urlaub fahren und ich sagte dann: Ach komm, lass uns zu Hause bleiben, hier ist es auch schön.

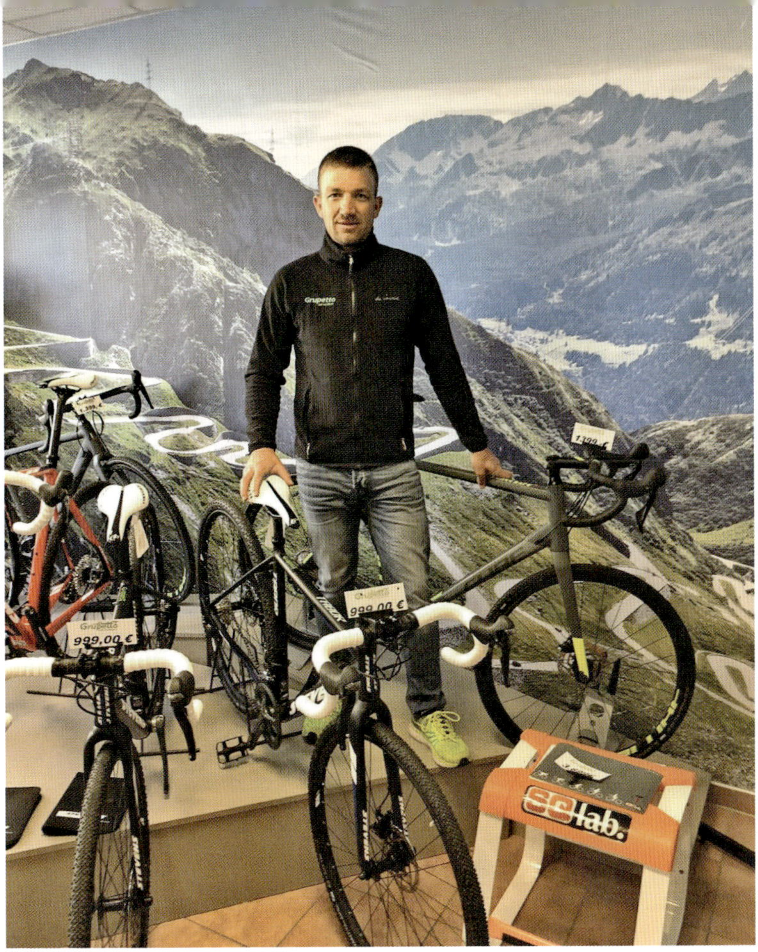

ROBERT FÖRSTER

Geboren: 27. Januar 1978 in Markkleeberg
Nationalität: deutsch
Profil: Sprinter

Teams:
2011–2015 UnitedHealthcare Pro Cycling
2009–2010 Team Milram
2002–2008 Team Gerolsteiner
2001–2002 Team Nürnberger

Größte Erfolge:
2 Etappensiege Giro d'Italia (2006, 2007)
1 Etappensieg Vuelta a España (2006)
1 Etappensieg Deutschland-Tour (2007)

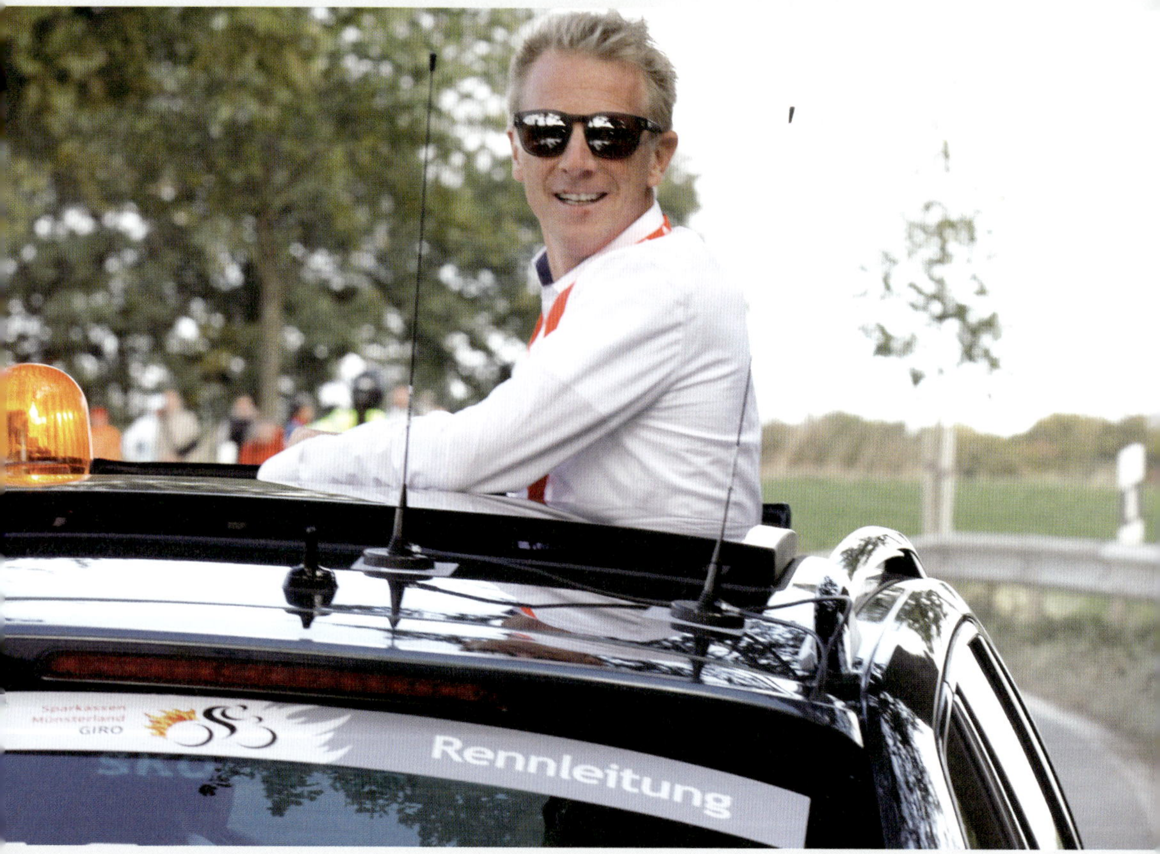
Sparkassen
Münsterland
GIRO
Rennleitung

»FRÜHER WURDE VIEL MEHR GEPOKERT«

Fabian Wegmann über die Flamme Rouge aus Sicht eines Streckenplaners

Fabian Wegmann ist ein ehemaliger deutscher Radrennfahrer, der u.a. zweimal Eschborn–Frankfurt gewann (2009, 2010) und dreimal Deutscher Meister im Straßenrennen wurde (2007, 2008, 2012). Im Jahr 2004 sicherte er sich als erster Deutscher das Trikot des besten Bergfahrers beim Giro d'Italia. Nach seinem Rücktritt vom aktiven Radsport 2016 wurde Wegmann in verschiedenen Funktionen für den Radsport tätig. Er bereitet für die ASO die Deutschland-Tour vor, ist als Rennleiter für verschiedene Rennen wie den Münsterland-Giro und Eschborn–Frankfurt tätig und kommentiert Radrennen für Eurosport und die ARD.

Wie hält man das Rennen bis zur Flamme Rouge spannend?

Fabian Wegmann: Bei der Deutschland-Tour 2018 haben wir es so gemacht, dass wir kurz vor dem Finale noch einmal einen Berg oder Hügel eingebaut haben, um den Klassikerfahrern die Möglichkeit zu geben, doch noch wegzufahren, bevor es sonst zu einem Massensprint gekommen wäre. Wenn es danach nicht direkt wieder runtergeht, sondern es noch eine flache Passage gibt, kann sich das Feld auseinanderziehen und Ausreißer haben die Chance, ganz vorne anzukommen. Auch Kurven kurz vor dem Ende bieten sich an, um die Spannung hochzuhalten, aber das birgt immer auch Sturzrisiken, deshalb haben wir davon abgesehen.

Bei vielen Eintagesrennen oder Etappen ist der Rennverlauf ziemlich eintönig geworden: Eine Ausreißergruppe wird kurz vor dem Ziel gestellt, dann gibt es einen Massensprint…

Das hat mehrere Gründe, die in der Entwicklung des Radsports liegen: Die Messung der Abstände zwischen Gruppen ist viel exakter geworden. Jeder kann den Rennverlauf im Fernsehen oder anderen Medien genau verfolgen. Außerdem hat sich die Zusammensetzung der Teams verändert. Früher hat jeder einen Sprinter und einen fürs Gesamtklassement mitgenommen. Es wurde viel mehr gepokert. Heute macht das kaum einer. Die Teams entscheiden sich, ob sie auf Sprints setzen oder aufs Klassement. So ist alles berechenbarer geworden.

Bei Rundfahrten wird verstärkt mit kürzeren Etappen experimentiert. Mit dem Ziel, die Rennen wieder weniger berechenbar zu machen?
Ja, ganz klar. Das hat aber Vor- und Nachteile. Der Radsport verliert dadurch das Traditionelle, was ja sehr wichtig ist für den Sport. Bei den kürzeren Formaten ist ein ganz anderer Fahrertyp gefragt – eigentlich sind das fast schon andere Sportarten. Als Rennfahrer hätte ich diese kurzen Strecken gehasst, weil ich eher ein bestimmtes Leistungsniveau über lange Zeit halten konnte. Wenn man bei einer Rundfahrt viele solcher kurzen Strecken einplanen würde, wären die Fahrer platt, weil es viel, viel härter ist, 60 Kilometer volle Pulle zu fahren, als sich bei den Überführungsetappen mit einem Hunderter-Puls zu erholen. Die Karenzzeiten wären auch viel kürzer. Für den Zuschauer sind solche Etappen natürlich viel attraktiver, da diese wirklich von Anfang an hoch spannend sind!

Wie haben sich die Sicherheitsaspekte auf den letzten tausend Metern in den letzten Jahren verändert?
Beim Thema Sicherheit gibt es grundsätzlich sehr große Unterschiede je nach Rennen. 2015 ist Peter Stetina bei der Baskenland-Rundfahrt auf der Zielgeraden gegen einen Metallpfosten gefahren und schwer gestürzt – so etwas würde in Deutschland oder Frankreich heute nicht passieren. Dann gibt es Verbesserungen wie bei den Absperrungen. Heute kommen immer mehr Gitter zum Einsatz, bei denen die Fahrer nicht mehr gegen die Füße fahren können. Es bleibt aber schwierig, Strecken zu finden, bei denen bei den Sprintwertungen oder auf der Zielgeraden keine Verkehrsinseln stehen. Heutzutage ist jedes »Kuhkaff« verkehrsberuhigt. Das ist für die dort lebenden Familien toll, für uns Organisatoren aber schwierig.

Wie sieht es mit den Anti-Terror-Maßnahmen aus?
Die sind viel schärfer geworden. Man muss sich allerdings immer wieder vor Augen führen, dass es gerade bei Radrennen unmöglich ist, die komplette Strecke zu schützen. Man kann den Start und das Ziel, nicht aber die hundert Kilometer dazwischen mit Betonblöcken oder Müllwagen absichern.

Viele Rennen enden mit Rundkursen in Städten. Davon profitiert das Publikum. Ist das auch unter Sicherheitsaspekten ein Vorteil?
Sicher, weil ein recht großer Teil der Strecke dann eben dicht gemacht werden kann. Das ist einfacher, als bei einer offenen Strecke für Sicherheit zu sorgen. Und für die Zuschauer ist das auch viel attraktiver.

Es gab in der Geschichte des Radsports mehrere Fälle, bei denen Fahrer wegen fehlender Ordner am Ende falsch abgebogen sind...

Bei meinem Heimrennen in Münster ist mir das selbst passiert – eines meiner schlimmsten Erlebnisse: Bei der ersten Austragung war ich in einer Ausreißergruppe unterwegs, mit zwei Minuten Vorsprung und noch 15 Kilometern zu fahren. Es gab also eine gute Chance, dass wir als Erste ankommen – und ich war auch der stärkste Fahrer in der Gruppe. Dann biegt das Führungsfahrzeug ab und wir fahren hinterher, weil da kein Ordner zu sehen war. Das war aber auch das erste und einzige Mal, dass so etwas beim Münsterland-Giro passiert ist. Die Organisatoren haben daraus gelernt und heute ist das Rennen von den Absperrmaßnahmen auf einem Niveau mit der Tour.

Ein Standard, den sich andere Veranstalter nicht mehr leisten konnten, weshalb gerade in Deutschland viele Rennen weggefallen sind?

Das ist sehr bedauerlich, aber verständlich. Hier in Münster machen wir im Verein den Elbers-Cup, ein kleines Rundstreckenrennen auf einem 800-Meter-Kurs. Allein dafür müssen wir vier Straßen sperren und sechs Barrieren – Betonklötze oder Müllwagen – aufbauen. Bei einem größeren Rennen fehlen dann vielleicht die paar tausend Euro für Absperrungen, und dann findet es nicht mehr statt. Man muss aber sagen, dass die tödlichen Unfälle der letzten Jahrzehnte nicht auf Fehler bei der Streckenplanung zurückzuführen sind, sondern meistens auf menschliches Versagen, sei es bei Fahrern oder auch Motorradfahrern. Deshalb haben wir die Anzahl der Motorräder im Rennen reduziert.

Welche persönlichen Erinnerungen haben Sie an die Flamme Rouge einzelner Rennen?

Bei Flèche Wallonne 2008 habe ich mich in einer Dreiergruppe zehn Kilometer vor dem Ziel abgesetzt, mit Gustav Larsson vom Team CSC und Alexander Efimkin von Quick-Step. Wir sind echt gut weggekommen, weil die beiden gut im Zeitfahren waren. Ich war mir ziemlich sicher, dass ich die am Ende im Griff haben werde, weil es einen Anstieg im Finale gibt. Als wir in die Abfahrt gebogen sind, sechs Kilometer vor dem Ziel, hatten wir eine Minute Vorsprung – auf einer Straße, die heute noch so schlimm ist wie damals. Nur hatte es damals so stark geregnet, dass man die Schlaglöcher nicht mehr gesehen hat. In der letzten Haarnadelkurve ist dann Larsson in ein großes Schlagloch gefahren und gestürzt, und auch Efimkin war auf einmal weg. Ich war dann also alleine unterwegs, hätte es vielleicht auch geschafft, wenn ich mich vor-

her etwas im Windschatten ausgeruht hätte. Aber so konnte ich meine 15 oder 20 Sekunden Vorsprung an der Mur de Huy nicht halten und wurde 300 Meter vor dem Ziel überholt. Ähnlich erging es Maximilian Schachmann 2018, der wenige Meter vor dem Ziel von seinem Teamkollegen Julian Alaphilippe gestellt wurde.

Wann haben Sie damals erkannt, dass Sie es nicht schaffen?
Erst hörst du hinter dir die Motorräder und weißt, dass das Feld nicht mehr weit sein kann. Und dann siehst du das erste Vorderrad neben dir, und schlagartig bricht deine Leistung ein. Es ist vorbei.

Es gab einen weiteren bitteren Moment bei der Baskenland-Rundfahrt 2003.
Auf einer Etappe habe ich für Davide Rebellin den Sprint angezogen. Ich hätte selbst gewinnen können, hab' aber gesehen, dass er direkt an meinem Rad ist. Dann bin ich rausgegangen, lasse ihn passieren, höre auf zu treten und hab' schon gejubelt. Doch genau in diesem Moment ist Valverde links vorbeigestochen – und wir wurden nur Zweiter und Dritter. Ich war noch jung und relativ unerfahren.

Wo haben Sie positive Überraschungen auf den letzten tausend Metern erlebt?
Bei Rund um die Nürnberger Altstadt 2007 etwa. Am Vortag hatte ich die Polen-Rundfahrt als Vierter beendet. Ich hatte überhaupt keine Lust, am nächsten Tag wieder anzutreten, aber das Team wollte damals, dass ich fahre. Ich bin den ganzen Tag am Ende des Feldes gefahren. Ich dachte aber, dass ich in der letzten Runde eine Chance haben könnte, an einem 500 Meter langen Hügel. Ich bin dann am Feld vorbeigefahren und habe zu einer Ausreißergruppe aufgeschlossen, konnte dort einen nach dem anderen überholen und drei Kilometer vor dem Ziel alleine durchziehen. Am Ende lag ich nur zehn Meter vor den Verfolgern.

Was war Ihre Lieblings-Ankunft?
Die beim Amstel Gold Race. Heute ist das Ziel zwei Kilometer hinter dem Berg, aber früher war das Finale oben auf dem Cauberg. Das fühlte sich so an, als ob man in ein Stadion einfährt. Rechts und links gibt es Hänge, an denen die Zuschauer standen und einen angefeuert haben. Bei den Rundfahrten habe ich Bergankünfte auch immer genossen. Früher waren die schöner als heute, weil die letzten Kilometer noch nicht abgegittert wurden und die Zuschauer nah an die Fahrer rankamen.

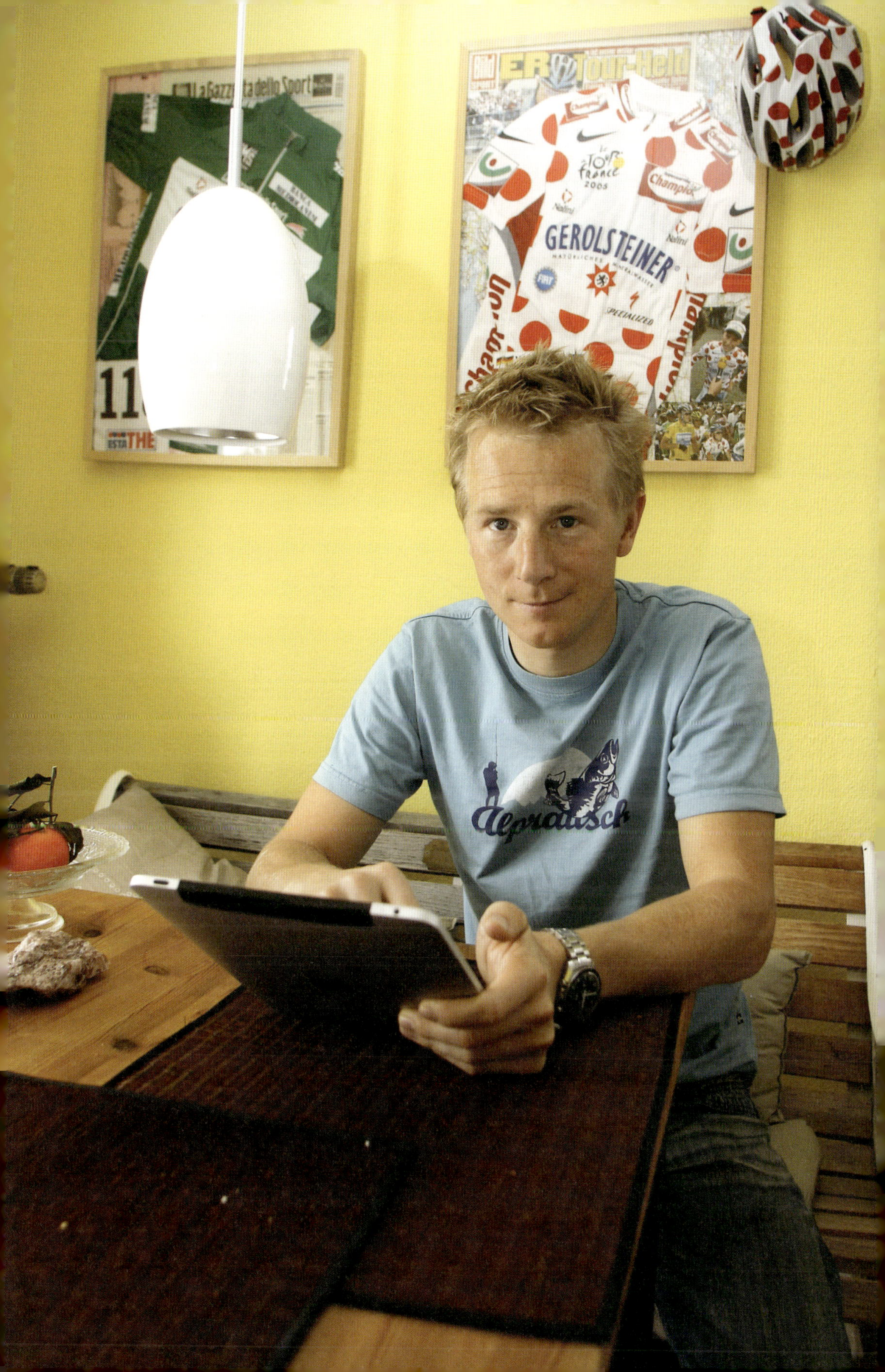
La Gazzetta dello Sport
GEROLSTEINER

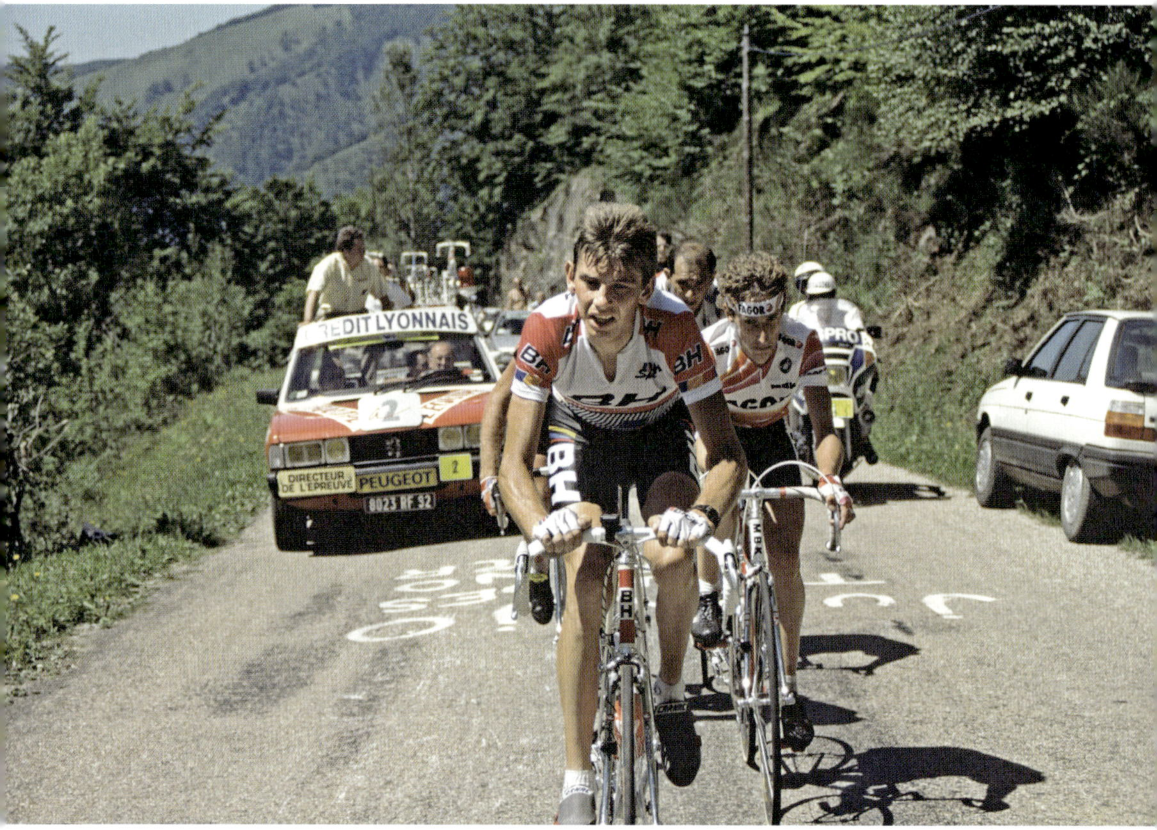
REDIT LYONNAIS
DIRECTEUR DE L'EPREUVE
PEUGEOT
8023 RF 92
2
BH
FAGOR
MBK

EINMAL DIE KURVE NICHT GEKRIEGT

Tour de France 1984, 11. Etappe Pau–Guzet-Neige, 9. Juli
Tour de France 1988, 14. Etappe Blagnac–Guzet-Neige, 17. Juli

Es gibt Athleten, die folgen pflichtbewusst den Wegen, die ihnen von den Eltern und später auch Trainern vorgegeben wurden. Sie verlassen nach dem Start nie den vorgesehenen Pfad, weil jede Abzweigung, jeder Umweg als Verschwendung, als Ablenkung verstanden wird. Sie landen am Ende, wenn alle Pläne aufgehen, wenn alle Berechnungen zu den Koordinaten ihrer Karriere stimmen, im Ziel der Wünsche, der eigenen und des Umfelds. Und dann gibt es diejenigen, bei denen schon die Ankunft im Startbereich ihrer Karriere unwahrscheinlich ist, bei denen Abweichungen Programm sind, die sich gegen alle Unwahrscheinlichkeiten immer wieder zurück auf den eigenen Kurs kämpfen – und allein das schon der größte Sieg ist. Zu solchen Menschen gehört die Schottin Philippa York, die vor ihrer Geschlechtsumwandlung als Robert Millar in den 1980er Jahren die bis dato größten Siege für den britischen Straßenradsport herausfuhr.

Als sich Robert Millar am 17. Juli 1988 auf der 14. Etappe der Tour de France über 163 Kilometer nach Guzet-Neige der Flamme Rouge nähert, hat er die steinigsten Stücke seiner Karriere längst gemeistert. Geboren in den Gorbals, einem von Armut geprägten Stadtteil von Glasgow, sollte er eigentlich später in einer Fabrik arbeiten, zumindest nach dem Wunsch des Vaters, der in einer Eisenwarenhandlung keine einzige Schicht verpasste. Doch Millar schlug einen anderen Weg ein, mied die Fußballplätze, auf denen so viele Schotten ihre Wochenenden verbringen, und trat in jungen Jahren in den Glenmarnock Wheelers Cycling Club ein. Er sicherte sich mit 21 Jahren den Titel des Britischen Amateur-Meisters, wechselte 1979 nach Frankreich zum Athletic Club de Boulogne-Billancourt, einem der wichtigsten Amateurteams Europas, und heuerte im

Folgejahr als Profi beim Team Peugeot an – zu einem Zeitpunkt, da der Radsport in Großbritannien noch immer eine Nischenveranstaltung war. Auch die Spezialität Millars ist für einen Briten außergewöhnlich: Bergfahrer – eine Disziplin, in der es britische Fahrer bislang nie geschafft hatten zu glänzen.

»Um die Tour zu retten, musste ich einen Etappensieg landen«

Acht Jahre nach seinem Start als Profi ist Millar in der Weltspitze angekommen. Auf dem Weg in den Skiort Guzet-Neige jubeln ihm zahlreiche Franzosen zu, auch wenn es dem kleinen Schotten in den vergangenen Jahren immer wieder gelungen war, Frankreichs nationale Helden wie Laurent Fignon oder Bernard Hinault zu besiegen. Sie schauen fasziniert dem Kletterer zu, dessen Kopf im Takt der Pedalumdrehungen wippt, dessen Augen hochkonzentriert den Asphalt vor ihm fokussieren – »das Gesicht eines hungrigen Mannes«, hatte der britische TV-Kommentator Phil Liggett den Ausdruck Millars einst beschrieben. Der nickende Kopf, bei anderen Fahrern ein Zeichen größter Anstrengung, ist bei Millar Teil der flüssigen Bewegungen seines Körpers. Sein extravaganter Tanz auf den Pedalen unterscheidet sich von der »puren Poesie« eines Marco Pantani (wie Millar den Stil des »Piraten« beschrieben hat), ist jedoch ähnlich effizient und erfolgreich.

Wie war Ihre Form bei der Tour de France 1988?
Philippa York: Meine Form war ziemlich schlecht, weil ich zu viele Rennen bestritten hatte. Ich war beispielsweise bei der Vuelta (die damals noch im Frühjahr stattfand; Anm. d. Autoren) angetreten. Am Ende der ersten Tour-Woche war ich total müde. Der einzige Weg, diese Tour für mich zu retten, war der Gewinn einer Etappe.

Und an der Flamme Rouge ist Millar auf dem besten Weg, dieses Ziel zu erreichen. Bei Kilometer 71 hatte er sich mit einer 13-köpfigen Gruppe vom Hauptfeld abgesetzt und den Vorsprung bis auf 11:30 Minuten ausgebaut. Am Col d'Agnes attackierte Millar, wurde bei der anschließenden Abfahrt aber von Philippe Bouvatier (BH), Massimo Ghirotto (Carrera Jeans-Vagabond), Ennio Vanotti (Chateau d'Ax) und Frederic Vichot (Weinmann-La Suisse) eingeholt. Am finalen Berg sind nur noch Millar, Bouvatier und Ghirotto zusammen – und Millar hat als bester Kletterer in der Gruppe die größten Chancen, seine Mitstreiter auf den letzten tausend Metern in Guzet-Neige abzuhängen. Doch dann passiert, womit keiner gerechnet hatte.

Wie haben Sie Ihre Chancen in Guzet-Neige eingeschätzt?
Ich kannte den Berg gut, war ihn kurz vorher noch in einem anderen Rennen gefahren. Die Streckenführung war bis auf den letzten Kilometer gleich. Die Veranstalter hatten inzwischen aber einen unbefestigten Weg gepflastert, um nach dem Rennen den ganzen Verkehr darüber ins Tal führen zu können. An diesem Tag der Tour de France 1988 führte die finale Ankunft über das neue Straßenstück, der Autoverkehr dagegen wurde über die alte Route geleitet.

War das im Roadbook nicht verzeichnet?
Ich hatte keinen Grund, vorher da reinzuschauen, weil ich den Berg ja schon fünf- oder sechsmal gefahren war. Auch im Team wusste keiner, warum die Veranstalter den Kurs geändert hatten. Der neue Kurs am Ende war also flacher, einfacher, schneller.

Also genau so, wie sich ihn Millar nicht gewünscht hatte. Nach der Flamme Rouge bleibt das Trio zunächst zusammen, nach weiteren 500 Metern kann Ghirotto das hohe Tempo von Millar und Bouvatier nicht mehr halten und fällt zurück. Rund 250 Meter vor dem Ziel passiert dann der fatale Fehler: Bouvatier attackiert. Millar kämpft, um an dessen Hinterrad zu bleiben. Statt dem neuen Kurs zu folgen, biegen Bouvatier und hinter ihm Millar in die Straße ein, die bei dem Rennen einige Wochen zuvor noch im Ziel endete, jetzt aber in die Niederlage führt.

»Bouvatier attackierte auf der falschen Seite«

An der Abzweigung stand ein Polizist, dessen Fahnen-Signale missverständlich wirkten. War er schuld?
Nein. Als Bouvatier im flacheren Teil attackierte, fuhr er auf der linken Seite der Straße. Der Polizist stand wiederum auf der linken Seite der Abzweigung, um Autos vorbeizulassen. Er stand richtig, wir waren aber auf der falschen Seite unterwegs, um die vorgesehene Kurve zu nehmen. Es war also nicht die Schuld des Polizisten, sondern unsere Schuld, eigentlich Bouvatiers Schuld, weil er auf der falschen Seite attackierte.

Millar bemerkt früher als Bouvatier den Irrtum und dreht um. Zurück an der Kreuzung sieht er, dass Ghirotto wider Erwarten schon längst an der Kurve vorbei ist. Millar gelingt es, noch Boden gutzumachen, fährt aber nach vier Stunden, 30 Minuten und 32 Sekunden nur als Zweiter, knappe, aber entscheidende zwei Sekunden hinter dem Italiener, ins Ziel.

War Ihnen schon beim Umkehren klar, dass Sie jetzt nicht mehr gewinnen können?
Nein, ich bin nicht davon ausgegangen, dass Ghirotto vorher so nah an uns dran war. Wir waren das letzte Stück nicht so hart gefahren, weil ich dazu nicht mehr in der Lage war – sonst wäre er zwei oder drei Minuten hinter mir gewesen. Die letzten 200 oder 300 Meter waren ziemlich flach, und ich wusste, dass ich Ghirotto nicht mehr werde einholen können.

Als Sie die Ziellinie knapp hinter Ghirotto als Zweiter überquert haben, schlugen Sie mit der Faust auf den Lenker. Haben Sie den Sieg von Ghirotto anschließend angefochten?
Nein, dafür gab es keinen Grund. Ghirotto war den richtigen Weg gefahren, wir den falschen. Das ist alles.

Ihr früherer Mentor Billy Bilsland hat einmal angemerkt, dass Sie Ihre Enttäuschung im Ziel immer für sich behalten haben. Warum?
Meine Mentoren haben mir damals dazu geraten, mich nicht zu beschweren, weil das ja nichts mehr bringt. Wenn ich etwas vergeigt habe, dann ist es unfair, andere zu beschuldigen. Jeder Fahrer hat ein anderes Temperament. Ich habe Bouvatier nicht die Schuld dafür gegeben, den falschen Weg eingeschlagen zu haben – er kam damals, glaube ich, sogar zu mir, um sich zu entschuldigen.

Am folgenden Tag beteiligte sich Millar zwar erneut in einer Führungsgruppe, brach dann aber ein und kam 21 Minuten nach dem Sieger Laudelino Cubino ins Ziel. Auf der 18. Etappe stieg Millar bei der Tour aus.

Vier Jahre zuvor am gleichen Ort die Kurve gekriegt

Was diese Etappe im Jahr 1988 nach Guzet-Neige außergewöhnlich macht, ist die Tatsache, dass Millar vier Jahre zuvor am selben Ort einen seiner größten Triumphe gefeiert hatte: seinen zweiten von insgesamt drei Siegen bei Pyrenäen-Etappen der Tour de France.

Viele Fahrer bevorzugen die Alpen gegenüber den Pyrenäen. Warum Sie nicht?

Als ich in den Pyrenäen gut gefahren bin, war es immer so, dass wir erst dort und dann in den Alpen gefahren sind – wir waren also gegen den Uhrzeigersinn in Frankreich unterwegs. Das ist mir entgegengekommen, weil ich meist in der zweiten Woche der Rundfahrt am besten war. Außerdem sind die Straßen in den Pyrenäen etwas rauer und das Klima feuchter als in den Alpen. Auch das passte mir immer gut – oder den anderen Fahrern weniger gut. Der Übergang von flachen Etappen wie von Bordeaux nach Pau ins Gebirge hat mir nie etwas ausgemacht, das war ja genau meine Disziplin. Andere Fahrer hatten dagegen bei der ersten Bergetappe oft Probleme, das ist noch heute so.

1983 hatten Sie die Pyrenäen-Etappe nach Bagnères-de-Luchon gewonnen und dabei Pedro Delgado besiegt. Im Jahr darauf haben Sie speziell in dieser Gegend trainiert. Hatten Sie von vornherein den Plan, bei der elften Etappe anzugreifen und zu gewinnen?

Im Vorfeld der Tour gab es ein paar Drei- oder Vier-Etappen-Rennen, die in der Gegend vorbeikamen. Diese Rennen haben wir genutzt, um uns auf die Bergetappen der Tour vorzubereiten. Von vornherein aber davon auszugehen, dass ich diese oder jene Etappe gewinnen werde, das wäre anmaßend gewesen. Aber mir war schon beim Blick ins Roadbook der Tour klar, dass mir diese Etappe liegen könnte. Ich habe mich damit beschäftigt, wie die Straßen verlaufen oder wie der Wind dort weht.

Wie war Ihre Form vor und zu Beginn der Tour 1984?

Ich habe mich etwas stärker als 1983 gefühlt. Ich bin besser mit der Belastung der vorangegangenen Etappen klargekommen, bevor es in die Berge ging. Das lag hauptsächlich daran, dass ich taktisch besser gefahren bin und weniger Energie verschwendet habe; ich habe meine Teamkollegen besser eingespannt – als Fahrer war ich insgesamt gereift.

Der entscheidende Angriff des Tages auf der elften Etappe der Tour de France 1984 erfolgt auf der Abfahrt vom 1.069 Meter hohen Col de Portet d'Aspet, jenem Berg, an dem Fabio Casartelli bei der

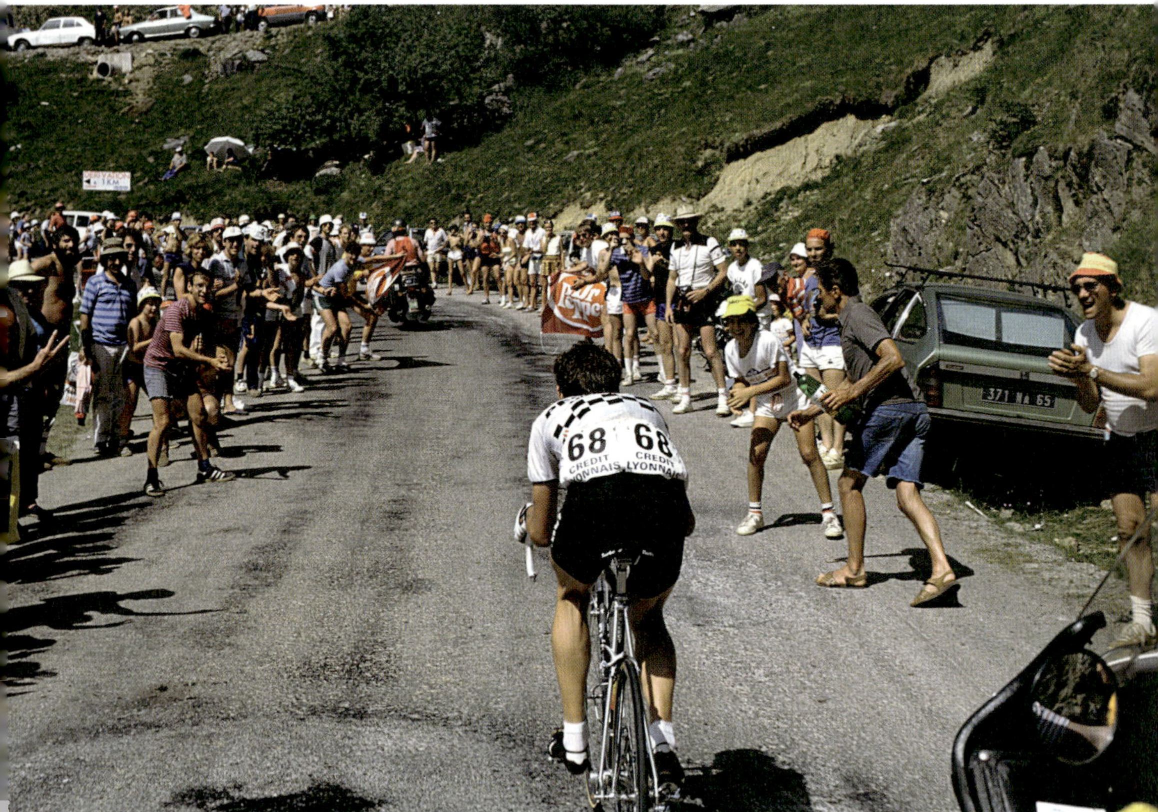
68
CREDIT
LYONNAIS

15. Etappe der Tour de France 1995 starb, als er bei der Abfahrt in einer Kurve stürzte und mit dem Kopf gegen einen Begrenzungsstein prallte. Auf dem Gipfel des folgenden Col de la Core, 44 Kilometer vor dem Ziel, ist die Gruppe auf vier Fahrer geschrumpft: Neben Millar sind das der Franzose Jean-René Bernaudeau (Système U), der Niederländer Gerard Veldscholten (Panasonic-Raleigh) und der Luxemburger Lucien Didier (Renault-Elf). Am Fuß des finalen Gipfels Guzet-Neige hat das Quartett komfortable 4:45 Minuten Vorsprung vor dem Peloton.

»Alle wussten, dass ich der beste Bergfahrer bin«

Im großen Fahrerfeld erhöhen schließlich der Spanier Pedro Delgado (Reynolds), der Kolumbianer Luis Alberto Herrera (Varta-Colombia) sowie später auch der Franzose Laurent Fignon (Renault-Elf) und der Spanier Angel Arroyo (ebenfalls Reynolds) das Tempo. Millar erfährt von der Tempoverschärfung und tritt ebenfalls kräftiger in die Pedale.

Sie sind sehr schnell in den Berg nach Guzet-Neige hineingefahren, haben sich nicht geschont, sondern viel Tempoarbeit an der Spitze Ihrer Gruppe verrichtet. Waren Sie zuversichtlich, dass Sie der Stärkste in der Gruppe sind?
Alle wussten, dass ich der beste Bergfahrer der Gruppe bin. Also musste ich mich am Fuße des Berges an der Führung beteiligen, weil sie sonst ihre Arbeit verweigert hätten. Vielleicht habe ich zu viel in der Gruppe gearbeitet, aber das hat ihnen die Hoffnung gegeben, dass sie doch vielleicht die Etappe gewinnen können, weil meine Kräfte am Ende nachlassen könnten. Auch wenn Bernaudeau an diesem Tag das Bergtrikot übernehmen sollte, war ich sicher, dass ich es mir später wiederholen könnte. Die anderen waren zu dem Zeitpunkt schon ziemlich platt, ich fühlte mich noch gut. Es ging also nur noch darum, den richtigen Zeitpunkt für einen Angriff zu erwischen.

Ihr Angriff erfolgte dann vier Kilometer vor dem Ziel.
Mir erschien die Vier-Kilometer-Marke immer passend, weil danach noch zehn bis zwölf Minuten Anstrengung folgen. Wenn dann noch jemand an meinem Hinterrad war, hat er mich meist ziehen lassen, weil die Distanz zum Ziel noch zu weit erschien und er nicht mithalten konnte.

Heutzutage würde man den eigenen Angriff per Powermeter kontrollieren, um sich nicht zu überlasten. Wie haben Sie das damals gemacht?
Ich habe einfach darauf geachtet, wie ich mich bei einigen kleineren Tempoverschärfungen fühle, die noch nicht allzu wehtun. Können die anderen Fahrer die Verschärfungen mitgehen? Wenn ja, muss eben eine größere Beschleunigung erfolgen. Wir hatten damals in der Zeit manchmal Pulsmesser dabei, aber der Puls war bei solchen Bergen ohnehin ganz weit oben. Ich habe dann eher aufs Tempo auf dem Tacho geachtet.

Millar ist inzwischen alleine unterwegs, nach Didier mussten auch Bernaudeau und Veldscholten abreißen lassen. Doch von anderer Seite droht jetzt neue Gefahr: Luis Herrera, der vielleicht beste Bergfahrer seiner Generation, hat seine Verfolgungsjagd gestartet und kommt immer näher.

Wurden Sie über Herreras Aufholjagd informiert?
Ich habe das erst zwei Kilometer vor dem Ziel gesehen, weil ich in einer Haarnadelkurve nach unten schauen konnte. Dort sah ich einen Fahrer, den ich nicht erkannte. Ich hörte dann aber, das sei Herrera. Ich bin dann weiter sehr schnell gefahren, sonst hätte ich wohl etwas Tempo rausgenommen. Mir war aber klar, dass er zwar Zeit auf mich gutmachen, mich bei meinem Tempo aber nicht mehr einholen kann.

»Kleiner Mann aus den Gorbals mit großem Herzen«

Siegessicher fährt Millar unter der Flamme Rouge hindurch. 500 Meter vor dem Ziel ordnet der Schotte sein Trikot, zieht aus der Rückentasche seine Mütze mit dem Logo seines Sponsors Peugeot heraus und setzt sie sich auf, während der britische TV-Kommentator Liggett mit heiserer Stimme ins Mikrofon schreit: »Der kleine Mann aus den Gorbals mit dem großen Herzen und den kraftvollen Beinen. Millar hat heute sein ganzes Temperament bei der Tour de France herausgelassen.«

Welche Erinnerungen haben Sie an die letzten 500 Meter und die Atmosphäre im Zielbereich?
Auf den letzten 500 Metern habe ich mich auf das Ziel vorbereitet, die Mütze aufgezogen, mich ein bisschen zurechtgemacht, um nicht wie ein

IM FOKUS: GUZET-NEIGE

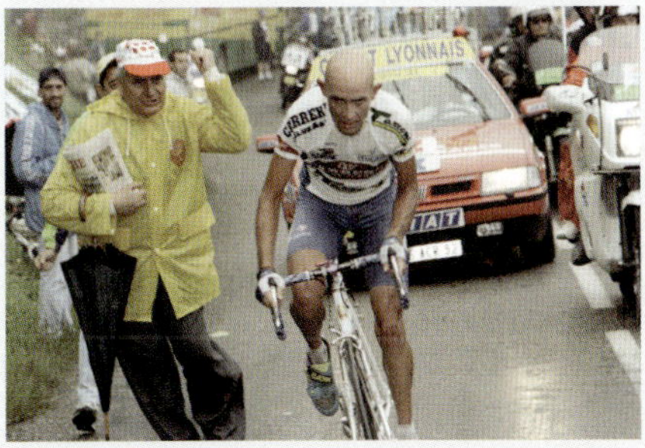

Dreimal endete eine Tour-de-France-Etappe bisher auf dem Gipfel in Guzet-Neige, dem Ski-Ressort im Couserans, dem westlichen Teil des Départements Ariège in den Pyrenäen: 1984, 1988 und 1995. Der Zielort auf rund 1.500 Metern Höhe an sich ist nicht sonderlich attraktiv, auch wenn Umweltschützer in den 1970er Jahren Hotel-Betontürme verhindern konnten. Den Reiz im Sommer erhält der Ort durch seine Tour-Geschichte. Zweimal war Robert Millar darin der Protagonist – 1984 als Sieger, 1988 als tragischer Verlierer. 1995 gelang es dann Marco Pantani, sich mit einem Soloritt den Sieg zu sichern, mit fast zwei Minuten Vorsprung auf Miguel Induráin, Alex Zülle und Bjarne Riis.

Wrack auszusehen. Hinter der Ziellinie kam ein Soigneur und kurz darauf schon alle möglichen Radio- und Fernsehleute, die mir Fragen gestellt haben. Und dann natürlich die Leute, die mich zum Podium lotsen wollten. Das ist schon ziemlich verrückt gewesen, aber auch eine tolle Sache.

Am Ende zeigt die Stoppuhr für Millars Siegesfahrt sieben Stunden, drei Minuten und 41 Sekunden an. 41 Sekunden später fährt Herrera und 20 Sekunden dahinter Delgado über die Ziellinie. Im Gesamtklassement rückt Millar auf Platz sieben vor. Zwölf Etappen später beendet er die Tour de France auf dem vierten Platz, hinter Fignon, Bernard Hinault und Greg LeMond – und erzielt damit die bis dahin beste Gesamtplatzierung eines Briten. Außerdem zieht sich Millar das gepunktete Trikot des Bergbesten über, was ebenfalls bis dato kein anderer Brite geschafft hatte – es sollte 25 Jahre dauern, bis Bradley Wiggins 2009 mit Platz drei bei der Tour Millars Leistung noch würde toppen können. In Paris steht Millar mit drei ganz großen Rundfahrtsiegern auf dem Podium, die er nüchtern, ohne Ehrfurcht betrachtet.

Wie war Ihr Verhältnis zu Fignon, Hinault und LeMond?
Ich bin oft gegen sie angetreten, und meist waren sie besser als ich, manchmal war ich besser. Um so viele Tour-de-France-Siege zu erlangen, mussten sie Fahrer wie mich schlagen…

Als Sie noch jünger waren, haben Sie es gewagt, den »Patron« Bernard Hinault in einem Rennen zu attackieren, nachdem er dem Peloton befohlen hatte, langsam zu fahren. Er fuhr zu Ihnen auf und beschimpfte Sie als »kleinen Scheißer« – worauf Sie erneut attackierten. Woher nahmen Sie das Selbstbewusstsein?
Das stimmt. Er wollte einen ruhigen Tag haben, aber mein Team hatte mir gesagt, ich solle attackieren, und als junger Fahrer sah ich keinen Grund dafür, dem nicht zu folgen. Ich bin ja für mich, meinen Sponsor und meine Teamkollegen gefahren, nicht für Bernard Hinault oder das, was er repräsentiert hat. Dann war er halt mal sauer. Es gab genügend andere Momente, in denen ich auf ihn sauer war, wenn er so reingetreten hat, dass es mir wehtat. So ist eben der Wettbewerb.

Mit Ihrem Sieg haben Sie damals britische Radsportgeschichte geschrieben. War Ihnen das wichtig?
Für mich war das Ergebnis zunächst eine Bestätigung dafür, dass ich ein recht hohes Level erreicht hatte. Ich hatte mir tatsächlich vorher angeschaut, was die beste Leistung eines Briten gewesen war, und konnte das erfreulicherweise überbieten, weil meine Form und Gesundheit das zuließen. Es ist Teil der selbstbezogenen Haltung von Athleten, besser sein zu wollen als die vorher, einen neuen Standard zu setzen, an dem sich die folgenden Fahrer abarbeiten müssen. Und das hat einige Jahre gedauert. Ich bin grundsätzlich aber Rennen gefahren, um meine eigenen Ziele zu erfüllen. Wenn ich es wichtiger fand, bester Bergfahrer zu werden, statt im Gesamtklassement Siebter oder Achter zu werden, dann habe ich alles danach ausgerichtet. Doch manchmal wollte das Team etwas anderes…

Millar wird 1985 Opfer der »gestohlenen Vuelta«

In den kommenden Jahren war Robert Millar knapp davor, nicht nur einzelne Etappen, sondern die großen Rundfahrten für sich zu entscheiden. 1985 trug er noch auf der vorletzten Etappe der Spanien-Rundfahrt das Trikot des Führenden, bevor sich mehrere spanische Teams zusammenschlossen und Millar austricksten, um Pedro Delgado zum Gesamtsieg zu verhelfen – was unter dem Begriff »gestohlene Vuelta« in die Radsportgeschichte einging. 1986 folgte ein weiterer zweiter Platz bei der Vuelta. 1987 belegte er beim Giro Platz zwei – bis zum Giro-Sieg von Chris Froome 2018 das beste Resultat eines Briten bei der Italien-Rundfahrt. 1990 siegte Millar schließlich bei der Dauphiné-Rundfahrt – sein Lieblingserfolg:

Das war sehr hart, ich bin sehr gut gefahren, und mir war nach dem Sieg klar, dass es sehr lange dauern würde, bis einem anderen britischen Fahrer dieser Sieg gelingen würde. Viel später haben dann Wiggins, Froome und Thomas dort auch gesiegt.

Mit seinen zahlreichen Siegen ist Millar gelungen, was seinerzeit kaum ein Landsmann für möglich gehalten hatte: Ein Brite schreibt Radsportgeschichte. Doch nicht nur mit seinen Erfolgen hat er immer wieder sein Umfeld überrascht. Legendär sind Millars Auftritte in Interviews und auf Pressekonferenzen. Nach seinem dritten Tour-Etappenerfolg fragte ein Reporter vor laufender Kamera, ob er an dem Tag einer Taktik gefolgt war. Millar antwortete ruhig mit breitem schottischen Akzent. »Aye, get ma bike over the line before the other guy.« (»Naja, ich wollte mein Rad vor dem anderen Kerl über die Linie bringen.«) Im Folgejahr düpierte Millar in einem Trainingscamp bei einer Pressekonferenz die Journalisten, die nach seinen Tour-de-France-Aussichten fragten: »Ich finde, ihr solltet andere Fragen stellen. Keiner von euch ist je die Tour de France gefahren, daher ist es für mich nicht relevant, darüber zu reden.«

Die größte Überraschung erfolgte allerdings, als Millar sich 2002 plötzlich aus der Radsportszene verabschiedete und komplett aus der medialen Öffentlichkeit abtauchte. Was war geschehen? Nach seinem Ausstieg als Profi 1995 arbeitete Millar zunächst als Radsport-Trainer für das britische Team und schrieb Artikel für Radsportmagazine. Im Jahr 2000 gab es erste Zeitungsberichte über eine Geschlechtsangleichung, die Millar nicht öffentlich diskutieren wollte, hauptsächlich, um seine Familie zu schützen – 1985 hatte Millar eine Französin geheiratet und Kinder mit ihr bekommen.

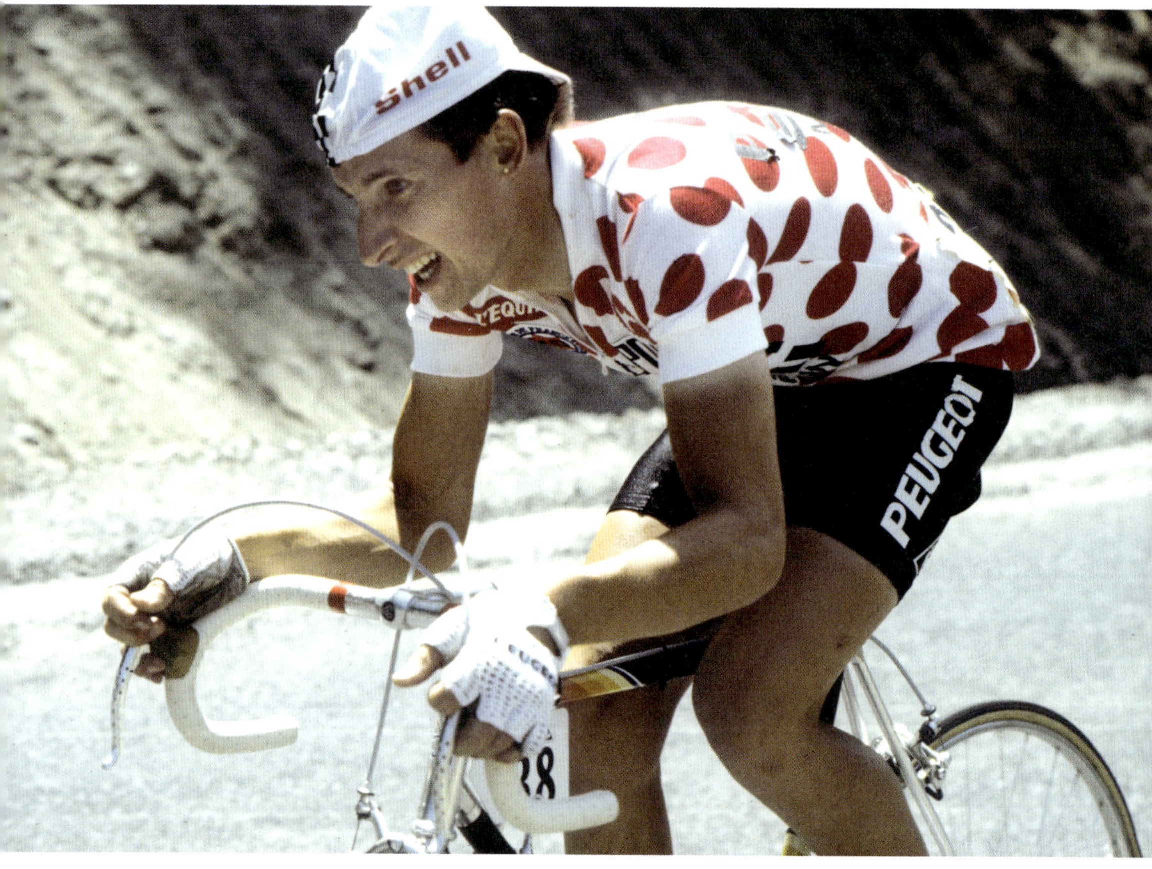
Shell
PEUGEOT

»Ich musste eine Rolle spielen, in die ich nie gepasst habe«

Die Berichte und Gerüchte über die »Transition« veranlassten Millar 2002 schließlich, alle Verbindungen zur Radsportwelt zu kappen. Selbst für gute Bekannte war Millar kaum noch erreichbar. 2008 arbeitete der Journalist Richard Moore an einer Millar-Biografie unter dem Titel »In Search of Robert Millar«. Millar verweigerte zunächst den Austausch mit Moore, beantwortete dann zumindest ein paar Fragen per Mail, um den Kontakt dann bald wieder einzustellen. Ab dem Jahr 2010 schrieb Millar dann wieder Artikel zum Radsport, bevor er sich erst 2017 mit einer Pressemitteilung zu der inzwischen erfolgten Geschlechtsangleichung und der neuen Identität Philippa York bekannte.

Doch auch heute noch empfindet York Fragen zu ihrer Transition als unangenehm – weshalb sie es bislang vermieden hat, bei der Tour de France als Reporterin zu arbeiten: »Wenn ich zur Tour de France fahren würde, käme ich gar nicht mehr dazu, meine Arbeit als Journalistin zu machen, weil so viele Leute mit mir reden wollten. Und jedes Gespräch, jedes Interview über das Thema ist für mich auch anstrengend.«

York erklärt, dass sie die Geschlechtsangleichung lieber früher in ihrem Leben vorgenommen hatte, wären die Umstände günstiger gewesen. »Heutzutage hätte ich die Geschlechtsangleichung mit 16 Jahren oder so gemacht. Denn es ist sehr viel leichter zu erkennen, dass man mit den Gefühlen, die ich damals auch hatte, nicht verrückt ist. Es gibt die Möglichkeit, sich mit Gleichgesinnten auszutauschen, Informationen zu beziehen. Heute ist es sozial akzeptabel, als Teenager diesen Weg zu gehen. Ich dagegen musste versuchen, eine Rolle zu spielen, in die ich nie gepasst habe.«

Wären Sie als junge Frau Radprofi geworden?

Vermutlich nicht, weil meine Ambitionen andere gewesen wären. Ich habe das Radfahren aber nie gehasst, im Gegenteil. Das Leben als Profi ist großartig, trotz der Schmerzen. Die ganze Aufregung, das Adrenalin, das Selbstbewusstsein, das man entwickelt, das ist alles toll.

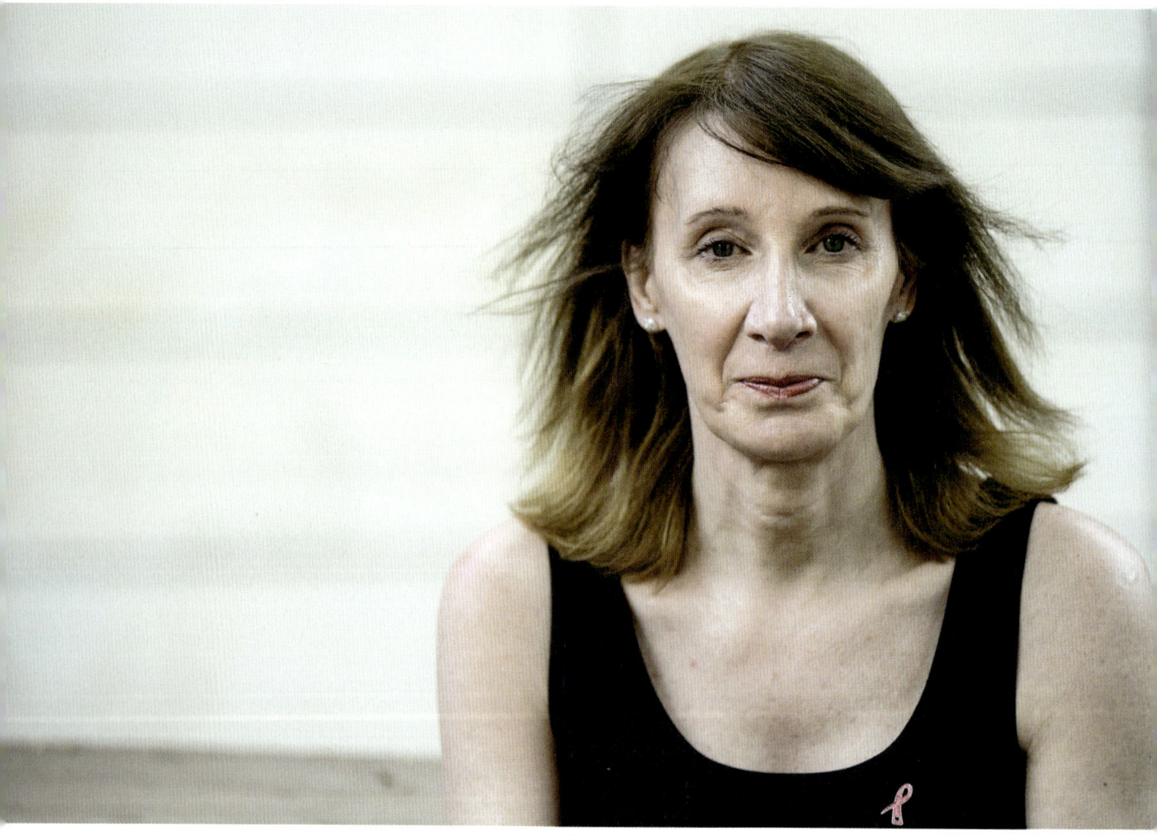

ROBERT MILLAR (HEUTE PHILIPPA YORK)

Geboren: 13. September 1958 in Glasgow (Schottland)
Nationalität: schottisch
Profil: Kletterer, Klassementfahrer

Teams:
1995 Le Groupement
1992–1994 TVM-Sanyo / TVM-Bison Kit
1989–1991 Z-Peugeot / Z Tomasso
1988 Fagor-MBK
1986–1987 Panasonic / Panasonic-Isostar
1980–1985 Peugeot-Esso-Michelin / Peugeot-Shell-Michelin

Größte Erfolge:
Gesamtsieger Critérium du Dauphiné (1990)
Gesamtsieger Volta Ciclista a Catalunya (1985)
3 Etappensiege Tour de France (1989, 1984, 1983)
Bergtrikot Tour de France (1984)
1 Etappensieg Giro d'Italia (1987)
Bergtrikot Giro d'Italia (1987)
2. Platz Gesamtklassement Giro d'Italia (1987)
2. Platz Gesamtklassement Vuelta a España (1986, 1985)
Gesamtsieger Tour of Britain (1989)

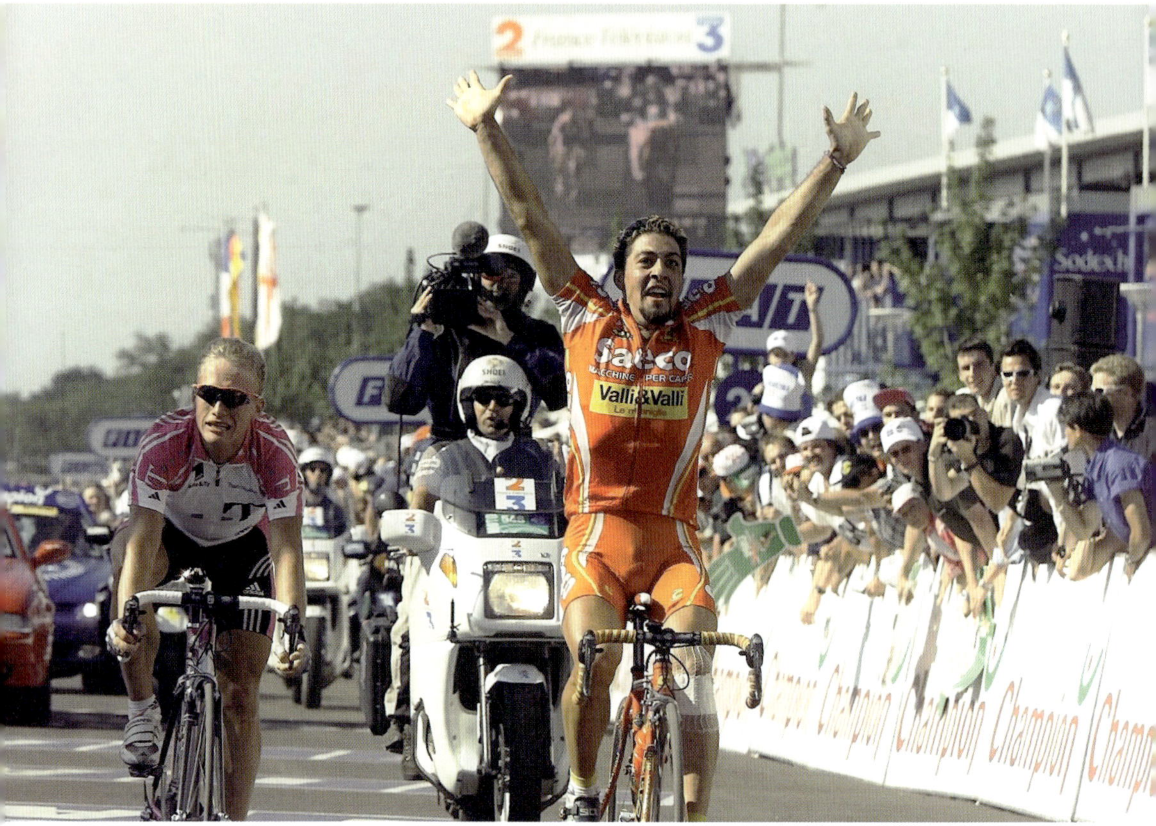
Saeco
Valli&Valli
Champion

WINO VS. TOTO – EIN DUELL DER UNGLEICHEN

Tour de France 2000, 18. Etappe Lausanne–Freiburg im Breisgau, 20. Juli

Als Alexander Winokurow im Ziel der 18. Etappe der Tour de France 2000 nach einer rekordverdächtigen Flucht über mehr als 240 Kilometer von Journalisten nach seinen nächsten Zielen befragt wird, verweist er zunächst auf seine Rolle als alleskönnender Edel-Domestik von Teamkapitän Jan Ullrich. Und verrät im nächsten Satz mit ernstem Blick, dass er selbst einmal die Rundfahrt gewinnen möchte. Wenige Meter entfernt wird gleichzeitig sein Etappen-Rivale Salvatore Commesso interviewt, ein muskelbepackter Sprinter mit blonden Strähnchen im Haar, im Kompaktformat 1,65 Meter, 65 Kilogramm. Auf die Frage, ob er in zwei Jahren die Tour gewinnen kann, bricht der Italiener in schallendes Gelächter aus. Sein wichtigstes Ziel sei es, endlich eine Frau zu finden, was nicht so leicht sei, weil er nicht der Hübscheste sei…

Mister Cool versus Spaßvogel, Allrounder versus Sprinter – es ist ein Duell der Ungleichen, das am 20. Juli 2000 im Finale, vor den Augen von rund 250.000 mitfiebernden Zuschauern in Freiburg, mit jedem Meter spannender wird. Die letzten Kilometer fahren Winokurow und Commesso als Verbündete statt Rivalen, lösen sich in der Tempoarbeit ab, damit die Verfolger keine Chance haben, an das Duo noch einmal heranzukommen. Doch 2.600 Meter vor dem Ziel ist es vorbei mit der Zweckehe. Der Kasache im Trikot des deutschen Telekom-Teams weiß, dass der Saeco-Fahrer der bessere Sprinter ist – im Vorjahr hatte sich der Italiener souverän mit einem Sprint aus einer Vierergruppe heraus die nationale Meisterschaft gesichert, während Winokurow seine Stärken in den Bergen und bei harten Eintagesrennen hat. Winokurow attackiert vom Hinterrad seines Rivalen aus, zieht sofort nach rechts auf die gegenüberliegende Straßenseite, um keinen Windschatten zu spenden. Der Italiener zögert einen Moment, reagiert dann aber und hat schon nach 300 Metern die Lücke wieder geschlossen.

Ein Nervenduell bahnt sich vor 250.000 Zuschauern an

Beide Fahrer nehmen das Tempo heraus, um den anderen in die Führung zu zwingen. Im Finale ist die Position am Hinterrad des anderen stets die bessere, weil der Fahrer von dort aus besser agieren statt nur reagieren kann. Möglichst lange den Windschatten des anderen nutzen, um im entscheidenden Moment vorbeizuziehen und als Erster ins Ziel zu schießen, so der immer gleiche Plan. Winokurow ist in dieser Situation der Dominator, bleibt stoisch am Hinterrad von Commesso, der ganz nah an der linken Absperrung der Strecke fährt, um zumindest nur auf einer Seite wachsam sein zu müssen, ob Winokurow erneut angreift. Ein Duell der Nerven bahnt sich an. Commesso will sich wieder zurückfallen lassen, fährt Schlangenlinien, um Winokurow zu verwirren. An der Flamme Rouge kommen die Fahrer beinahe zum Stillstand. Wie zwei Sprinter auf der Bahn belauern sie sich. Immer wieder lockert der Kasache seine Oberschenkel, damit die Beine nach der ultralangen Strecke im entscheidenden Moment, dem finalen Sprint, nicht »zumachen« und krampfen. Die Schlussphase steht kurz bevor.

Sechs Stunden zuvor, um 10.55 Uhr, waren die Fahrer in Lausanne gestartet, dann in Rheinfelden über die deutsche Grenze gerollt und hatten nach Lörrach, Kandern und Bad Krozingen Kurs auf Freiburg genommen. Mit 246,5 Kilometern die drittlängste Etappe der Tour, gespickt mit kleinen Anstiegen und Kurven – allein durch den Streckenverlauf waren die Attacken programmiert, die schon wenige Kilometer nach dem Start begannen. Schnell bildete sich eine Fünfergruppe, in der neben Commesso, Winokurow und Jean-Cyril Robin (Bonjour) auch die Baroudeure Jacky Durand (Lotto-Adecco) und Jens Voigt (Crédit Agricole) mitfuhren, die in ihrer Karriere auf dem Rad stets das Unmögliche versuchten – prägend für Durands Profil als Profi war seine Aussage »Ich habe kein Problem damit zu verlieren, aber ich hasse es zu verlieren, ohne es versucht zu haben«.

Da auch Winokurow, mit rund 40 Minuten Rückstand im Gesamtklassement der Bestplatzierte im Quintett, keine Gefahr für Lance Armstrong darstellte, ließ der Mann in Gelb sie gewähren. Weniger gelassen reagierte dagegen sein Teamkollege Erik Zabel, bis dato bester Fahrer in der Punktewertung, aber noch ohne Etappensieg, der vor heimischem Publikum unbedingt siegen wollte. Während Winokurow vorne in der Gruppe zunächst alles versuchte, um seine Mitstreiter auszubremsen, verhandelte Zabel hinten mit Armstrong, um gemeinsam die Gruppe wieder einzufangen und am Ende im Massensprint den erhofften Sieg zu erlangen. Doch Armstrong schlug aus, Zabel kapitulierte – und Winokurow bekam grünes Licht, den Etappensieg selbst anzusteuern.

Spätestens als die Fünfergruppe 27 Minuten Vorsprung aufs Peloton herausgefahren hatte, war klar, dass der Sieger aus ihrer Reihe kommen würde. Die vorentscheidende Attacke folgte 43 Kilometer vor dem Ziel, als Winokurow losspurtete und nur Commesso sein Hinterrad halten konnte – »wie zwei Raketen« seien die beiden nach vorne gestoßen, erinnerte sich Durand nach dem Rennen. Mehrfach versuchte Voigt zunächst, die Lücke zuzufahren – vergeblich. 20 Kilometer vor dem Ziel lagen der Kasache und der Italiener 75 Sekunden vorne, die Vorentscheidung.

Und auch an der Flamme Rouge sind die Verfolger weit genug zurück, weshalb sich Commesso und sein Rivale bis zum Ende ein Psychoduell liefern können.

Was ist Ihnen in dieser Situation durch den Kopf gegangen?
Alexander Winokurow: Ich wusste, dass Commesso schnell sprintet, aber ich war im Grunde auch nicht schlecht. Deshalb hoffte ich bis zum Schluss doch, dass ich gewinnen könnte.

Wie groß war der Druck auf Ihren Schultern, das Rennen unbedingt zu gewinnen und die Teambilanz aufzubessern – Ihr Kapitän Jan Ullrich lag zu dem Zeitpunkt im Gesamtklassement bereits über fünf Minuten hinter Lance Armstrong?
Sicher nicht so stark. Ich war ja nur Domestik. Deshalb bin ich ohne großen Erwartungsdruck in der Ausreißergruppe mitgefahren. Und da hatte ich nach Überquerung der Grenze und besonders, als wir nach Freiburg hereinfuhren, einen Vorteil, weil das Publikum ganz klar auf meiner Seite war, da ich für das Team Telekom fuhr. In Deutschland waren ohnehin deutlich mehr Fans an der Strecke. Klar wollte ich da gewinnen, und dafür stand es auch nicht schlecht.

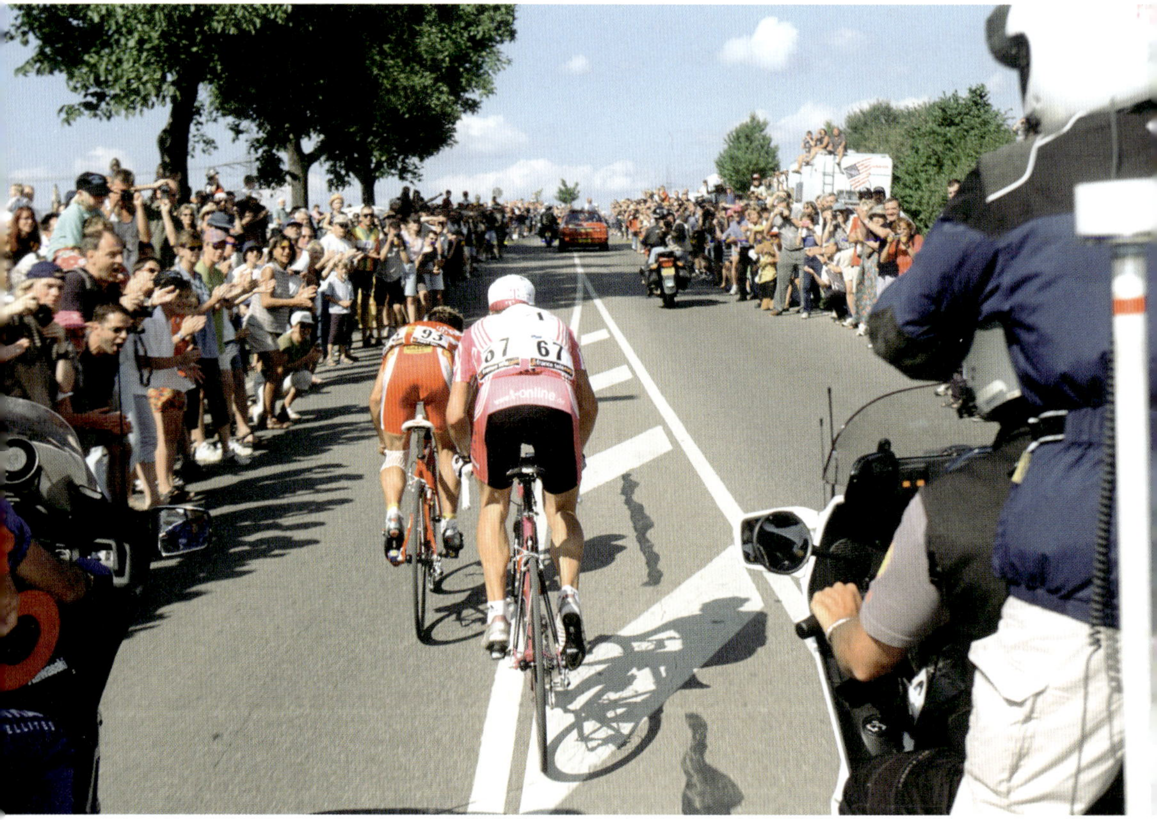
93
67
t-online

Glaubt man Winokurows Aussagen, dann steht zu dem Zeitpunkt Commesso stärker unter Druck. Dessen Kapitän Mario Cipollini, der bei der Tour 1999 noch vier Etappen in Folge gewonnen hatte, war in diesem Jahr verletzungsbedingt erst gar nicht angetreten. Und Laurent Dufaux, im Vorjahr Vierter im Gesamtklassement, war bei der 13. Etappe wegen Krankheit ausgestiegen. Somit ist der kleinste Fahrer im Peloton, der normalerweise die Rolle von Cipollinis Tempomacher spielt, Saecos letzte kleine Hoffnung auf einen Etappensieg, damit das Team doch noch erhobenen Hauptes in die Heimat zurückreisen kann. Commessos Vorname Salvatore bedeutet übersetzt »der Retter« – im Falle eines Etappensiegs wäre sein Name also Programm.

Psychoduell im Finale

Doch Winokurow hat immer noch die bessere Ausgangsposition, klebt am Hinterrad des Italieners. Vor der letzten Kurve, 400 Meter vor dem Ziel, folgen wieder Stehversuche, ein Duell, das der Kasache erneut dominiert. Commesso bremst, beschleunigt, bremst wieder, bleibt vorne.

Stehversuche in einem Straßenrennen sind selten. Wie kam es dazu?

Sicher, auf dem letzten Kilometer haben wir taktische Spielchen gemacht. Das war auch gefährlich, weil der Drittplatzierte Jacky Durand an uns hätte vorbeifahren können, aber ich dachte doch, dass er es nicht schafft. Und ich war zuversichtlich, gewinnen zu können, weil ich aus meiner Kindheit und Jugend viel Erfahrung mit solchen Rennen mitgebracht hatte.

Commesso und sein Fluchtgefährte überqueren mehrere große Telekom-»T«, die auf den Asphalt gesprüht wurden – beinahe ein Heimspiel für Winokurow, auch wenn das Gros der Zuschauer lieber Jan Ullrich an der Spitze gesehen hätte, der damals im nur wenige Kilometer vom Zielort entfernten Merdingen wohnt. Der Italiener beschleunigt langsam. Er, dessen Sonnenbrille oben im Haar steckt, dreht sich alle paar Sekunden um zu dem Mann mit der verspiegelten Sonnenbrille auf der Nase. Und zieht, als er sieht, dass Winokurows Beine auf einmal schneller kurbeln, seinerseits den Sprint an. Kurze Zeit sieht es so aus, als ob Winokurow zum

Italiener aufschließen kann, doch der hält seinen knappen Vorsprung und überquert eine Vorderradlänge vor seinem Rivalen die Ziellinie und feiert seinen Sieg mit emporgereckten Armen. Während der kühle Kasache nur einmal kurz verärgert nickt.

Als Durand als Dritter ins Ziel kommt, hat er 65 Sekunden Rückstand auf Commesso. Elf Sekunden später rollen Voigt und Robin und weitere 15 Minuten darauf das Peloton, angeführt vom Dänen Nicolai Bo Larsen (MemoryCard-Jack & Jones), über den Zielstrich, wo sich Commesso längst auf die Siegerehrung vorbereitet.

Was war im Nachhinein der entscheidende Fehler von Ihnen? Hätten Sie weitere Versuche starten sollen, ihn abzuhängen?
Eher nicht. Alles lief prächtig, ich fuhr den Sprint sogar an, wollte dann aber aus dem Gang, in dem ich fuhr, hochschalten. Doch damals war es bei Campagnolo schwierig, nur einen Gang weiter zu schalten. Das wurden dann schnell zwei, drei. Ich konnte den Gang einfach nicht durchtreten. Insofern war das mein größter Fehler. Commesso nutzte das aus und gewann die Etappe. Insgesamt war es schon bitter, dass ich keinen Sieg für die Telekom erringen konnte. Aber was vorbei ist, ist vorbei. Aus Fehlern wird man klug! Heute freue ich mich darüber, dass mir die Deutschen die Daumen gehalten haben.

Auch wenn Sie damals unterlegen waren, zeigt das Finale, dass Sie versucht haben, nach taktischen Kriterien zu fahren – anders als zu Beginn Ihrer Karriere, als Sie sehr stark emotional fuhren und meist ungestüm angegriffen haben. Wer hat Ihnen das beigebracht?
Das war wohl der Manager des Team Telekom, Walter Godefroot. Durch ihn lernte ich, Rennen stärker nach taktischen Kriterien auszurichten. Als ich im Jahr 2000 zum Team Telekom wechselte und viel und oft attackierte, sagte er: »Wino, man muss ein-, höchstens zweimal attackieren, aber effektiv und erfolgreich, versuch das.« Diese Worte verinnerlichte ich und attackierte dann eigentlich nur einmal – für den Sieg. Walter Godefroots Ratschlag hat mir deshalb bei Rundfahrten wie der Deutschland-Tour und der Tour de Suisse geholfen.

Für den Radsport die Heimat verlassen

So unterschiedlich die beiden Fahrertypen und ihre Persönlichkeiten, so ähnlich erscheint ihr Weg, das aufopferungsvolle Engagement von Commesso und Winokurow auf dem Weg zum Radprofi. Commesso stammt aus Torre Del Greco, einem Dorf südlich von Neapel, am Fuße des Vesuvs. In dieser Region, in der Radfahrer angesichts mit Autos verstopfter Straßen Exoten sind, entdeckte er schon als Neunjähriger seine Liebe zum Rennrad. Als Junior hatte Commesso aber bald die Nase voll vom radfeindlichen Umfeld, setzte sich in den Zug und fuhr an den Comer See zu Onkel und Tante, die mit dem Radsport in der Lombardei vertraut waren, Onkel Commesso sogar als Amateur – hier konnte sich Salvatore endlich mit talentierten Gleichgesinnten in Rennen messen. Vater und Mutter folgten dem Sohn in den Norden und eröffneten eine eigene Metzgerei, die Macelleria Commesso, die zugleich erster Sponsor des radsportversessenen Juniors wurde. Die Unterstützung des Filius zahlte sich aus, als Amateur holte Commesso schnell erste Erfolge.

Bei seinen Teamkollegen kam Commessos stets heitere Art meist gut an, weniger jedoch bei seinem damaligen Trainer Olivano Locatelli, der für seine militärischen Erziehungsmethoden bekannt war. Als Commesso eines Tages sein Rad nach einem Rennen nicht gereinigt hatte, fand er es in einem Fluss an der Rückseite des Hotels wieder, in dem die Fahrer untergebracht waren. Ein anderes Mal musste er nach einem Wettkampf mit dem Rad nach Hause fahren, weil der Trainer unzufrieden war mit seiner Leistung. Und doch setzte sich Commesso am Ende durch und heuerte 1996 beim Team Saeco an, als Tempomacher des Sprintstars Mario Cipollini. Im Folgejahr 1997 wurde er Europameister unter den U23-Fahrern im österreichischen Villach. 1999 gewann Commesso die Italienische Meisterschaft und sicherte sich im gleichen Jahr in Albi, der Hauptstadt des Départements Tarn, seine erste Etappe bei der Tour de France.

Auch Alexander Winokurow wurde die Rennradleidenschaft bei seiner Geburt im kasachischen Dorf Bischkul in der Nähe von Petropawlowsk nicht in die Wiege gelegt. Weder der Vater, ein Elektriker, noch seine Mutter, Mitarbeiterin im lokalen Statistikamt und später Hausfrau, hatten selbst sportliche Ambitionen, sorgten aber dafür, dass ihr Sohn im Heimatort auf eine Sportschule ging. Dort entschied sich »Wino« in der vierten Klasse gegen die in seiner Heimat populäreren Sportarten Boxen und Ringen und stieg mit elf Jahren erstmals aufs Rennrad. 1986, mit 13 Jahren und inzwischen zu einer Sportschule in Alma Ata gewechselt, gewann er ein Rennen, an dem Schüler aus ganz Kasachstan teilnahmen – obwohl er der kleinste und jüngste Fahrer im Feld war. In den folgenden Jahren fuhr Winokurow von Erfolg zu Erfolg und versuchte ab 1992, bei einem westeuropäischen Profiteam unterzukommen – was allerdings erst 1997 als Stagiaire beim französischen Team Casino gelang. Sein Idol war zunächst der Russe Sergej Suchorutschenkow, später kamen Eddy Merckx und Laurent Jalabert hinzu.

Was hat Ihnen an diesen Fahrern gefallen?
Suchorutschenkow war 1980 Olympiasieger, war in den achtziger Jahren bei uns in aller Munde. Eddy Merckx ist eine Legende des Radsports und Laurent Jalabert hat mir mit seinen Siegen, mit seiner Art, Rennen zu fahren, imponiert. Das waren meine Idole, als ich heranwuchs und Erfahrungen sammelte.

Commesso: vermeintlich bessere Karten für die Karriere

Schon in seiner zweiten Saison bei Casino stieg Winokurow zum Kapitän auf und landete 1999 sieben Siege, so viele wie in keinem Jahr seiner Karriere, darunter die Valencia-Rundfahrt und die Dauphiné Libéré – die wichtigsten Argumente für das Team Telekom, den Kasachen 2000 unter Vertrag zu nehmen und als Edelhelfer von Jan Ullrich bei der Tour de France einzusetzen.

Mit seinem zweiten Etappensieg bei der Tour de France und dem Gewinn der Italienischen Straßenmeisterschaft im Vorjahr schien der 25-jährige Salvatore Commesso im Jahr 2000 die besseren Karten als Winokurow zu haben, um als Radprofi berühmt zu werden. Sein Palmarès blieb jedoch nach zwei Etappensiegen bei der Portugal-Rundfahrt (2001) und seinem zweiten Sieg bei der Italienischen Straßenmeisterschaft 2002 überschaubar: 2006 holte er auf der Tour-Etappe von Montélimar nach Gap noch einmal einen zweiten Platz und bei der Tour de Luxembourg 2008 einen Etappensieg – das war's.

Während es Commesso also nie gelang, aus dem Windschatten der berühmten italienischen Sprinter Mario Cipollini und Alessandro Petacchi herauszufahren, und es nach seiner aktiven Profikarriere nicht viel weiter als bis zum Sportlichen Leiter des italienischen Amateurteams Palazzago schaffte, setzte Winokurow schon im Herbst 2000, wenige Wochen nach seinem Duell mit

Commesso, weitere Ausrufezeichen im Radsport: Bei der Vuelta holte er bei der 17. Etappe nach Ciudad Rodrigo den Sieg. Elf Tage später sicherte er sich bei den Olympischen Spielen in Sydney die Silbermedaille im Straßenrennen und machte so mit Olympiasieger Jan Ullrich und Andreas Klöden auf Platz drei das Telekom-Triple perfekt. Seit der olympischen Silbermedaille ist Winokurow in Kasachstan ein Volksheld. Zum Dank erhielt er vom Staat ein Apartment geschenkt, zudem wurde er zum Polizeioberst befördert. In den folgenden Jahren kamen weitere große Erfolge hinzu wie der Gewinn der Deutschland-Tour 2001, der Tour de Suisse 2003 und der Spanien-Rundfahrt 2006 sowie Siege beim Traditionsrennen Paris–Nizza (2002 und 2003) und beim Frühjahrsklassiker Lüttich–Bastogne–Lüttich (2005 und 2010).

Doping und Betrugsverdacht trüben Winokurows Bilanz

Dass es in Winokurows Karriere nicht immer mit rechten Dingen zugegangen ist, diesen Verdacht konnte der Kasache bis heute nicht ausräumen. Wegen Fremdblut-Dopings wurde er 2007 gesperrt, mimte aber stets den Unschuldigen und erklärte, ein Blutaustausch mit dem Vater, wie kolportiert wurde, hätte ihm allenfalls Wodka in die Venen gespült. Drei Jahre später soll Winokurow den Klassiker Lüttich–Bastogne–Lüttich mit Hilfe einer illegalen Absprache und Zahlung von 150.000 Euro an den Russen Alexander Kolobnew gewonnen haben – Themen, über die Winokurow bis heute nicht gerne spricht.

Unstrittig sind jedoch seine Verdienste für den kasachischen Radsport, sein großes Engagement beim Aufbau des Teams Astana, dessen Wurzeln im Jahr 2006 liegen. Als der Dopingskandal rund um den ehemaligen Teamarzt der Radsportmannschaft Liberty Seguros, Eufemiano Fuentes, enthüllt wurde, zog sich der Sponsor von Winokurows damaligem Team von heute auf morgen zurück. Neuer Hauptsponsor wurde auf Initiative Winokurows ein Konsortium kasachischer Firmen, worauf das Team nach der kasachischen Hauptstadt Astana benannt wurde.

Welchen Anteil haben Sie am Aufbau des Teams Astana?
Den entscheidenden Anteil seinerzeit hatte wohl Danial Kenschetajuly Achmetow (von Juni 2003 bis Januar 2007 Premierminister des Landes und gleichzeitig Präsident des kasachischen Radsportverbandes; Anm.

d. Autoren). Er hatte schon 2005 die Idee, ein eigenes Team zu gründen. Ich erinnere mich daran, wie er Ende 2005, als wir uns in Astana trafen, zu mir sagte: »Alexander, gewinn im nächsten Jahr die Tour de France, und wir gründen unser eigenes Team!« Ich habe damals gelacht – »Gewinn die Tour de France« – das ist leicht gesagt! Zu der Zeit war ich einmal aufs Podium gefahren und einmal unter die ersten fünf gekommen. Sicher, wenn es Alexander Winokurow nicht gegeben hätte, wäre das Team wohl auch nie gegründet worden. Damals kommentierte man: »Glück im Unglück gehabt«. Liberty Seguros wurde aufgelöst und innerhalb von drei Tagen hatten wir Sponsoren. Wir gingen bei der Vuelta an den Start, und ich holte meinen ersten Sieg bei einer Grand Tour für Astana.

Welchen Stellenwert hat der Radsport heute in Kasachstan?
Einen sehr großen. Für den Breitensport erfüllt das Team Astana wichtige Funktionen. Erstens ist es die Visitenkarte Kasachstans im Ausland. Und dann ist es Werbung für einen gesunden Lebensstil für die kasachischen Heranwachsenden.

Fast 20 Jahre nach ihrem unvergesslichen Duell in Freiburg ist es kaum mehr als diese gemeinsame Erinnerung, was Alexander Winokurow und Salvatore Commesso verbindet. Ungleich sind sie immer noch. Der kasachische Volksheld agiert bei Astana nach Aussagen von Fahrern gerne als kleiner Feldherr, der sein Team militärisch straff organisiert. Dagegen soll es beim italienischen Amateurteam Palazzago meist heiter zugehen, dem Sportlichen Leiter sei Dank. Der ist übrigens seit 2017 glücklich verheiratet.

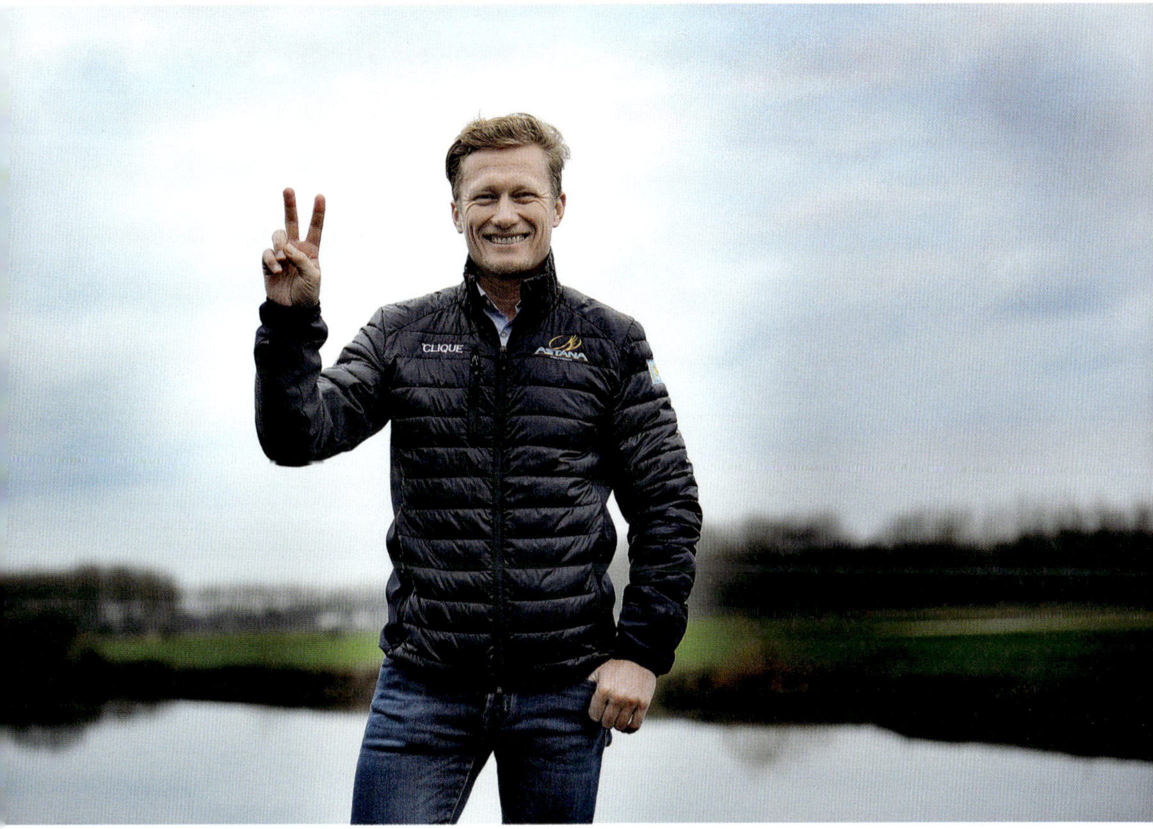
CLIQUE
ASTANA

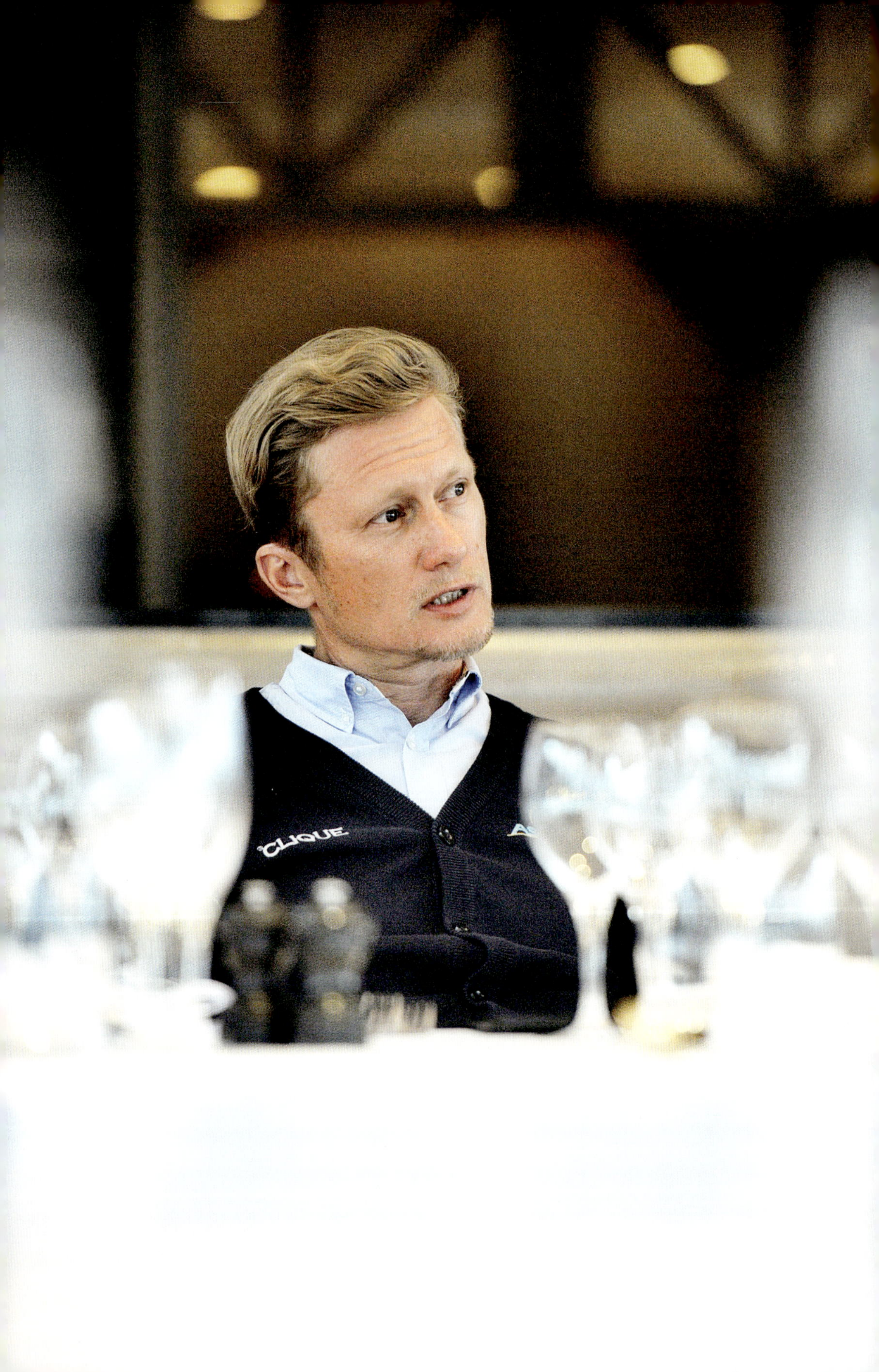
CLIQUE

ALEXANDER WINOKUROW

Geboren: 16. September 1973 in Petropawlowsk (Kasachstan)
Nationalität: kasachisch
Profil: Klassementfahrer, Finisseur

Teams:
2009–2012 Astana
2006–2007 Astana-Würth Team (zunächst Liberty Seguros)
2000–2005 Team Telekom / T-Mobile
1998–1999 Casino-Ag2r

Größte Erfolge:
Gesamtsieger Criterium du Dauphiné Libéré (1999)
Gesamtsieger Tour de Suisse (2003)
Gesamtsieger Deutschland-Tour (2001)
Gesamtsieger Vuelta a España (2006)
Zweifacher Sieger Paris–Nizza (2002, 2003)
Zweifacher Sieger Lüttich–Bastogne–Lüttich (2005, 2010)
4 Etappensiege Tour de France (2003, 2005, 2010)
Olympiasieger Straßenrennen (2012)

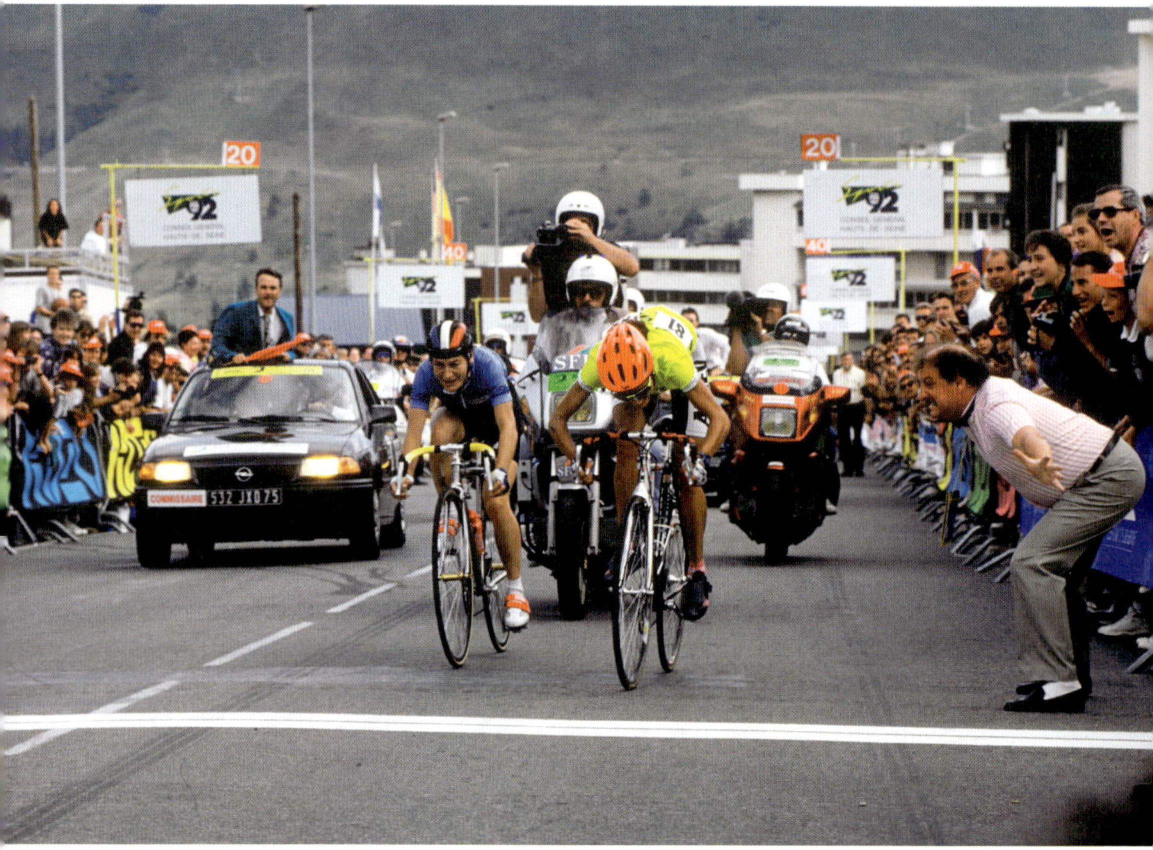
20
20
40
40
COMMISSAIRE
18

LEONTIEN VAN MOORSEL

MIT STEHVERSUCHEN DIE ERZRIVALIN NIEDERGERUNGEN

Tour Cycliste Féminin 1992,
9. Etappe Le Fontanil–L'Alpe d'Huez, 23. August

Ich wollte nicht von ihr durch eine Attacke überrascht werden, wenn ich die Führungsarbeit übernehme. Also musste ich hinter ihr bleiben, damit ich sehen konnte, wenn sie mich angreift. Wir waren die beiden besten Fahrerinnen, deshalb konnten wir uns selbst einen Stillstand leisten. Wäre sie damals von ihrem Rad gestiegen, wäre ich ihr vermutlich gefolgt…

Als sich Leontien Zijlaard-van Moorsel 26 Jahre nach ihrem legendären Duell mit Jeannie Longo an die letzten tausend Meter der Etappe nach L'Alpe d'Huez erinnert, scherzt sie. Weit entfernt sind die Strapazen der neunten Etappe der Tour Cycliste Féminin 1992, wie die Tour de France für Frauen seinerzeit hieß. Verblasst sind die Erinnerungen an ein Rennen, das in einem der spannendsten Finale der Radsportgeschichte mündete – und gleichzeitig einen gefährlichen Wendepunkt im Leben van Moorsels, des aufstrebenden Sterns der Radsportwelt, markierte.

Sich gegenseitig belauernd nähern sich die zwei Rivalinnen dem Ziel dieser neunten und letzten Etappe der Rundfahrt. Nur neun Sekunden trennen die Niederländerin Leontien van Moorsel im Gelben Trikot der Gesamtführenden von der Französin Jeannie Longo, der Radsportlerin, die zu dem Zeitpunkt auf dem besten Weg zur Legende ist. Longo, 1992 bereits mit acht Weltmeistertiteln dekoriert, ist im Blauen Trikot der besten Bergfahrerin unterwegs, das sie zu dem Zeitpunkt stellvertretend für van Moorsel trägt.

Fast drei Stunden sind vergangen seit dem Start der Etappe in Le Fontanil-Cornillon, einer 3.000-Einwohner-Gemeinde im Arrondissement Grenoble, wo van Moorsel mit dem hauchdünnen Vorsprung im Gesamtklassement vor Longo ins Rennen gegangen ist. Wie bei den Etappen zuvor schickt van Moorsel die Vorjahressiegerin Astrid Schop an die Spitze. Der Capitaine de Route der niederländischen Mannschaft, die als KNWU-AMEV-Batavus antritt, kann sich mit der US-Amerikanerin Alison Dunlap und der Französin Cécile Odin in einer Fluchtgruppe absetzen. Am Fuße des im Radsport mythischen, 14 Kilometer langen Schlussanstiegs nach L'Alpe d'Huez wird das Trio von einer unnachgiebigen Verfolgergruppe eingeholt, in der auch Longo und van Moorsel verbissen um den Sieg kämpfen.

Zehn Kilometer vor dem Ziel attackiert Longo dann zum ersten Mal, und nur van Moorsel mit ihrem feuerroten Helm gelingt es, ihr Hinterrad zu halten. Auf den Serpentinen hoch nach L'Alpe d'Huez, zum Ziel der gesamten Rundfahrt, fordert Longo ihre Rivalin immer wieder wütend auf, selbst in die Führung zu gehen, mit Gesten und verbal. Doch van Moorsel lehnt ab, bleibt stoisch am Hinterrad Longos, die entnervt plötzlich das Tempo anzieht. Van Moorsel heftet sich erneut an ihr Hinterrad und die nächsten Stehversuche bahnen sich an. Plötzlich ist van Moorsel so langsam unterwegs, dass sie beinahe rückwärts in das Auto der Rennleitung rollt.

»Damals musstest du nicht die Stärkste, sondern die Klügste sein«

80.000 Zuschauer vor Ort sowie ein Millionenpublikum an den Radio- und Fernsehgeräten verfolgen das nervenzehrende Duell – mit 26 Prozent Marktanteil liegt das Frauen-Radrennen an diesem Tag ganz weit vorne in der Gunst des französischen TV-Publikums. Drei Stehversuch-Duelle liefern sich Longo und van Moorsel im Finale der Etappe, als ob sie auf der Bahn unterwegs wären und nicht an einem der geschichtsträchtigsten Berge der Radsportwelt. An der Flamme Rouge setzt Longo noch einmal alles auf eine Karte und versucht, die Verfolgerin doch noch mit einem Punch zu distanzieren – vergeblich. Van Moorsel fährt wieder auf und bleibt dran, hinten dran.

Sie sind nach dem Rennen von Longo für Ihre defensive Renntaktik kritisiert worden. Im Nachhinein zu Recht?

Leontien van Moorsel: Nein, ich habe in meiner Laufbahn oft selbst Attacken gestartet. Aber in dieser Zeit musstest du nicht unbedingt die Stärkste sein, sondern die Klügste.

War Longo damals die Stärkere?
Ich war damals noch eine ziemlich unerfahrene Fahrerin. Mein Teammanager Piet Hoekstra war der Einzige, der mich damals motiviert hat – ich war ziemlich unsicher. Und er schlug die Renntaktik vor, hinter ihr zu bleiben und auf keinen Fall ihr Hinterrad zu verlieren.

So ist Longo gezwungen, von vorne den Sprint anzufahren, der über Sieg und Niederlage in L'Alpe d'Huez entscheiden soll. Van Moorsel bleibt lange im Windschatten der Französin, zieht dann 50 Meter vor dem Ziel zur Seite, schließt auf und fährt mit mehr als einer Vorderradlänge Vorsprung über die Ziellinie.

War Ihnen klar, dass Sie die stärkere Sprinterin sind?
Ich war sehr zuversichtlich, dass ich gewinnen könnte, da ich zu den besseren Sprinterinnen unter den Bergfahrerinnen gehörte. Ich wusste, dass ich einen guten Punch haben werde.

Mit einem strahlenden Lächeln steht sie später auf dem Podium, neben einer grimmig in die Kamera schauenden Jeannie Longo und der Drittplatzierten Heidi Van de Vijver aus Belgien.

Van Moorsels Sieg auf der 75 Kilometer langen Etappe nach L'Alpe d'Huez, dem Skiort auf der Südseite des Massif des Grandes Rousses, ist der Höhepunkt eines erbitterten Duells, dessen Ursprünge schon Jahre zurückliegen, bei der Tour de France féminin 1989. Der Vorgänger der Tour Cycliste Féminin wurde damals zum dritten Mal in Folge von Jeannie Longo gewonnen. Auf Platz 31, mit fast 47 Minuten Rückstand, beendete Leontien van Moorsel die Rundfahrt.

»Jeannie Longo war ein Idol für mich«

Welchen Eindruck hatten Sie 1989 von Jeannie Longo?
Damals war Jeannie Longo eine Frau, die ich bewundert habe. Sie war wie ein Idol für mich, und ich hatte sehr viel Respekt vor ihr. Sie hat mich außerdem stark inspiriert durch die Art und Weise, wie sie fürs Radfahren lebte.

Longo, 1958 in der Haute-Savoie der französischen Alpen geboren, war schon damals bekannt für ihren Perfektionismus und die Konsequenz, mit der sie ihre Ziele verfolgt: Zunächst feierte sie Erfolge im nordischen und alpinen Skisport, bevor sie auf Anraten ihres Trainers und späteren Ehemanns Patrice Ciprelli aufs Rad wechselte. Nur wenige Monate später gewann sie mit 21 Jahren die Französische Straßenmeisterschaft. Das war der Auftakt einer Karriere, in der sie mehr als 1.200 Rennen für sich entschied – mehr als doppelt so viele wie der erfolgreichste männliche Radsportler, Eddy Merckx. Sie stellte 38 Weltrekorde auf und sicherte sich 112 Medaillen bei Olympischen Spielen, Weltmeisterschaften und nationalen Titelkämpfen. Erst im Jahr 2016, für eine Radsportlerin biblische 57 Jahre alt, beendete Longo ihre Karriere, mit dem 13. Platz bei den Französischen Meisterschaften im Zeitfahren. Neben ihrer Karriere auf dem Rad brachte Longo es auch in der akademischen Welt ziemlich weit: Sie studierte Informatik und Mathematik sowie Sportökonomie und ist seit 1987 Sportprofessorin.

Ein Erfolgsrezept während der gesamten sportlichen Karriere war Longos gesunde Ernährung, auf die sie strikt auch in den Ruhephasen des Jahres Wert legte. Diese kontrollierte Lebensweise inspirierte auch van Moorsel auf fatale Weise.

Es dauerte nicht lange, bis van Moorsel nach dem Debüt bei der Tour de France für Frauen dem Erfolg ihres Idols nacheifern konnte: 1990 und 1991 landete die Niederländerin jeweils auf dem zweiten Platz der Rundfahrt, in Abwesenheit von Longo. 1992 trafen die beiden Fahrerinnen dort wieder direkt aufeinander, um sich bis zur letzten Etappe bis aufs Messer zu duellieren.

Wie war Ihr Verhältnis damals?
Wir hatten keine gute Beziehung zueinander. Ich habe sie aber immer noch respektiert, ich schaute auch weiterhin auf zu ihr. Aber für sie war es vermutlich schwierig, dass ein Rookie aus den Niederlanden eine Bedrohung für sie in den Rennen war.

Sieg am »Berg der Holländer«

Von Beginn an liefern sich van Moorsel und Longo bei der der Tour Cycliste Féminin 1992 einen unerbittlichen Schlagabtausch, die Führung wechselt beinahe täglich zwischen ihnen hin und her:

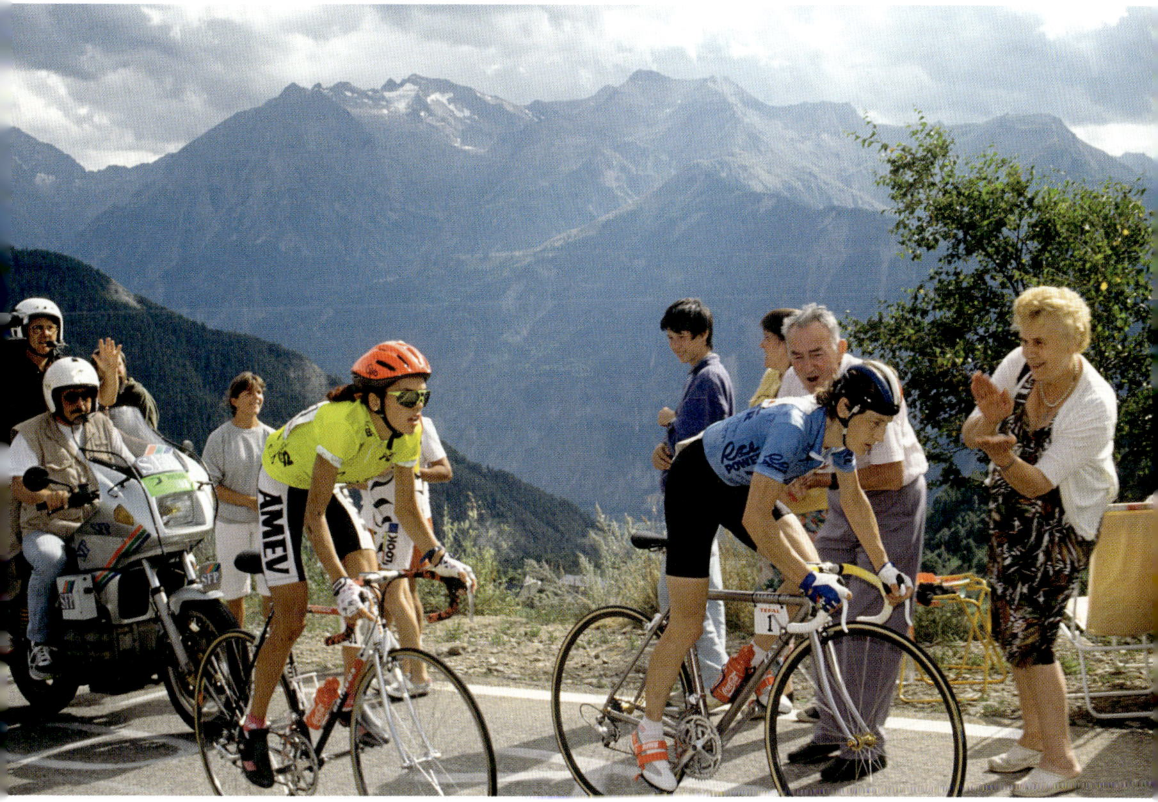

Den 3,3 Kilometer kurzen Prolog in Paris gewinnt Longo, bevor van Moorsel die zweite Etappe von Tours nach Chauvigny für sich entscheidet und auch die dritte Etappe nach Luz-Ardiden als Siegerin beendet – nur zwei Sekunden vor Longo. Dann aber schafft es Longo erneut, auf dem Zeitfahrrad auf der fünften Etappe in Toulouse van Moorsel zu besiegen und das Gelbe Trikot überzuziehen, ebenfalls mit nur hauchdünnem Vorsprung von zwei Sekunden. Auf der sechsten Etappe von Rodez nach Mende holt sich van Moorsel das Trikot der Führenden zurück und behält es auf der Fahrt in die Alpen bis zur alles entscheidenden finalen Etappe nach L'Alpe d'Huez.

Am »Berg der Holländer«, der so genannt wird, weil in den 1970er und 1980er Jahren viele niederländische Fahrer diese Etappe bei der Tour de France der Männer für sich entscheiden konnten, gewinnt Leontien van Moorsel nach der Serie von Stehversuchen am 23. August 1992 – in der Tradition von Fahrern wie Joop Zoetemelk, Hennie Kuiper und Peter Winnen. Ihr Vorsprung im

Gesamtklassement am Ende: gerade einmal neun Sekunden, das ist eine Sekunde mehr, als 1989 der US-Amerikaner Greg LeMond bei der Tour de France vor dem Franzosen Laurent Fignon lag.

Die Erfolgsserie van Moorsels hielt auch nach der Tour Cycliste Féminin 1992 an. Im Folgejahr dominierte sie die 1.160 Kilometer lange Rundfahrt, nachdem Longo bei der ersten Etappe nach einem Sturz ausgeschieden war. Fünf der zwölf Etappen gewann van Moorsel, darunter eine Solofahrt nach L'Alpe d'Huez, um sich am Ende die Gesamtwertung mit einem Vorsprung von achteinhalb Minuten vor Marion Clignet zu sichern – so souverän, dass Fernsehkommentatoren sie einen »weiblichen Miguel Induráin« nannten.

Gut einen Monat später folgte bei der WM in Oslo in der letzten Runde des Straßenrennens erneut ein Kopf-an-Kopf-Rennen zwischen van Moorsel und Longo. Und wieder verfügte die Niederländerin über die größere Spurtstärke und gewann ihren zweiten Straßen-WM-Titel.

Der hohe Preis für Ruhm und Ehre

Leontien van Moorsel sammelte in dieser Phase ihrer Karriere reihenweise überwältigende Erfolge, trug wie kaum eine zweite Fahrerin dazu bei, dass der Frauenradsport massiv an Popularität gewann, inspirierte unzählige junge niederländische Mädchen, sich aufs Rad zu schwingen – bezahlte aber Ruhm und Ehre mit einem hohen Preis, wie sie rückblickend erklärt.

Waren Sie damals tatsächlich stärker als Longo?
Gerade in dieser Phase meines Lebens hatte ich sehr viele Zweifel, wesentlich mehr Zweifel als Zuversicht, tatsächlich stärker als sie zu sein. Sonst hätte ich damals nicht so stark gehungert. Ich hatte 1991 und 1992 erkannt, dass meine Leistung am Berg viel besser ist, wenn ich Gewicht verliere. Meine psychischen und körperlichen Voraussetzungen waren damals sehr gut, ich fuhr schneller und schneller. Ich habe nur nicht gemerkt, dass sich mein Körper dem widersetzen sollte. Und auf einmal hatte ich eine richtige Essstörung.

Sie haben einmal gesagt, dass Sie damals »wie eine Maschine« agiert haben. Inwiefern?
Ich war total fokussiert auf meine Diät und meine Leistung auf dem Rad. Nichts durfte von meiner täglichen Routine abweichen. Insofern

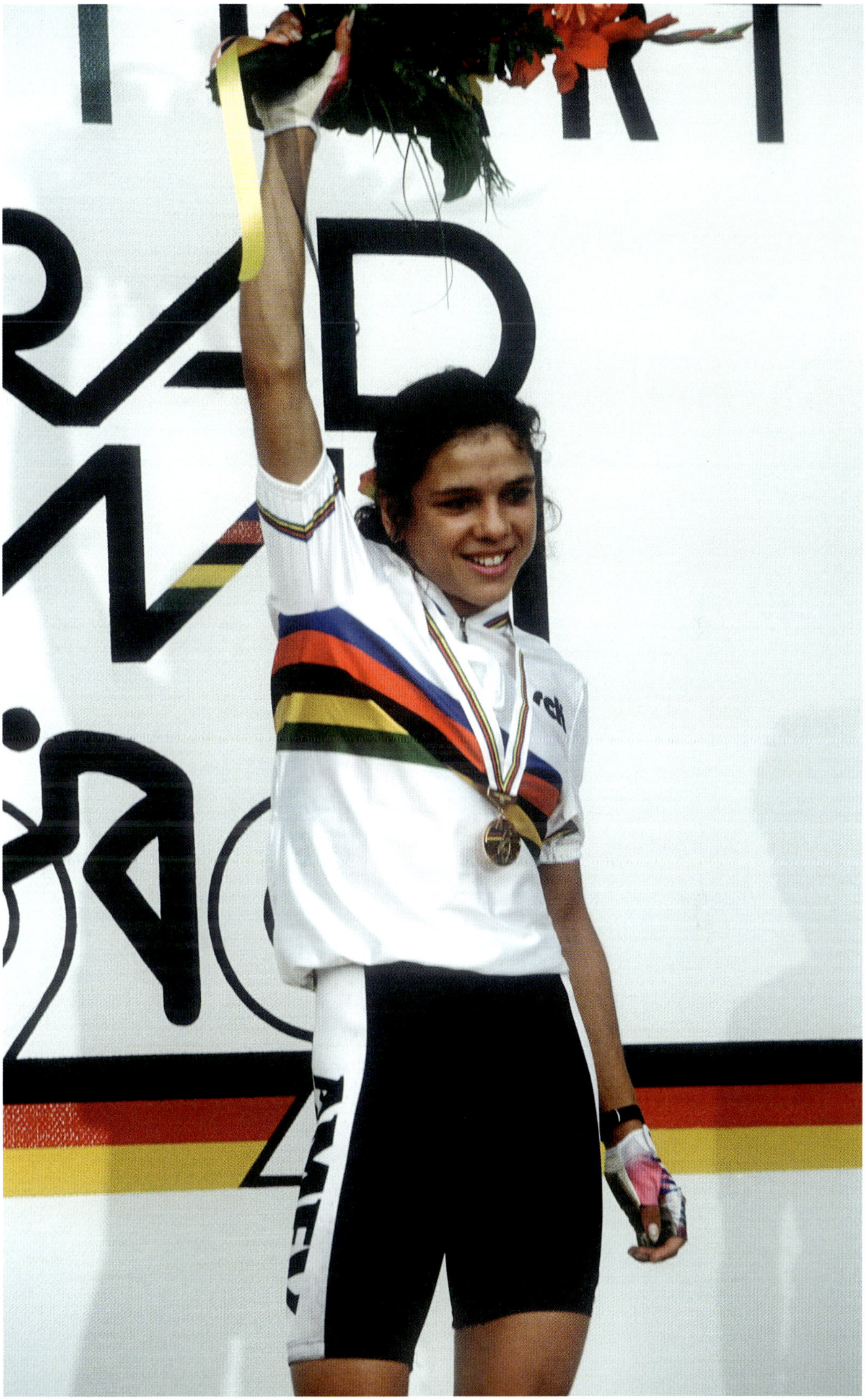

habe ich mich wie eine Maschine verhalten. Mein Umfeld musste damit klarkommen, dass ich damals nicht gerade die netteste Person war.

Zeitweise wog van Moorsel nur noch knapp über 40 Kilogramm, aß tagsüber nicht viel mehr als eine Schüssel Bohnen und mageren Joghurt, trainierte dennoch hart – bis der Teamarzt ihr schließlich verbot, weiter an Rennen teilzunehmen. Die Magersucht hatte die Kontrolle über van Moorsels Leben übernommen. 1994 stieg sie vorerst aus dem Radsport aus.

Den Weg zurück in ein gesundes Leben und den Radsport fand van Moorsel hauptsächlich mit der Unterstützung von Michael Zijlaard, den sie Mitte der 1990er Jahre heiratete und der ihr ein vielseitiges Trainingsprogramm aufstellte, das primär Spaß machen sollte, statt nur dem Leistungsgedanken zu folgen.

»Mein starker Wille hat mir geholfen, die Essstörung zu bewältigen«

Ihr starker Wille hat Sie in die Magersucht geführt – und später wieder herausgelotst?
Ja, das ist richtig. Mein starker Wille hat mir auch geholfen, die Essstörung zu bezwingen. Ich bin überzeugt, dass Menschen, die an Essstörungen leiden, oft auch über einen starken Willen verfügen, der ihnen dabei helfen kann, die Krankheit zu bezwingen, natürlich mit der Kraft und Hilfe anderer.

Ihre nächsten Schritte: 1996 gründete das Ehepaar das Profiteam VKS-Cycling, in dem van Moorsel wieder bei Rennen in den Niederlanden antrat. Im Folgejahr siegte sie bei den Niederländischen Meisterschaften im Zeitfahren und in der Verfolgung.

1998 folgte das eindrucksvolle Comeback auf der internationalen Bühne: Bei der WM im Zeitfahren im niederländischen Valkenburg fuhr sie auf den ersten Platz, 37 Hundertstel vor der russischen Favoritin Sulfia Sabirowa – und erbte in dieser Disziplin das Weltmeistertrikot von Jeannie Longo, die in den drei Vorjahren jeweils gewonnen hatte. Longo landete auf Platz fünf, mit rund 25 Sekunden Rückstand.

In den Jahren danach, in denen van Moorsel zahlreiche Siege bei Weltmeisterschaften und Olympischen Spielen erzielte und beim Einladungs-Zeitfahren Souvenir Magali Pache in der Schweiz sogar schneller als Mario Cipollini fuhr (»Er sah gut aus, aber ich habe ihn geschlagen«), blieb die Rivalität mit Jeannie Longo eine Konstante in van Moorsels Leben.

Über zehn Jahre nach ihrem legendären Duell in L'Alpe d'Huez, im Oktober 2003, folgte eine weitere Fehde beim Versuch der Niederländerin, den Stundenweltrekord von Longo in Mexiko City zu brechen. Im Vorfeld erklärte Longo, ihre Rivalin sei langsamer als vor ihrer Krankheit, da sie 20 Kilogramm schwerer sei. Van Moorsel hoffte, Longos Rekord von 45,094 Kilometern um 200 Meter zu überbieten – und packte am Ende einen ganzen Kilometer drauf.

»Die negative Kritik hat mich motiviert«

War Longos Zweifel die beste Motivation für Sie?
In der schwierigen Zeit meines Lebens gab es kaum jemanden, der an mich und meine Radsportkarriere geglaubt hat. Beim Kampf um meine Rückkehr hat mich die negative Kritik von Longo und anderen tatsächlich stark motiviert. Ich habe mir gesagt: Das schaffe ich! Mit einem gesunden Verstand und Körper sowie der richtigen Motivation konnte ich Longos Rekord schließlich verbessern.

Haben Sie jemals mit ihr über die Rivalität gesprochen?
Leider nicht. Ich respektiere sie weiterhin, aber wir sind einfach total unterschiedliche Menschen. Zu meinem Abschied als aktive Radsportlerin im Ahoy Rotterdam hatte ich sie eingeladen, um ein letztes Verfolgungsrennen mit ihr zu fahren. Sie hat mir leider nie geantwortet.

14 Jahre nach ihrem Abschied ist van Moorsel weiterhin in der Sportszene aktiv. Zusammen mit ihrem Mann, der als Manager das Profi-Team Roompot-Nederlandse Loterij betreut, führt sie eine Firma für Sportmarketing und -bekleidung. 2018 war van Moorsel außerdem Renndirektorin bei der Amstel Gold Ladies Edition. Und seit 2015 unterhält sie mit ihrem Mann das Leontienhuis, eine Klinik, die auf Essstörungen spezialisiert ist.

Von der früheren Radsportlerin van Moorsel profitieren die Patienten in mehrfacher Hinsicht: Sie ist Expertin dafür, wie man einen Stillstand mit einem starken Willen in einen Sieg verwandelt – und am Ende ein glückliches Leben führt.

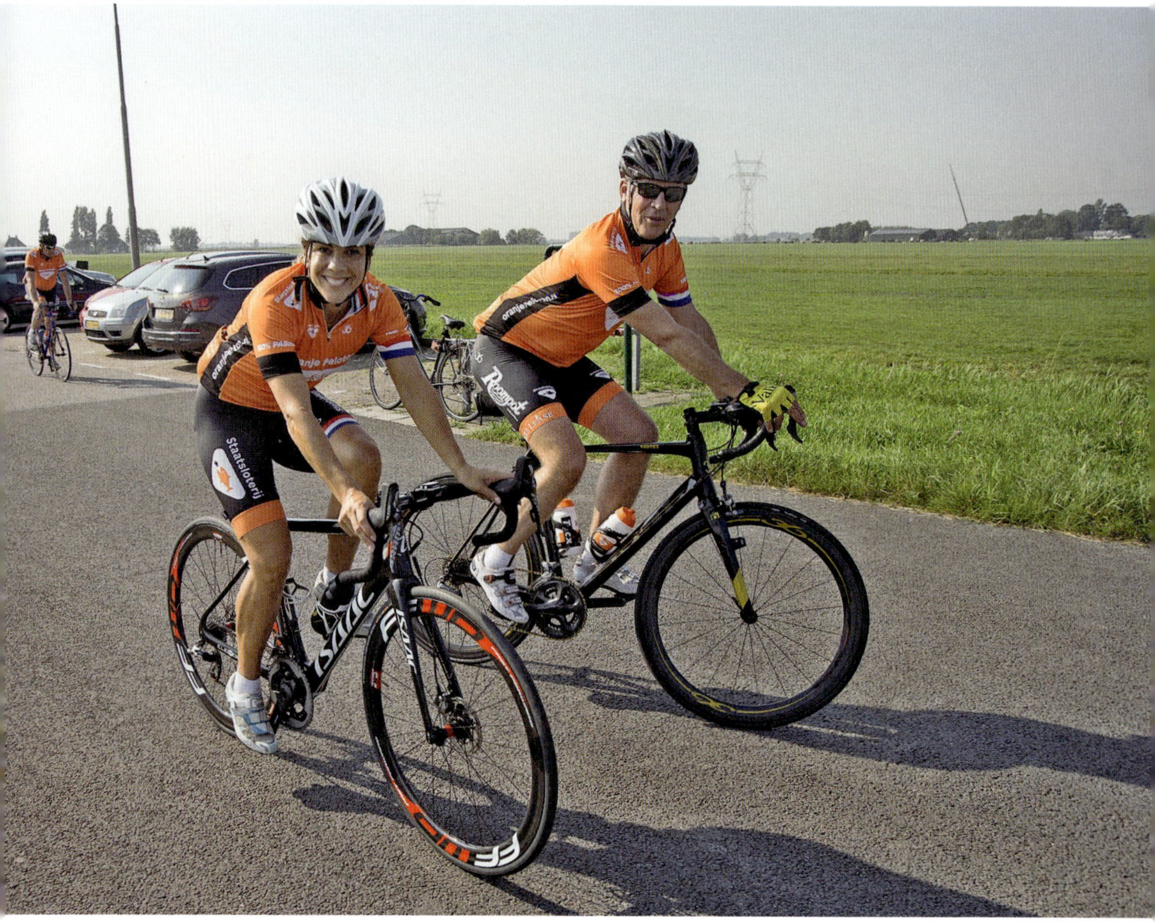
Staatsloterij
Roompot

LEONTIEN VAN MOORSEL

Geboren: 22. März 1970 in Boekel (Niederlande)
Nationalität: niederländisch
Profil: Klassementfahrerin, Zeitfahrerin

Teams:
1999–2004 Farm Frites-Hartol
1998 Opstalan
1997 VKS
1993 Amev-Sachs
1992 KNWU-AMEV-Batavus
1991 Amev

Größte Erfolge:
Straße
Zweifache Olympiasiegerin Einzelzeitfahren (2000, 2004)
Olympiasiegerin Straßenrennen (2000)
Zweifache Weltmeisterin Einzelzeitfahren (1998, 1999)
Zweifache Weltmeisterin Straßenrennen (1991, 1993)
Weltmeisterin Mannschaftszeitfahren (1990)
Zweifache Gesamtsiegerin Tour Cycliste Féminin (1992, 1993)
Gesamtsiegerin Trophée d'Or Féminin (2000)
Siegerin Amstel Gold Race (2002)
Bahn
Vierfache Weltmeisterin Einerverfolgung (1990, 2001, 2002, 2003)
Zweifache Olympiasiegerin Einerverfolgung (2000, 2004)

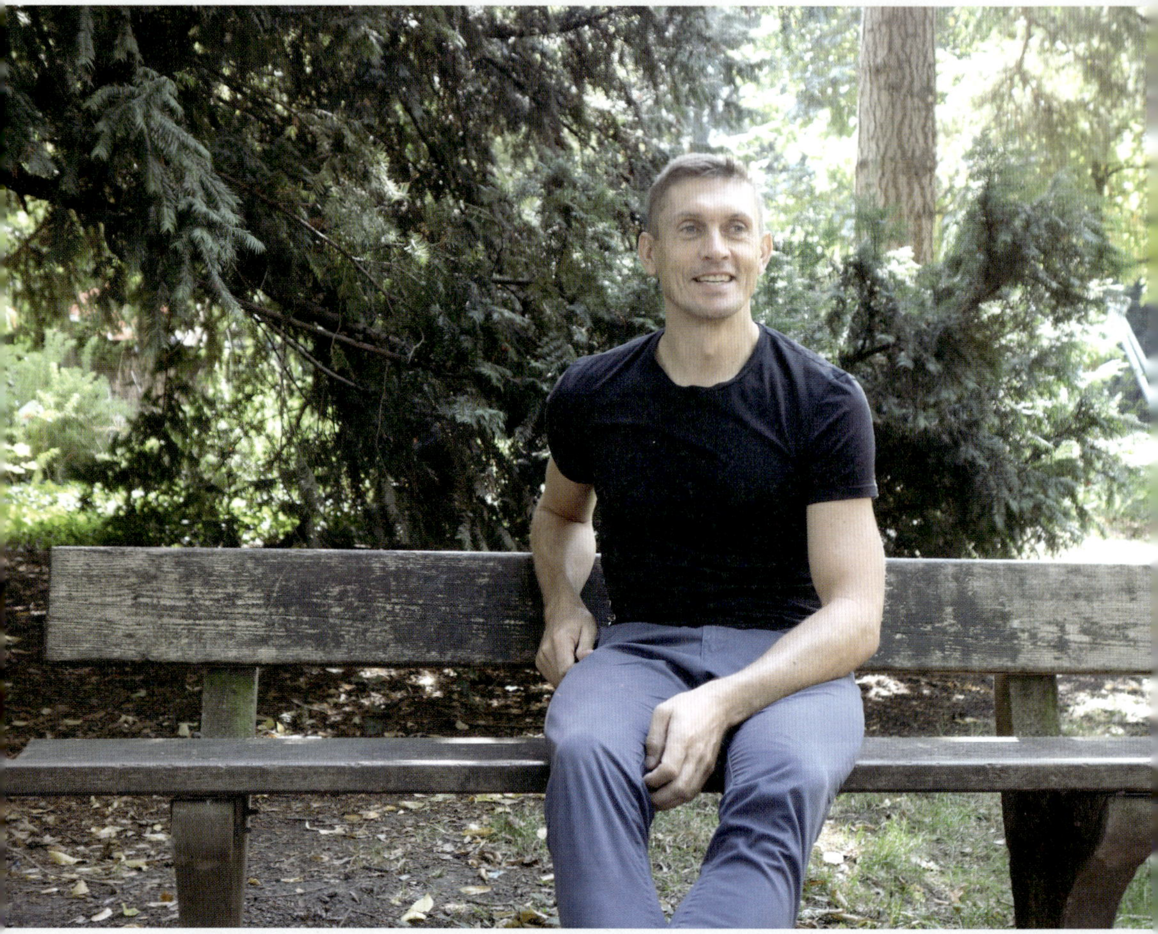

»DIE JUNGEN FAHRER MÜSSEN FRÜHZEITIG LERNEN, RENNEN SELBST ZU LESEN«

U23-Bundestrainer Ralf Grabsch über strategische und psychologische Herausforderungen im Finale von Radrennen

Ralf Grabsch war von 1996 bis 2008 Radprofi. Er ist der ältere Bruder von Bert Grabsch, der ebenfalls professioneller Radsportler war. Ralf Grabsch fuhr unter anderem im Telekom-Team mit seinem Jugendfreund Jan Ullrich sowie in den Teams Wiesenhof und Milram. Seit 2012 ist Grabsch Bundestrainer der U23-Nationalmannschaft, außerdem betreut er als Sportlicher Leiter die Mannschaft des Continental-Teams Rad-net Rose.

Die Flamme Rouge markiert das Finale der Rennen. Welchen Stellenwert hat dieser Rennabschnitt unter taktischen Gesichtspunkten, aus Sicht eines Sportlichen Leiters?
Ralf Grabsch: Besonders bei einem Massensprint hat die Flamme Rouge einen hohen Stellenwert. Das ist der Showdown schlechthin, bis dahin ist alles nur Vorspiel. Dort dürfen dann keine Fehler mehr passieren, weshalb die letzten tausend Meter ein wichtiges Thema bei der Mannschaftsbesprechung sind.

Was wird da genau besprochen?
Fragen wie: Wie ist die Streckenführung? Woher kommt der Wind? Wie ist der Asphalt? Das ist besonders im U23-Bereich entscheidend, weil in den Rennen kein Funk erlaubt ist und die Fahrer auf sich gestellt sind. Wir besprechen in der Mannschaftssitzung meist sogar die letzten 3.000 Meter detailliert. Je nach Streckenführung und bei dem hohen Tempo hat man gar keine Chance mehr, wenn man unter der Flamme Rouge auf Position 30 oder 40 fährt – schneller als schnell kann man nicht fahren.

Ist es als Trainer leichter, einen Sprinter auf das Finale vorzubereiten als andere Fahrertypen?
Ganz klar, für mich als Trainer ist es wesentlich einfacher, einen Sprinter zu führen. Die Abläufe sind klar. Man kann sich daran orientieren, wel-

che anderen Sprinter vorne sind. Braucht der einen Sprinterzug oder kann er sich alleine durchsetzen? Die Fragen sind immer die gleichen.

Die Situation bei Ausreißern ist dagegen komplexer?
Ja, aber das zeichnet ja den Radsport gerade aus: Viele Rennsituationen sind nicht vorhersehbar.

Was Sie bedauern?
Sicher, und deshalb ist es so wichtig, dass Fahrer frühzeitig lernen, Rennen selbst zu lesen. Ich beziehe sie daher bei den Mannschaftsbesprechungen aktiv ein. Die jungen Fahrer können auch Fehler machen, wichtig ist aber, dass sie etwas daraus lernen. Bei den Profis hat Nils Politt 2018 bei Paris–Nizza solch eine Situation erlebt, als Jérôme Cousin von Direct Energie die Führung verweigert und ihn am Ende übersprintet hat. Ich bin sicher, dass er aus dieser Situation etwas gelernt hat.

Was?
Er hätte auch pokern können – auch wenn das Feld nicht weit hinter ihnen war. Er hätte attackieren können, um ihn loszuwerden. Aus Fehlern etwas zu lernen, das ist gerade beim Sprung zu den Profis entscheidend, denn der kann sehr rasch erfolgen. Max Kanter wird jetzt Profi bei Sunweb. Als Stagiaire wurde er ins kalte Wasser geworfen und fuhr 2018 bei der Dänemark-Rundfahrt mit. Dann ist die Schonzeit plötzlich vorbei.

Wie erleben Sie selbst als U23-Bundestrainer die letzten tausend Meter?
Mir sind oft die Hände gebunden, gerade weil ich die Fahrer per Funk nicht erreichen kann. Für mich ist es ungewiss, ob die Umsetzung der Planungen klappt. Und über Radio Tour bekomme ich zu wenig Infos, da wird nur grob berichtet.

Sie arbeiten neben Ihrem Amt als U23-Bundestrainer als Sportlicher Leiter des Continental-Teams Rad-net Rose. Dort begleiten Sie die Fahrer über Funk – bis wie weit ins Finale?
Bis zu den letzten tausend Metern, dann ist Schluss. Diese Erfahrung habe ich selbst als Profi gemacht: Am Ende hast du einen Tunnelblick, bist extrem fokussiert und bekommst sonst nichts mehr mit. Es gibt aber auch je nach Fahrertyp Unterschiede. Beim Zeitfahren brauchen manche

Fahrer bis zum Ende Vollgas über den Funk, andere wollen nur die wichtigsten Punkte angesagt bekommen, Kurven, Kreisverkehre, Anstiege.

Wie reagieren Sie im Auto, wenn etwas total schiefläuft?
Ich bleibe im Auto sehr ruhig. Nach dem Rennen lasse ich die Jungs auch in Ruhe. Abends in der Teambesprechung kann ich aber auch laut werden, wenn einmal nichts geklappt hat und die Fahrer Fehler gemacht haben. Manchmal klappt es am Ende aber nicht, ohne dass die Fahrer Fehler gemacht haben.

Welches Beispiel haben Sie vor Augen?
Bei der Trofeo Almar 2016, einem Rennen des U23-Nations' Cup, war Pascal Ackermann ein haushoher Favorit. Wir haben ihm, unter blauem Himmel, für das Rennen richtig schnelle Laufräder für trockene Straßen eingebaut. Doch dann ist ein Gewitter aufgezogen, es hat geregnet. Und Pascal ist in der letzten Kurve, 500 Meter vor dem Ziel, an Position zwei liegend, gestürzt. Das war bitter. Er hätte ganz sicher gesiegt, so sind wir aber leer ausgegangen. Hinter der Ziellinie ist es übrigens trocken geblieben.

Die Fahrer müssen im Finale extrem fokussiert sein. Kann man das auch trainieren?
Das ist eher ein Thema für Sportpsychologen. Ich kenne einige Fahrer, die solche Hilfe in Anspruch nehmen, sei es, weil sie schwer gestürzt sind und das verarbeiten wollen, oder aber, um sich besser konzentrieren zu können.

Fabian Cancellara hat sich mit psychologischer Unterstützung 2012 aus einem Tief befreit und das Siegen im Folgejahr wiederentdeckt. Kennen Sie Rennfahrer, die dagegen an ihren Nerven gescheitert sind?
Es gibt solche Beispiele, ja. Ich denke an einen Fahrer, der beim Team LKT Brandenburg ein richtig guter Sprinter war und den ich auch bei mir in der Nationalmannschaft hatte. Er hat alles mitgebracht, um ein richtig Großer zu werden, ist aber viel gestürzt und hat vorzeitig seine Karriere beendet. Das passiert nicht nur bei den Sprintern. Ein Silvio Herklotz…

… das »deutsche Wunderkind«, wie ausländische Medien damals schrieben, wurde bei der U23-WM 2013 und 2014 Achter beziehungsweise Neunter…

Er hatte schon zu U23-Zeiten ein sehr hohes Niveau und hat Rundfahrten gewonnen. Das zweite U23-Jahr war für ihn schon der Anfang vom Ende. Ich vermute, dass er die Erfolge in jungen Jahren nicht so richtig verkraftet hat, die Stürze, den Leistungsdruck. Das ist extrem schade, weil es nicht viele solcher Talente im deutschen Radsport gibt – gerade Bergfahrer gibt es nicht viele. Der psychische Druck auf die Fahrer wird grundsätzlich immer größer, weil die Erwartungen der Sportlichen Leiter und des Managements steigen.

Die deutsche Nachwuchshoffnung Lennard Kämna hat sich mitten in der Saison 2018 eine Auszeit gegönnt, um zu überlegen, ob und wie es für ihn im Profiradsport weitergeht.
Er musste sich zunächst einmal finden. Auf ihn ist im letzten Jahr so viel eingeprasselt: der Schritt in die WorldTour, der steile Weg nach oben. Mannschaftsweltmeister mit Sunweb, Vizeweltmeister im U23-Rennen. Das muss man als junger Fahrer erst mal verarbeiten. Nach seiner Auszeit hat er sich eindrucksvoll zurückgemeldet. Er ist eine starke Deutschland-Tour gefahren, bei mir war er im Kader für die U23-Weltmeisterschaft 2018.

Kämna hat also den Weg zurück gefunden, viele andere Fahrer, die mit Ihnen zunächst sehr erfolgreich waren, sind unter ihren Möglichkeiten geblieben oder haben frühzeitig aufgegeben.
Als ich als Bundestrainer anfing, war ich anfangs überrascht, dass es in meinem Kader – plus-minus 14 Mann – immer wieder junge, erfolgreiche Fahrer gab, die mit bei der WM waren, aber den Wechsel zu den Profis nicht geschafft und ihre Karriere dann beendet haben, auf einem sehr hohen Niveau. Und es ist tatsächlich sehr schwierig, wenn man aus der U23 raus ist, den Sprung zu einem WorldTour-Team oder auch nur Professional-Continental-Team zu schaffen – solche PKT-Teams, also der Mittelbau der zweiten Kategorie, fehlen komplett in Deutschland.

Und der Sprung zu WorldTour-Teams ins Ausland ist dann meist zu groß?
Meist ja, und die Situation wird noch schwieriger durch die Vorgaben der UCI, dass nur noch acht Fahrer bei den großen Rundfahrten und sieben Fahrer bei den Klassikern antreten dürfen. Da wird der Fahrerkreis also deutlich reduziert.

Haben Sie je versucht, einem Fahrer das Aufhören auszureden?

Nein, bis jetzt noch nicht. Bei einem Riesentalent hätte ich es vielleicht versucht. Apropos Riesentalent: Heute ist man bei Bora-Hansgrohe sehr stolz auf Emanuel Buchmann. Als ich aber zum ersten Mal mit Bora über ihn gesprochen habe, hatten sie noch nie von ihm gehört, es gab null Reaktion. Das ist für mich unverständlich, warum solche Teams nicht den Kontakt zu mir knüpfen, um sich frühzeitig Talente zu sichern. Es ist doch so: Alle erfolgreichen deutschen Profis sind durch meine Schule gegangen. Inzwischen hat sich zumindest bei Bora etwas geändert, sie fragen mich heute schon ab und zu, wen ich empfehlen würde. Bei anderen Teams ist das aber nur selten der Fall.

An welche Erfolge als Radprofi erinnern Sie sich am liebsten?
Bei der Friedensfahrt 1994 habe ich unerwartet eine Etappe gewonnen. Bei der Rundfahrt wollte ich eigentlich nur mitrollen, weil ich davor ein hartes Rennprogramm absolviert hatte, mit zwei Rundfahrten in Italien. Ein anderer Fahrer hat mich bei der Etappe aber aufgefordert, eine Attacke mitzufahren. Wir hatten zwölf Minuten Vorsprung, und die letzten tausend Meter verliefen über Kopfsteinpflaster. Ich war mir ziemlich sicher, dass im Sprint keiner schneller sein würde als ich – Kopfsteinpflaster kannte ich aus DDR-Zeiten zur Genüge.

Und als Trainer?
Ich erinnere mich gerne an den Gewinn der Deutschen U23-Meisterschaft durch Pascal Ackermann 2016 in Berlin. Wir waren nur vier Mann, und jeder hat auf ihn geguckt, weil sie wussten, dass er der schnellste Fahrer ist. Trotz der Favoritenrolle und der Aufstellung der Mannschaft hat er sich durchgesetzt. Auch schön war Emanuel Buchmanns Sieg 2015 bei der Deutschen Meisterschaft der Profis, als ihn keiner auf der Rolle hatte. Ich habe ihn damals noch in der U23 trainiert, saß aber für ein anderes Team im Auto, für Rad-net – und habe seinen Sieg dennoch genossen.

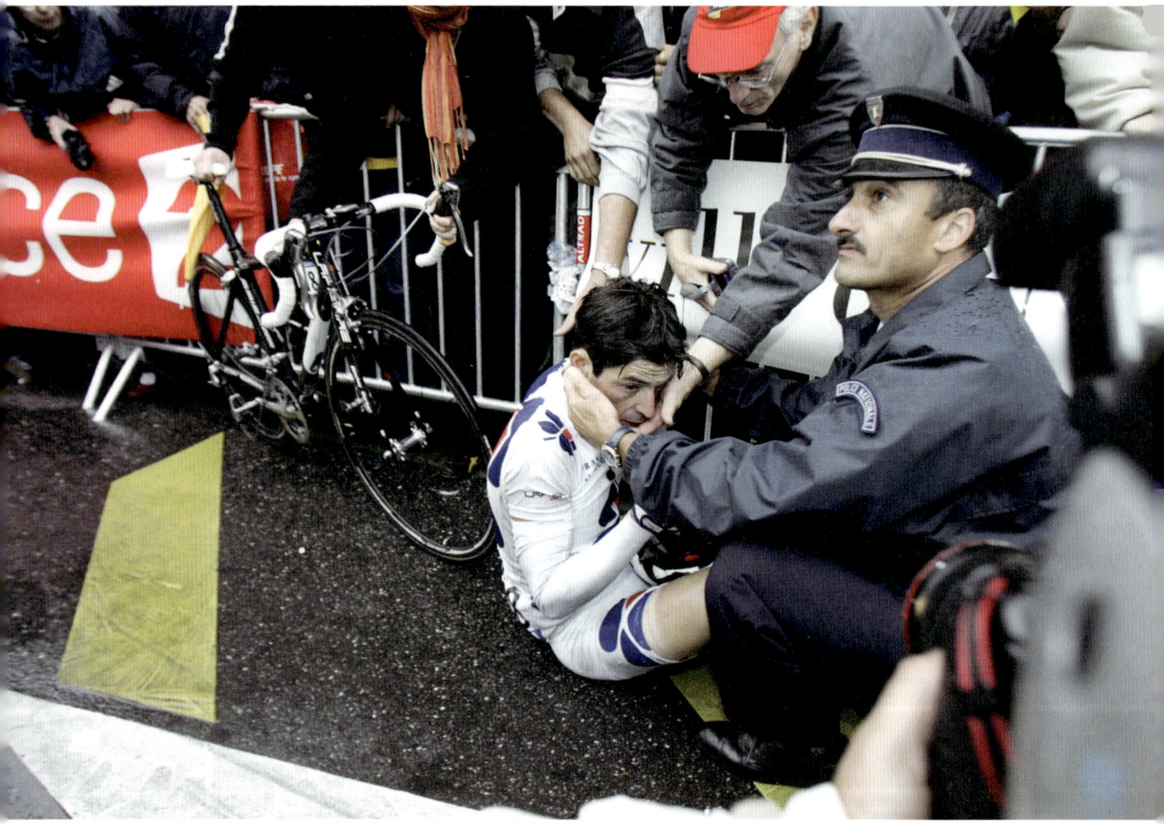

CHRISTOPHE MENGIN

BLUTIGE EROBERUNG DER FRANZÖSISCHEN HERZEN

Tour de France 2005, 6. Etappe Troyes–Nancy, 7. Juli

Die Verlierer sind oft die wahren Gewinner, diese Vorstellung hat besonders im französischen Radsport eine lange Tradition. Das bekannteste Beispiel ist das von Raymond Poulidor, der in seiner Karriere dreimal Zweiter bei der Tour de France wurde und besonders oft seinem großen sportlichen Rivalen, dem fünfmaligen Toursieger Jacques Anquetil, unterlegen war. Doch es war nicht Anquetil, der sich letztlich in die Herzen der Franzosen fuhr, sondern der »Ewige Zweite« oder, so sein anderer Spitzname, »Poupou«. Während der ewige Verlierer nicht zuletzt wegen seiner herzlichen Art auch nach seinem Karriereende populär blieb, galt der Normanne »Maître Jacques« in der Bevölkerung als zu kühl und zu berechnend.

Als Tag, an dem »ganz Frankreich weint«, geht der 7. Juli 2005 in die Radsportgeschichte ein. Und einmal mehr ist es ein Verlierer und nicht der Gewinner der sechsten Etappe der Tour de France, der in seiner dunkelsten Stunde die Herzen der Franzosen erobert. 200 Meter hinter der Flamme Rouge, in der letzten Kurve vor dem Ziel, sitzt er auf dem nassen Asphalt von Nancy. Ein Polizist streichelt dem Fahrer im Trikot von La Française des Jeux über den Kopf. Der 36-Jährige, der eben noch nach einem taktisch perfekten Rennverlauf wie der große Gewinner des Tages schien, sieht mit seinem blutunterlaufenen Auge und Schrammen im Gesicht aus wie ein verprügelter Boxer. Von der anderen Straßenseite eilt der Tour-Arzt herbei und bahnt sich einen Weg durch das Gewirr aus durchnässten und geschundenen Körpern und Rennmaschinen auf dem Boden, hin zu Christophe Mengin.

Unter dem Applaus Tausender Zuschauer rappelt sich der Fahrer auf und macht sich langsam auf den Weg ins Ziel, wo er 2:10 Minuten hinter dem Sieger Lorenzo Bernucci als 128. Fahrer in der

Tageswertung die Linie passiert. Einer der Ersten, die an dem Tag weinen, ist Marc Madiot, Mengins Sportlicher Leiter und selbst zweifacher Paris-Roubaix-Sieger, der kurze Zeit später mit tränenerstickter Stimme zu den Reportern sagt: »Ich bin traurig, sehr traurig. Es passiert nicht oft, dass ich weine, aber das hat er nicht verdient.« Dann bricht die Stimme endgültig, Madiot sieht Mengin im Zielbereich und fällt ihm schluchzend in die Arme. Noch mehr Tränen fließen, in Nancy und vor vielen Fernsehgeräten in Frankreich. »Totophe«, Kosename für Christophe, nennt Teamchef Madiot seinen Lieblingsfahrer – Totophe ist heute der große Verlierer und ab morgen der größte Liebling der Nation.

»Ich habe von einem Sieg in Nancy geträumt«

Der Tag der Tränen hatte zwar nicht strahlend angefangen – dafür war das Wetter schon am frühen Morgen zu schlecht: zwölf Grad, Regen, wie fast den ganzen Tag. Doch Mengin, der in den Vogesen aufwuchs, ist nicht aus Zucker und startet entsprechend mit ungetrübtem Optimismus mittags um 12.40 Uhr mit 187 weiteren Fahrern in der mittelalterlichen Stadt Troyes, 160 Kilometer östlich von Paris. Mit großer Vorfreude, denn das Ziel in Nancy liegt nur 15 Kilometer von Mengins Wohnort Gondreville entfernt – an der Strecke würden viele Freunde und seine Familie stehen und ihn anfeuern.

Warum waren Sie so zuversichtlich?
Christophe Mengin: Schon als ich erfuhr, dass die Tour in dem Jahr in Nancy vorbeiführen wird, habe ich versucht, mich entsprechend vorzubereiten und zu motivieren. Ich habe von einem Sieg in Nancy geträumt. Die Tour führt nicht jedes Mal durch deine Heimat.

Sie waren mit 36 Jahren auch nicht mehr der Jüngste. Hat das zusätzlich motiviert?
Das kam hinzu, ich wusste, dass ich nicht mehr bei einem Dutzend Austragungen der Tour de France teilnehmen werde und meine Chance nutzen muss.

Was als »Régional de l'Étape«, also als Fahrer mit Heimspiel, nicht leicht ist, weil jeder ein Auge auf einen hat?
Die anderen Fahrer wussten größtenteils, dass wir bei mir zu Hause vorbeikommen werden und dass ich motiviert sein würde, in einer

Fluchtgruppe mitzufahren. Beim Briefing vor einer Etappe schauen sich die Teams meistens an, wer der Régional de l'Étape ist, um den dann genau zu beobachten. Und dennoch ist mir die Flucht gelungen. Ich hatte zwar keine tollen Beine, aber viel Mut – die Beine sind dem gefolgt.

Schon kurz nach dem Start folgen die ersten Attacken, und nach 23 Kilometern gelingt es Mengin, sich abzusetzen. Sieben Kilometer später schließt der Italiener Mauro Gerosa (Liquigas) zum Franzosen auf, bei Kilometer 38 folgen Stéphane Augé (Cofidis), Jaan Kirsipuu (Crédit Agricole) und Karsten Kroon (Rabobank). Die Fluchtgruppe des Tages ist komplett.

»Als Ausreißer muss man seine Kräfte gut einteilen«

Als notorischer Ausreißer waren Sie in Ihrer Karriere auf Fluchten spezialisiert. Wie haben Sie dieses Fahrerprofil erlangt?
Wir hatten damals große Sprinter wie Baden Cooke im Team, mit denen ich im Duell nie mithalten konnte. Vor diesem Hintergrund war es am Anfang gar nicht meine Wahl oder meine Spezialität, als Baroudeur unterwegs zu sein. Ich hatte damals Glück, in einem Team zu fahren, das keinen großen Fahrer fürs Gesamtklassement hatte. Daher hatte ich oft die Freiheit, in Fluchtgruppen mitzufahren.

Was macht einen guten Ausreißer aus?
Ein gutes Gespür für den Streckenverlauf zu haben. Es ist zum Beispiel sinnlos, zu Beginn einer Rundfahrt auf flachen Etappen auszureißen, bei denen man genau weiß, dass die Sprinter alles kontrollieren wollen. In den Bergen muss man ein guter Kletterer sein, was nie mein Fall war. Ich habe es immer auf Etappen im Mittelgebirge abgesehen, und zwar in der letzten Woche, wenn das Gesamtklassement schon weitestgehend steht und ich als Ausreißer keine Gefahr darstelle. Als Baroudeur muss man seine Kräfte gut einteilen, damit man am Ende noch alles geben kann. Man muss das Klassement vor Augen haben, analysieren können, mit wem man in einer Gruppe gerade unterwegs ist. Ist da ein schnellerer Sprinter dabei, muss man versuchen, ihn frühzeitig vor dem Finale abzuhängen.

Hatten es Baroudeure damals leichter als heute?
Heute gibt es tatsächlich nicht mehr so große Fahrer wie Jens Voigt oder Jacky Durand. Jedes Team hat einen Sprinter, der selbst siegen will. Und

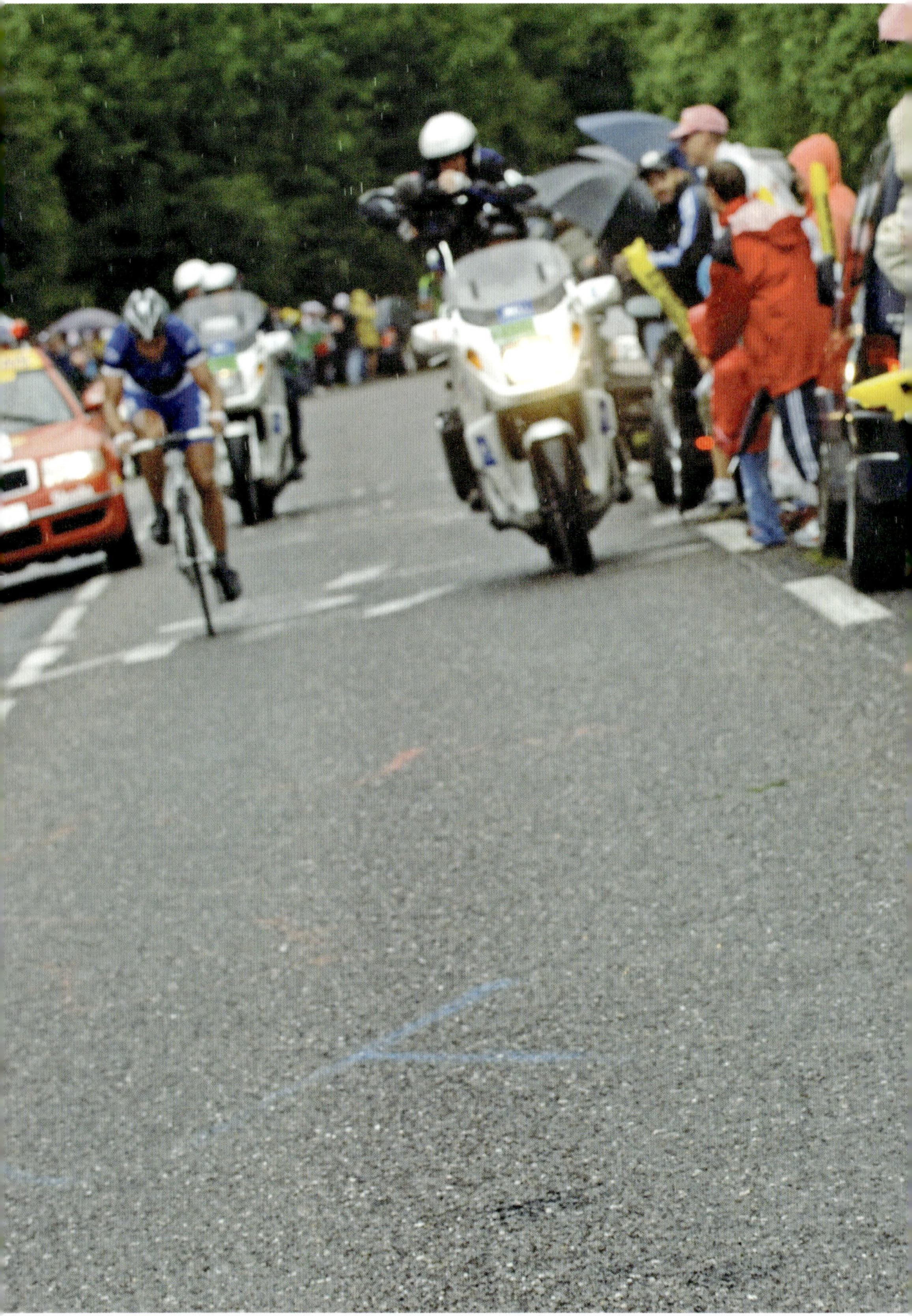

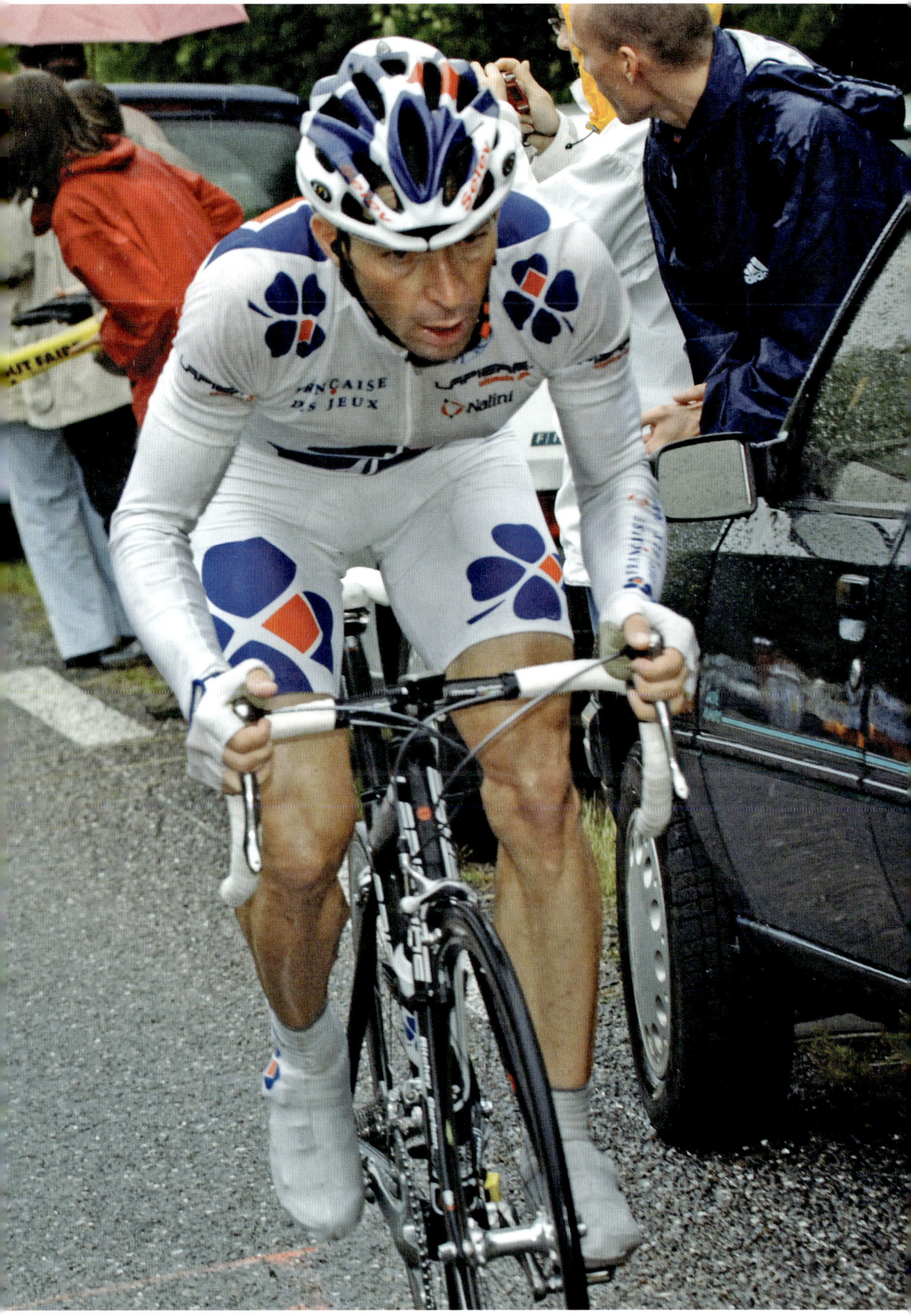
Nalini

es gibt immer eine Mannschaft, die sich an die Spitze des Pelotons setzt, um das Tempo zu forcieren – sei es, weil keiner aus dem eigenen Team vorne mitfährt oder weil man Sprinter aus anderen Teams hinten abhängen möchte. Und heute fährt jeder mit einem Kopfhörer im Ohr und kennt die Abstände genau. Das macht es für Ausreißer schwieriger.

Zurück zum Rennen: War Kirsipuu, der früher in den Teams Chazal-MBK-König und Petit Casino Ihr Teamkollege war, der gefährlichste Mann in der Gruppe?
Er war der Schnellste in unserer Fünfergruppe, nicht nur ein guter Sprinter, sondern auch ein guter Baroudeur. Er hatte schon einige Etappen in Fluchtgruppen gewonnen. Er war einfach ein kompletter Fahrer.

Die Gruppe von Mengin arbeitet gut zusammen, weshalb das Quintett bis 80 Kilometer vor dem Ziel über acht Minuten Vorsprung auf das Hauptfeld herausfährt – möglicherweise genug, um als Erste ins Ziel zu kommen. Die Rechnung, die die Fahrer dabei anstellen: Ein schnelles Hauptfeld kann in der Regel innerhalb von ungefähr zehn Kilometern eine Minute aufholen.

Mengin schmiedet einen Plan, um seinen größten Konkurrenten aus Estland auszutricksen – und wählt dafür die Côte de Maron, den letzten, 3,7 Kilometer langen Anstieg des Tages, rund 15 Kilometer vor dem Ziel. Der Franzose kennt das Profil des Bergs genau: Die ersten zweieinhalb Kilometer haben zwischen fünf und sieben Prozent Steigung, anschließend folgt ein flacheres Stück. Mengin ruft dem Esten zu: »Komm schon, Jaan, danach ist der Berg zu Ende!« Was Kirsipuu nicht weiß: Nach dem Flachstück folgt ein weiterer Anstieg von fast einem Kilometer, den der Franzose dann ausnutzt, um zu attackieren. Ein erfolgreicher Bluff: Schnell reißt eine Lücke auf, Mengin fährt alleine an der Spitze davon.

»Allez mon Totophe«, feuert Marc Madiot seinen Schützling an

Seine Aussichten auf einen Sieg erscheinen zu dem Zeitpunkt gut, denn die Abfahrt von der Côte de Maron ist fahrtechnisch anspruchsvoll, so wie es der frühere Querfeldein-Champion Mengin mag; außerdem kennt er große Teile der Strecke aus seinem Training in- und auswendig, während die Verfolgungsjagd hinter Mengin auf nassen Straßen ausgebremst wird. Der Führende weiß auch um die Gefahren im Finale der Etappe; für das französische

Magazin »L'Est républicain« hatte er einige Wochen zuvor den Etappenverlauf beschrieben und sogar vorhergesagt, dass es in der letzten, sehr scharfen Kurve vor dem Ziel zu Stürzen kommen dürfte.

Über den Funk feuert Marc Madiot seinen Schützling an: »Allez mon Totophe«, hört Mengin immer wieder im Kopfhörer. Und: »Denk an deine Frau und deine Kinder. Bis zum Schluss, bis zum Schluss!« Die Stimme von Madiot ist inzwischen heiser. Fünf Kilometer vor dem Ziel hat der Ausreißer noch 20 Sekunden Vorsprung, bei der Drei-Kilometer-Marke noch 13 Sekunden. Doch inzwischen ist es nicht mehr die versprengte Fluchtgruppe, die Mengin dicht auf den Fersen ist, sondern Lorenzo Bernucci (Fassa Bortolo) und Alexander Winokurow (T-Mobile), die sich kurz zuvor aus dem heranrasenden Hauptfeld hatten lösen können. An der Flamme Rouge hat das Duo auch den flüchtigen Mengin beinahe gestellt.

Welche Erinnerungen haben Sie an die letzten tausend Meter?

Ich habe mich kurz nach der Flamme Rouge umgedreht und sah zwei Fahrer ziemlich nah hinter mir. Das hat mich vor der entscheidenden Rechtskurve etwas abgelenkt. Kurz darauf bin ich schwer gestürzt. Bernucci und Winokurow beobachten dies, bremsen und schaffen es irgendwie vorbeizufahren. Hundert Meter dahinter kommt Kirsipuu, der an der Spitze des Pelotons liegt, und rutscht ebenfalls aus, gefolgt von 20 oder 30 anderen Fahrern.

Sind Sie zu schnell in die Kurve gefahren?

Nein, ich war nicht sonderlich schnell unterwegs, weil ich genau wusste, wie gefährlich diese scharfe Kurve sein würde. Ich habe oft versucht zu analysieren, was da genau passiert ist. Bevor die Tour bei ihnen haltmacht, teeren Städte und Kommunen oft einzelne Straßenpassagen neu. Wenn es dann regnet, bildet sich ein Schmierfilm auf der Straße, der extrem rutschig sein kann. Das wird durch die vielen Autos noch schlimmer, die in der Tour-Karawane mitfahren. Der Tour-Tross hat auch in der Kurve, in der wir gestürzt sind, glänzende Spuren hinterlassen – das sieht man auf den Fotos des Rennens. Ich bin genau über diese Spuren gefahren und hingefallen. Andere, wie Winokurow und Bernucci, hatten eine etwas andere Linie und konnten den Sturz vermeiden. Auf einem Video habe ich nachher einen Fahrer gesehen, der nach seinem Sturz versucht hat weiterzufahren, aber wieder hinfiel, weil er auf der Spur stand, die so glatt war wie Eis.

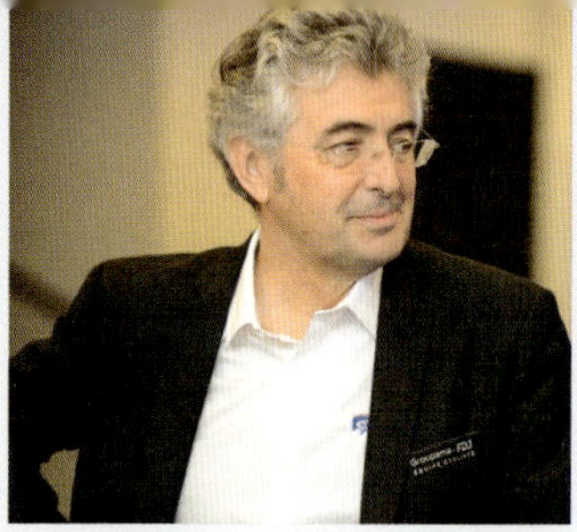

IM FOKUS: MARC MADIOT

Im französischen Radsport kommt keiner an Marc Madiot vorbei. Das liegt nicht nur an dessen Lautstärke und legendärem Temperament. Madiot war selbst ein erfolgreicher Radprofi, zweifacher Sieger von Paris–Roubaix. Drei Jahre nach seinem Abschied als aktiver Fahrer trat Madiot als Manager des französischen Radsportteams Française des Jeux an, in dem Christophe Mengin ebenfalls 1997 anheuerte. Der von Madiot für Mengin verwendete Kosename »Totophe«, in Frankreich eher für Babys benutzt, spiegelt das Verhältnis der beiden wider, das einer Vater-Sohn-Beziehung gleicht: Mengin wurde von Madiot als Profi aufgebaut, und Mengin hat Madiot die ersten großen Siege für das Team Française des Jeux geschenkt. Wie steht Mengin zu seinem berühmten Patron?

Wie ist Ihr Verhältnis zu Madiot?

Christophe Mengin: Ich kenne Marc, seitdem ich als Junior für Frankreich Cyclocross-Rennen gefahren bin. Als Madiot sein Team gründete, hat er mich gefragt: »Möchtest du Französischer Meister werden?« Er hat mich also in sein Team aufgenommen. Das erste Rennen von Française des Jeux 1997 war die Französische Crossmeisterschaft – die ich gewann. Das Verhältnis wurde sehr eng. Ich war später auch der erste Fahrer aus dem Team, der eine Etappe der Tour de France gewann.

Das war ebenfalls 1997, die Etappe von Morzine nach Fribourg, als Sie auch in einer Fünfergruppe in der Flucht waren und am Ende siegten. Was zeichnet Ihr Verhältnis zu Madiot außerdem aus?

Es gab immer ein großes Vertrauen. Wir brauchten nie viele Worte, um uns zu verstehen. Er kannte meine Qualitäten. Wenn ich in einer Saison nicht so gut gefahren bin, bekam ich trotzdem einen neuen Vertrag im nächsten Jahr. Er hat mir stets Selbstvertrauen gegeben. Er wusste, dass ich ein Arbeitstier war, das sich immer auch in den Dienst der Mannschaft gestellt hat. Ich bin zwölf Jahre in seinem Team geblieben. Marc ist immer Profi, heute immer noch, auch im Umgang mit seinen Fahrern, die für ihn wie seine Kinder sind.

Während hinter ihm ein Sturz-Chaos herrscht, fährt Bernucci ungefährdet nach 199 Tageskilometern als Erster über die Ziellinie, der erste Sieg seiner Profikarriere, drei Sekunden dahinter folgt Winokurow sowie kurz darauf der deutsche Gerolsteiner-Sprinter Robert Förster.

Den Sturz seines Schützlings verfolgt Madiot noch im Teamfahrzeug. Er schlägt mit der Faust auf seinen Oberschenkel, brüllt »*Merde!*« Und zweimal hintereinander: »Wir sind doch verflucht!« Der bisherige Tour-Verlauf hat offenbar psychische Spuren beim Sportlichen Leiter hinterlassen. Die Etappen der ersten Woche waren für Sprinter prädestiniert, doch der FDJ-Sprinter Jean-Patrick Nazon noch zu unerfahren, um einen Sieg herauszuholen. In Woche zwei waren Kletterer gefragt, doch Madiots Hoffnungsträger Davide Rebellin ohne Glück. Und in der dritten Woche sollten die Ausreißer zum Zuge kommen, doch Mengin Scheitern kurz vor dem Zielstrich führte dazu, dass Madiots Team sieglos blieb und zwar bis zum Ende der Rundfahrt.

Als sich der Schock bei Madiot gelegt hat, räumt er gegenüber Journalisten ein, dass Mengin auch ohne den Sturz nicht gewonnen hätte – zu nah war das Hauptfeld bereits am Ausreißer dran, zu schwer waren die Beine des Franzosen.

»Aus der Tour auszusteigen, war schlimmer als der Sturz«

Hat Madiot recht, hätten Sie so oder so verloren?
Ich bin nicht sicher. Meine Verfolger waren schon ganz nah an mir dran, und ich hatte bereits alles gegeben, meine Beine haben geschmerzt. Ich hätte wohl nur gewinnen können, wenn ich durch die Kurve gekommen wäre – und alle hinter mir gestürzt wären. Es waren ja noch 800 Meter bis ins Ziel…

Am folgenden Tag wird Mengin schon am ersten Berg vom Peloton abgehängt, und es gelingt ihm nur mit der Hilfe seiner Teamkollegen Sandy Casar und Carlos Da Cruz, die Etappe von Lunéville nach Karlsruhe rechtzeitig zu beenden – Mengin will am Tag darauf unbedingt die Etappe nach Gerardmer in den Vogesen absolvieren, in der Nähe von Cornimont, wo er geboren wurde. Doch in Karlsruhe ist Mengins Auge, das beim Sturz geprellt wurde, stark angeschwollen, die Sehleistung eingeschränkt. Die Ärzte raten ihm zur Aufgabe.

Ich musste aufgeben. Für mich war es enttäuschender, an dem Tag nicht mehr an den Start zu gehen, an dem die Tour an meinem Geburtsort vorbeiführt, als gestürzt zu sein. Das war nicht leicht.

Auch die Wochen nach den Erlebnissen bei der Tour sind für Mengin nicht angenehm, denn immer wieder wird er an seinen Sturz erinnert. Auf der Straße wird er angesprochen, im Radsportgeschäft seines Bruders Francis in Epinal, im Herzen der Vogesen, erkundigen sich Kunden nach seinem Befinden. »Ich habe so schöne Rennen gewonnen, aber die ganze Welt will mit mir nur über den Sturz reden«, beschwert sich Mengin bei seiner Familie.

Der Sturz überlagerte alles und dominierte auch Jahre später die Gespräche. Bis zu seinem Karriereende 2008 konnte Mengin aus diesem Schatten nicht mehr heraustreten, trotz einiger achtbarer Leistungen: Neunter bei Paris-Roubaix 2006, Fünfter bei Gent-Wevelgem 2007 und Etappensieger beim Etoile de Bessèges im gleichen Jahr. Im Folgejahr verabschiedet er sich im Alter von 40 Jahren aus dem Peloton, engagiert sich zweitweise als Sportlicher Leiter von FDJ bei einzelnen Rennen und hilft bis heute der Supermarktkette Carrefour bei ihrem Tour-de-France-Marketing, indem er Radsportfans im Tour-Tross kutschiert. Hauptberuflich widmet er sich aber wieder dem Beruf, den er schon vor seinem Start als Radprofi ausgeübt hatte: Bauschreiner. Das Logo von Mengins Firma zeigt ein Kreissägeblatt und eine Rennradfelge, die gemeinsam einen Kreis bilden.

Sehen Sie Parallelen zwischen der Holzarbeit und dem Profiradsport?
Bei der Arbeit mit dem Holz muss man anspruchsvoll und präzise sein. Auf dem Rad ist es ähnlich, auch da muss man sich im Training viel abverlangen. Auf dem Rad habe ich nicht die Stunden im Training gezählt, das mache ich heute in meiner Firma auch nicht, ich beende den Tag, wenn die Arbeit erledigt ist. Ich bin heute genauso akribisch wie früher.

Anders als Mengin ist Marc Madiot weiterhin voll im Radsport-Geschäft aktiv, als Geschäftsführer des Teams Groupama-FDJ. Und obwohl er nach dem Abschied von Mengin als Profi von seinen Fahrern zahlreiche Siege geschenkt bekam, bleibt Mengins Sturz ihm in böser Erinnerung. In einem Interview erklärte Madiot 2017: »Alle anderen Enttäuschungen sind im Laufe der Zeit verblichen, doch von dieser bleibt ein großer Schmerz.«

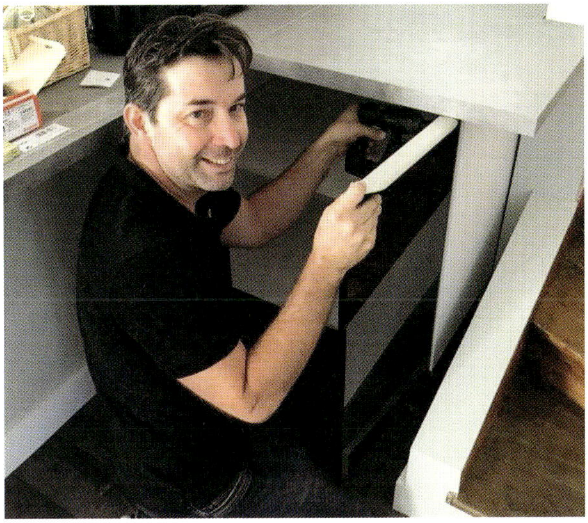

CHRISTOPHE MENGIN

Geboren: 3. September 1968 in Cornimont (Frankreich)
Nationalität: französisch
Profil: Baroudeur

Teams:
1997–2008 Française des Jeux
1996 Petit Casino
1995 Chazal-MBK-König

Größte Erfolge:
1 Etappensieg Tour de France (1997)
1 Etappensieg Drei Tage von De Panne (1997)
Sieger GP Ouest France - Plouay (1999)
1 Etappensieg Vuelta a Castilla y León (1998)
1 Etappensieg Etoile de Bessèges (2007)
Zweifacher Französischer Querfeldeinmeister (1997, 1998)

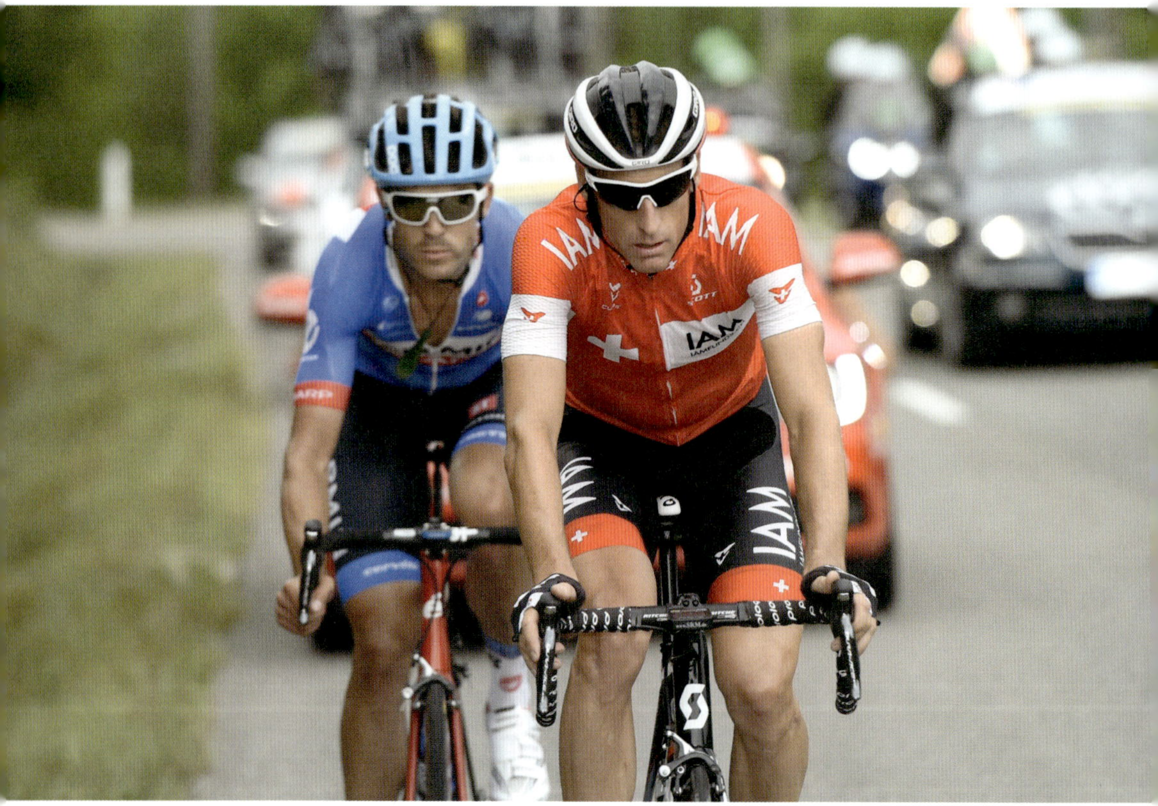
IAM

MARTIN ELMIGER

WENN SIEBEN PEDALTRITTE ZUM GROSSEN TRAUM FEHLEN

Tour de France 2014, 15. Etappe Tallard–Nîmes, 20. Juli

220 Kilometer sind Jack Bauer (Garmin-Sharp) und Martin Elmiger (IAM Cycling) alleine an der Spitze gefahren. Das Duo aus Neuseeland und der Schweiz hat auf der 15. Etappe der Tour de France von Tallard nach Nîmes Wind, Gewitter und Regen getrotzt und das heranrasende Verfolgerfeld bis zum Schluss auf Distanz gehalten. Nach fast fünf Stunden rasen Bauer und Elmiger beinahe gleichzeitig auf die Ziellinie zu – völlig ausgelaugt kämpfen sie dennoch um jeden Zentimeter, und erst das Zielfoto zeigt, ob der Neuseeländer oder der Schweizer den Etappensieg bei der Frankreich-Rundfahrt abgeräumt hat.

So hätte es am 20. Juli 2014 laufen können, hätte der Schutzengel der Ausreißer am Ende alle Augen zugedrückt. Doch der tatsächliche Verlauf der Etappe sieht etwas anders aus. Zwar kommt es an diesem Tag – nach zwei harten Etappen in den Alpen, mit Pässen wie dem Col du Galibier und dem Col d'Izoard – nicht zum erwarteten Verlauf der Flachetappe im Süden Frankreichs: Ausreißergruppe, Peloton kontrolliert das Rennen, schließt das Feld, Massensprint. Und doch gelingt es Elmiger und Bauer nicht, für das kleine Wunder von Nîmes zu sorgen.

»Das gibt eine schöne Ausfahrt zu zweit«

Sie haben direkt bei Kilometer null attackiert. War das Ihr Plan – oder haben Sie spontan eine günstige Situation erkannt?

Martin Elmiger: Bei den Etappen zuvor war ich schon mehrmals in Spitzengruppen unterwegs gewesen, bestimmt 500 oder 600 Kilometer. Am Morgen vor der Etappe kam der Teammanager und sagte, dass wir viel probieren sollten, und zwar vom Start weg – wir hatten nämlich keinen Mann, der den Sprint hätte gewinnen können. Das haben wir dann auch so umgesetzt, obwohl uns das aussichtslos erschien – solch eine Etappe wird normalerweise immer im Sprint gewonnen. Ich habe mich gut gefühlt und bin sofort weggefahren, war die ersten drei Kilometer alleine vorne. Dann wurde mir per Funk durchgegeben, dass ein zweiter Fahrer folgt. Ich habe ein bisschen rausgenommen und auf Jack Bauer gewartet. Wir wussten dann: Das gibt heute eine schöne Ausfahrt zu zweit.

Kannten Sie Jack Bauer damals persönlich?
Ich hatte ihn bei der Tour of Britain kennengelernt, als hartnäckigen Konkurrenten. Am ersten Tag hat er mich im Finale über den Haufen gefahren. Es gab ein kurzes Hin und Her. Bei der Rundfahrt haben wir uns dann aber besser kennengelernt und uns angefreundet. Ich wurde am Ende Zweiter und er Fünfter.

Haben Sie sich während der Flucht unterhalten?
Wenig, wenn überhaupt ging es nur um taktische Dinge: kurze Ablösungen oder längere? Sollten wir ein bisschen ruhiger fahren?

Wie haben Sie sich in der Führung abgewechselt? Zählt man die Sekunden mit, oder läuft das automatisch?
Am Anfang wechselt man sich etwa alle fünf bis zehn Minuten ab, wenn die Leistung an der Spitze bei 350 oder 360 Watt liegt. Am Ende wechselt man, so oft es geht: vorne Vollgas, hinten Windschatten, 20 bis 30 Sekunden maximal. Wenn ich in meiner Karriere in Spitzengruppen unterwegs war und dann häufig Ablösungen gefahren wurden, habe ich immer gesagt, lasst uns erst im Finale kreiseln und uns bis dahin vorne etwa alle 30 Sekunden ablösen, damit wir möglichst frisch ins Finale kommen. Beim Kreiseln sind sonst immer zwei Fahrer im Wind. Ich hatte viele gute Trainer in der Radsportschule, mit denen wir Ablösungen auf den Millimeter genau geübt haben.

Was ist Ihnen bei solch langen Fluchten durch den Kopf gegangen?
Meine Gedanken schweifen dabei nicht ab. Ich denke an das Rad, an die Linie, die ich fahre, den Streckenverlauf. Brauche ich ein Gel? Wo ist der Wind? Wie ist die Zeit? Wie trete ich? Welche Muskeln benutze ich? Ich hatte oft Probleme mit dem Rücken, wenn ich lange Zeit den Lenker unten gegriffen habe, auch bei dieser Etappe. Mein Rücken schmerzte sehr.

Wie lief die Zusammenarbeit mit Bauer?

Sehr gut. Wir sind ein schönes Tempo gefahren, haben nie Zeit verplempert, sind nach Watt gefahren. An den Tagen vorher war ich viel mit Franzosen vorne unterwegs, und die wollten immer sparsam fahren, im Flachen mit 250 Watt in der Spitze – weshalb wir immer schnell eingeholt worden sind. Bei der Tour muss man einfach ein höheres Grundtempo haben, sonst hast du verloren. Mit Jack war das Tempo hoch, wir sind schön mit Druck gefahren. Nach der Verpflegung ist der Abstand aber von fünf auf 1:40 Minuten gesunken.

»Jetzt kommen sie endlich von hinten!«

Wie haben Sie reagiert?

Ehrlich gesagt, dachte ich: Jetzt kommen sie endlich von hinten! Das Leiden hat bald ein Ende. Dann kam aber ein Gewitter, das Feld hinten bekam Gegenwind, es gab Stürze, das Rennen wurde neutralisiert. Unser Abstand wuchs wieder, und wir haben festgestellt, dass die hinten nicht näher kommen. Das Glück war also auf unserer Seite. Durch das Gewitter und den Regen hatten wir erst die Chance, uns vorne so lange zu halten.

Es sind also eine Vielzahl von Faktoren, die dazu führen, dass Elmiger und Bauer auch noch an der Flamme Rouge alleine an der Spitze liegen sollten. Wie bei anderen Flachetappen hält das Peloton die Ausreißer zunächst unter Kontrolle. Erst als der Vorsprung die Sechs-Minuten-Marke übersteigt, ziehen die Verfolger das Tempo an. Ihr Ziel: Die Sprinter fürs Finale auf Schlagdistanz halten, aber auch, mit Blick auf den dunkelgrauen Himmel am Horizont – der Reporter des Rennens an den in Mordor aus »Herr der Ringe« erinnert –, die Etappe möglichst flott beenden. Doch der bald darauf einsetzende strömende Regen, vielmehr die regelrechten Regenstürme hindern die Sprinterteams daran, genügend Tempo aufzunehmen. Hinzu kommen zahlreiche Kurven und Kreisverkehre, die angesichts der rutschigen Straßenverhältnisse immer wieder das Peloton ausbremsen.

Schließlich sind es wiederholt Attacken aus dem Feld heraus, die eine kollektive geordnete Nachführarbeit stören: Tejay van Garderens BMC-Team sowie Jean-Christophe Pérauds Ag2r-Mannschaft, die zur Mitte der Etappe versuchen, das Feld zu splitten; aus dem Team Omega Pharma-Quick-Step sind es wiederum Tony

Martin, Jan Bakelants und Michał Kwiatkowski, die fünf Kilometer vor dem Ziel nacheinander Attacken lancieren, was für Unruhe sorgt.

Doch der vielleicht wichtigste Grund für Bauers und Elmigers lange Solofahrt ist schlichtweg die große Leistung des Duos an der Spitze – getrieben vom schieren Willen, die Etappe nach Hause zu fahren. Für Bauer wäre der Sieg historisch, schließlich hat noch kein Neuseeländer jemals eine Etappe bei der Tour de France gewonnen. Für Elmiger, den Mann im Trikot des Schweizer Meisters, würde sich ein Kindheitstraum erfüllen.

Sie haben mit zwölf Jahren mit Radrennen angefangen, als Ihre Eltern Ihnen ein Rennrad schenkten. Was hat Sie motiviert?
Es war immer mein Bubentraum, Radprofi zu werden, die Tour de Suisse, die Klassiker und besonders die Tour de France selbst zu fahren. Mit elf Jahren stand ich am Straßenrand bei der Tour des Suisse – und da hat es mich gepackt! Die ganzen Fahrräder, die braunen Beine, der Nervenkitzel, bis das Feld kommt, der Werbetross. Dann hat mein vier Jahre älterer Bruder angefangen, Fahrrad zu fahren, und ich habe auch ein Rennrad bekommen. Mit zwölf Jahren habe ich die ersten Rennen als Schüler gewonnen, habe dann alle Kategorien durchgemacht, Anfänger, Junior, U23, und dann habe ich gleich den ersten Vertrag beim Post-Suisse-Team erhalten. Dort hat damals Kurt Bürgi, der Nationaltrainer der Schweizer Junioren, als Teammanager gearbeitet. Bei den Schweizer Meisterschaften 2001 habe ich als Neoprofi gegen große Profis wie Oscar Camenzind gewonnen. Das war schon sehr speziell.

Am Tour-Etappensieg um zwei Zentimeter vorbeigefahren

Als nationaler Champion hatte Elmiger bald beste Chancen, selbst bei der Tour de France anzutreten, was ihm erstmals 2004 im Trikot von Phonak gelang, als er am Ende auf Platz 108 landete. Später dann im Dienst der französischen Mannschaft Ag2r-La Mondiale sowie ab 2013 für IAM Cycling – »das Traumteam schlechthin«, wie Elmiger rückblickend erklärt.

Insgesamt war Elmiger in seiner siebzehnjährigen Profikarriere siebenmal in Frankreich dabei. Und ist dabei mehrfach ganz knapp an einem Etappensieg vorbeigeschlittert – was seinen Siegeswillen 2014 noch stärker machte. 2007 hatte sich Elmiger bei der 189 Kilometer langen 17. Etappe von Pau nach Castelsarrasin ebenfalls früh nach dem Start einer Ausreißergruppe angeschlossen, aus der im Finale noch Jens Voigt (Team CSC), Markus Fothen (Gerolsteiner), Daniele Bennati (Lampre-Fondital) und eben Elmiger (Ag2r-La Mondiale) übrig blieben. 500 Meter vor dem Ziel hatte Elmiger attackiert, wurde aber eingeholt und landete am Ende hinter Bennati und Fothen auf Platz drei – nachdem er noch den bärenstarken Dauer-Ausreißer Voigt kurz vor der Linie passieren konnte.

Im Folgejahr 2008 dann die knappste Entscheidung: Bei der elften Etappe von Lannemezan nach Foix attackierte Elmiger, obwohl noch geschwächt von einer Bronchitis, vier Kilometer vor dem Ziel aus einer Ausreißergruppe heraus. Nur Kurt-Asle Arvesen aus Norwegen konnte die Lücke zu Elmiger schließen und den Schweizer am Ende auch besiegen – um gerade einmal zwei Zentimeter, was angesichts der 16.750.000 Zentimeter langen Etappe »sehr, sehr wenig« war, wie die »Neue Zürcher Zeitung« seinerzeit vorrechnete. »Ich war auf der falschen Seite vorbeigegangen, an der Bande, habe im Sprint gezögert und bin knapp geschlagen worden«, erinnert sich Elmiger heute.

Allesamt knappe Niederlagen, über die Elmiger 2014 bei seiner langen Zweierflucht mit Jack Bauer ausgiebig nachdenken kann, um es diesmal besser zu machen – auch wenn er zunächst gar nicht davon ausgeht, überhaupt eine Siegchance zu haben:

Ich rechnete die ganze Zeit über nicht damit, dass wir es alleine ins Ziel schaffen konnten, erst acht oder neun Kilometer vor dem Ende, als wir noch über eine Minute Vorsprung hatten. Drei Kilometer vor dem Ziel war ich dann sicher, dass wir durchkommen könnten.

Was dem Duo am Ende zugutekommt, ist der Rückenwind, der sein Tempo hochhält und dazu führt, dass die Verfolgerteams, allen voran Lotto-Belisol und Giant-Shimano mit ihren Sprinter-Assen André Greipel und Marcel Kittel, die Lücke zur Spitze nur ganz langsam verkleinern können. Eineinhalb Kilometer vor der Ziellinie liegen immer noch 18 Sekunden zwischen der Spitzengruppe und dem Peloton. Doch während sich schließlich hinten im Feld der Zeitfahrspezialist Tony Martin an die Spitze setzt und das Tempo noch weiter verschärft, verliert das Spitzenduo auf einmal sichtbar an Tempo. Elmiger dreht den Kopf und schimpft seinen Mitausreißer an, der nur widerwillig die Führung übernimmt.

Was passierte?
Jack hat plötzlich rausgenommen. Seine Führung war nur noch halbherzig. Ich dachte: Der spielt, oder? Ich habe ihm gesagt, dass wir verloren haben, wenn wir jetzt das Tempo drosseln. Aber er wollte weiter pokern.

Der Bluff, der zu spät kam

Was Bauer nach dem Rennen im Interview bestätigt: Er habe mit seinem verschleppten Tempo Elmiger bluffen wollen, dass es ihm nicht gut gehe – um dann im entscheidenden Moment mit dem letzten Punch doch noch zu attackieren.

Dann kam die Flamme Rouge, die Sie noch mit 13 Sekunden Vorsprung passieren.
Und da war ich mir schon ziemlich sicher, dass wir es doch nicht mehr schaffen können – mit einem Schnitt von zuletzt 35 oder 36, wenn die hinten über 60 km/h fahren, mit 600 oder 700 Watt. Ich habe dann mit einer Attacke von ihm gerechnet, aber da kam nichts. Ich habe Jack immer wieder gesagt: Die kommen da hinten! Wenn du nicht mitmachst, verlieren wir beide! Er hat nichts dazu gesagt, nur geschaut.

Haben Sie die Abstände zum Peloton noch per Funk mitbekommen?
Das habe ich nicht mehr wahrgenommen. Da standen ziemlich viele Zuschauer, es war laut. Die Sonne kam plötzlich wieder raus. Am Schluss ging alles ganz schnell. Ich attackierte dann, konnte aber schon das heranrasende Feld spüren, ohne hinzuschauen – man hört die Hektik, die Fahrzeuge und die Leute.

Ihnen gelang es mit der Attacke nicht, sich von Bauer entscheidend abzusetzen – worauf Bauer selbst noch einmal angriff. Waren Ihre Kräfte am Ende oder waren Sie frühzeitig desillusioniert?
Ich habe nach hinten geschaut und gesehen, dass wir keine Chance mehr haben. Als das Feld aufschloss, habe ich ehrlich gesagt gehofft, dass Bauer auch noch eingeholt wird – dass wir zumindest beide verlieren.

Elmigers Hoffnung geht auf. Rund 30 Meter vor dem Ziel fangen die Verfolger Bauer ein – ganze sieben Pedaltritte haben dem Neuseeländer am Ende zum Sieg gefehlt. Stattdessen kommt es doch zum Massensprint um den Sieg, den Alexander Kristoff (Katusha) für sich entscheiden kann. Auf Platz zwei rollt Elmigers Teamkollege Heinrich Haussler ins Ziel, gefolgt von Peter Sagan (Cannondale) und André Greipel. Bauer wird Zehnter, Elmiger Sechzehnter.

Haben Sie nachher mit Bauer über seinen Fehler gesprochen?
Ich habe ihm nur gesagt, dass ich ihn ja gewarnt hatte. Er sagte nur, dass er tatsächlich platt gewesen sei. Ich war auch platt. Wenn wir bis zum Schluss durchgefahren wären, um am Ende Mann gegen Mann zu sprinten, wären wir bestimmt durchgekommen.

Wer hätte dann gewonnen?
Bis zum Finale ist Bauer hervorragend gefahren, ich habe gestaunt, wie stark er auf der Fläche fährt. Zunächst dachte ich, dass ich stärker sein werde, aber dann habe ich gesehen, dass es schwierig würde, ihn zu schlagen. Wenn er nicht gepokert hätte, hätte er wohl gewonnen. Wobei im Sprint nicht immer der Stärkere gewinnt.

»Das ist besser als jeder Sieg!«

Im Ziel reagieren Bauer und Elmiger sehr unterschiedlich auf ihre gescheiterte Solofahrt. Bauer schießen unmittelbar nach dem Ausrollen schon die Tränen in die Augen, er beugt sich tief über sein Rad, um das Gesicht vor den Kameras zu schützen. Die Welt sei einfach über ihm zusammengebrochen, erklärt er kurz darauf in Interviews, in denen er sichtlich bemüht ist, die Fassung zu wahren. Es sei ein Kindheitstraum gewesen, bei der Tour eine Etappe zu gewinnen – als erster »Kiwi« überhaupt, so Bauer zerknirscht. Um dann doch noch hinterherzuschieben: »Wenn ich morgen in Rente ginge, wäre ich dennoch zufrieden!«

»Mir tut es sehr leid für die beiden«, erklärt der Sieger Alexander Kristoff – fast schon seinen Sieg bedauernd – den Medien. »Ich wollte natürlich gewinnen, aber es muss für die beiden schwer gewesen sein, die Niederlage zu akzeptieren. Wer hätte gedacht, dass es am Ende so knapp würde?«

Dass Elmiger auf seine Niederlage zunächst weitaus gefasster reagiert, liegt nicht daran, dass er von der Tour-Jury zum kämpferischsten Fahrer der Etappe gekürt wird, zumindest also eine kleine Belohnung erhält. Seine Einstellung ist eine andere.

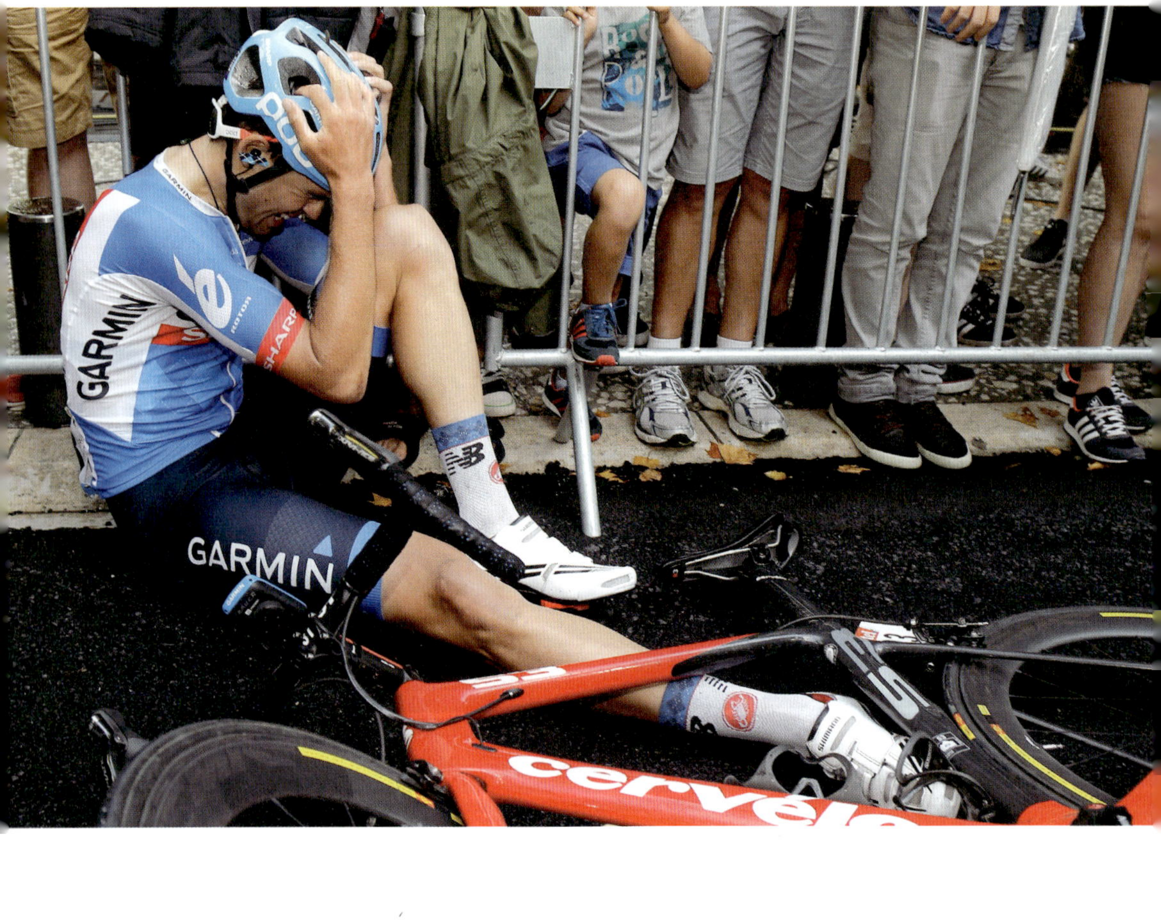
GARMIN
SHARP
GARMIN

Was ging Ihnen im Ziel durch den Kopf?
Jack Bauer war zerstört im Ziel, hat geweint. Ich war weit davon entfernt, ich hatte gar nicht die Emotion dafür. Und ich war auch happy, dass es vorbei war. Am Morgen vor dem Rennen hatte ich gedacht: Wenn wir hier durchkommen, wäre das ein Sechser im Lotto. Wir waren weit gekommen, haben viel Spannung in die Wohnzimmer der Zuschauer gebracht, auch Werbung für den Radsport gemacht. Die Enttäuschung kam erst viel später.

Wie hat Ihr Team reagiert?
Nach dem Rennen kam der Teamchef Michel Thétaz zu uns und sagte: Das ist besser als jeder Sieg! Daran erinnert sich jeder! In Frankreich bist du als unglücklicher Verlierer populärer als jeder Gewinner.

Elmigers Gelassenheit im Rückblick ist bewundernswert, musste der Schweizer doch neben den drei knapp verpassten Tour-Etappensiegen 2007, 2008 und 2014 eine weitere hauchdünne Niederlage in seiner Karriere verkraften: bei der dritten Etappe der Eneco-Tour 2016. Auch hier wurde eine Ausreißergruppe rund um Elmiger wenige hundert Meter vor dem Ziel vom Peloton geschnappt. Und auch hier waren es taktische Spielereien, die den Ausreißern schließlich den Sieg kosteten. Der Unterschied zur Tour-Etappe 2014: Elmiger war mit Abstand der stärkste Fahrer in der Fünfergruppe und hätte den Sieg wahrscheinlich davongetragen – wäre das Feld nicht am Ende am Quintett vorbeigeflogen, mit Peter Sagan als schnellstem Sprinter.

»Fehlt es Elmiger am Killerinstinkt?«

Auch hier ist Elmiger im Schulterblick im Reinen mit sich. Schlimmer als Niederlagen seien verpasste Möglichkeiten. »Es nervt mich viel mehr, wenn der Instinkt sagt, dass du jetzt attackieren musst, du aber nicht gehst. Das ist im ganzen Leben so.«

Medien haben wiederholt etwas ratlos auf Elmigers nüchternen Pragmatismus und seine betonte Gelassenheit reagiert. Irgendetwas fehle ihm doch, »das hausgemachte Selbstvertrauen, das richtige Training, der sogenannte Killerinstinkt«, suchte etwa die »Neue Zürcher Zeitung« anlässlich Elmigers Abschied aus dem Radsport 2017 nach Gründen, warum es in den 17 Profijahren nie zum ganz großen Sieg gelangt hat. Am Ende kommt der Autor des

Artikels zu dem Schluss, »dass Elmiger nirgends richtig radikal ist, außer vielleicht in der Leidenschaft für den Sport und der Bereitschaft zur Versöhnung«.

»Ich hatte 13, 14 Siege, aber die ganz großen waren nicht dabei«, räumt Elmiger ein – darunter viermal Schweizer Meister, der Gesamtsieg der Tour Down Under 2007; außerdem verzeichnet sein Palmarès einen guten zehnten Platz bei der Flandern-Rundfahrt 2015 und im selben Jahr einen fünften Platz bei Paris–Roubaix, als John Degenkolb die Nase ganz vorn hatte. Elmiger argumentiert mit seiner Biografie: »Ich war als Jungfuchs nicht getrieben, ein großer Star zu werden, daher hat es vielleicht auch nie mit den großen Siegen geklappt.«

Übertriebener Ehrgeiz ist Elmiger auch in der zweiten Phase seines Berufslebens fremd. Von Zug aus arbeitet er als Markenbotschafter des Schweizer Jedermannrennens »Tortour« weiterhin im Radsport, hauptsächlich aber managt er mit seiner Frau die Beschriftungsfirma Neoprop.

Wie ist es dazu gekommen?

Meine Frau kommt aus dem Tourismus und wollte bei einem Freund der Familie im Marketing aushelfen. So ist sie in diese Branche gerutscht. Dann hat der Chef irgendwann gefragt, ob wir übernehmen wollen. Und blauäugig, wie man als junger Mensch ist, haben wir zugesagt.

Auch hier ist sich Elmiger treu. Wer nicht manchmal das Unmögliche wagt, wird das Mögliche nicht erreichen, lautet sein Motto auch als Unternehmer.

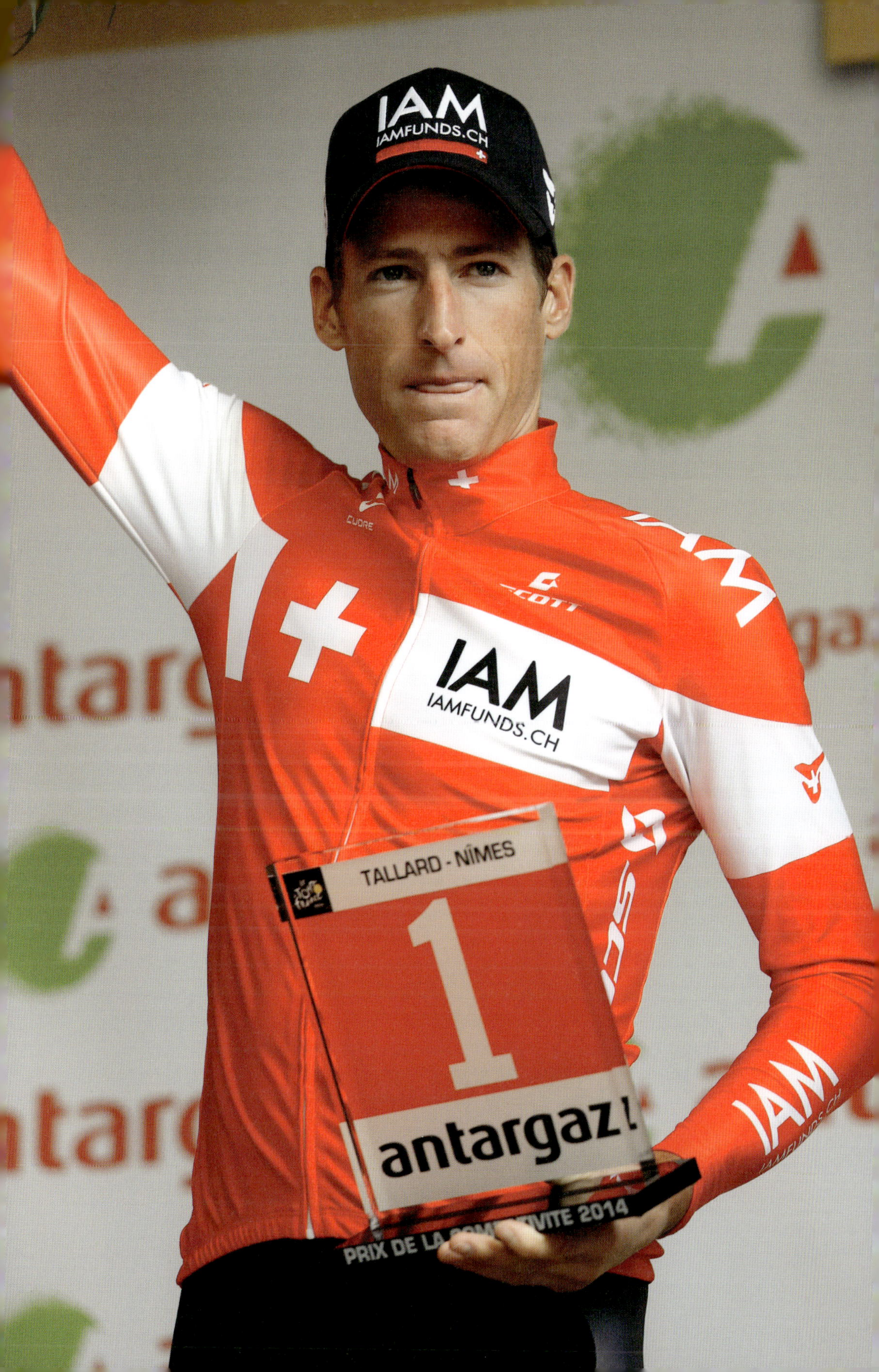
IAM
IAMFUNDS.CH
TALLARD - NÍMES
1
antargaz

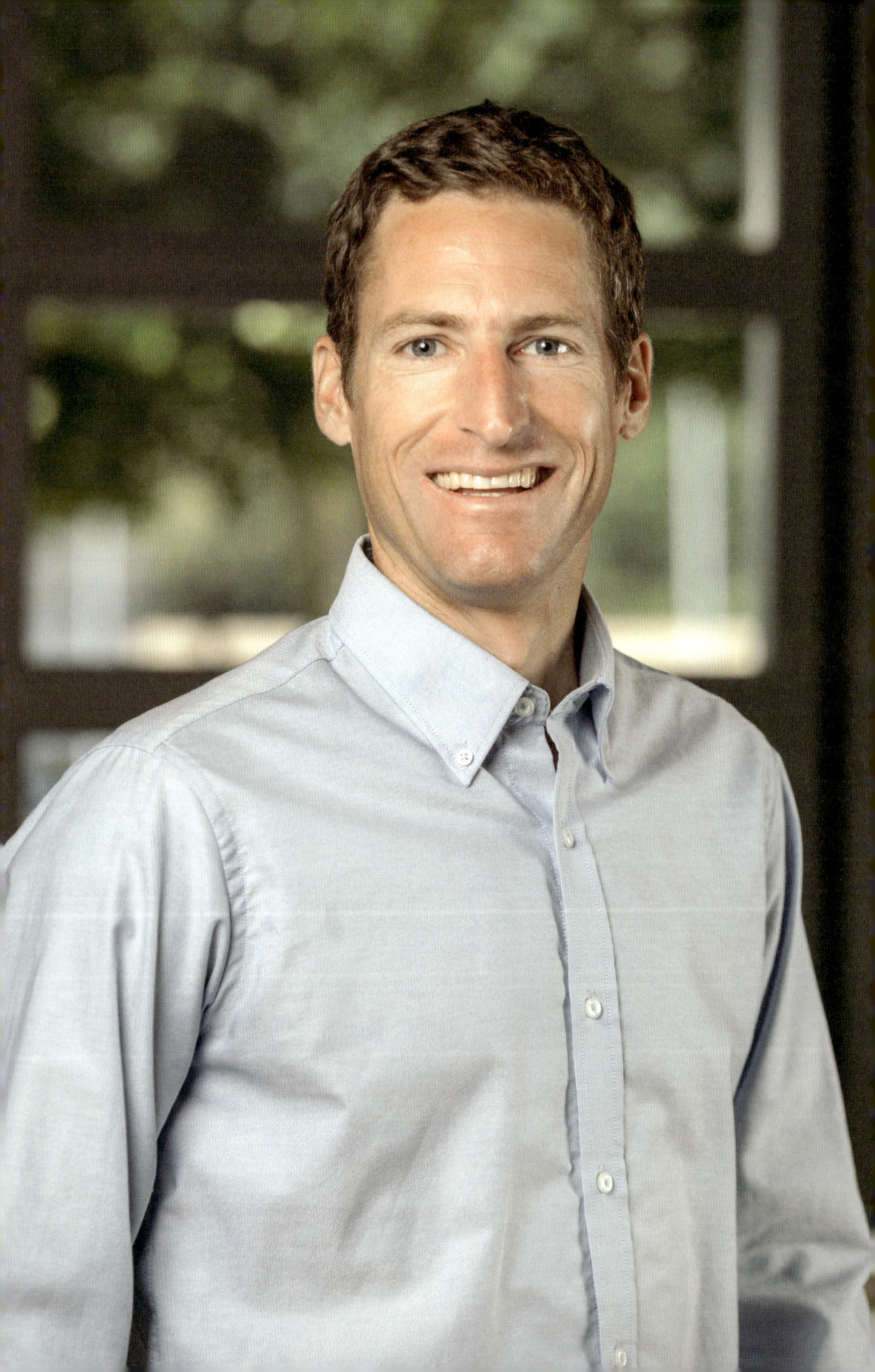

MARTIN ELMIGER

Geboren: 23. September 1978 in Zug (Schweiz)
Nationalität: schweizerisch
Profil: Allrounder, Helfer

Teams:
2017 BMC Racing Team
2013–2016 IAM Cycling
2007–2012 Ag2r-La Mondiale
2002–2006 Phonak Hearing Systems
2001 Post Swiss Team

Größte Erfolge:
Gesamtsieger Tour Down Under (2007)
Sieger Grand Prix Kanton Aargau Gippingen (2003)
Vierfacher Schweizer Straßenmeister (2001, 2005, 2010, 2014)
Sieger Grand Prix d'Isbergues (2007)
Gesamtsieger Vier Tage von Dünkirchen (2010)
Gesamtsieger Tour du Limousin (2013)

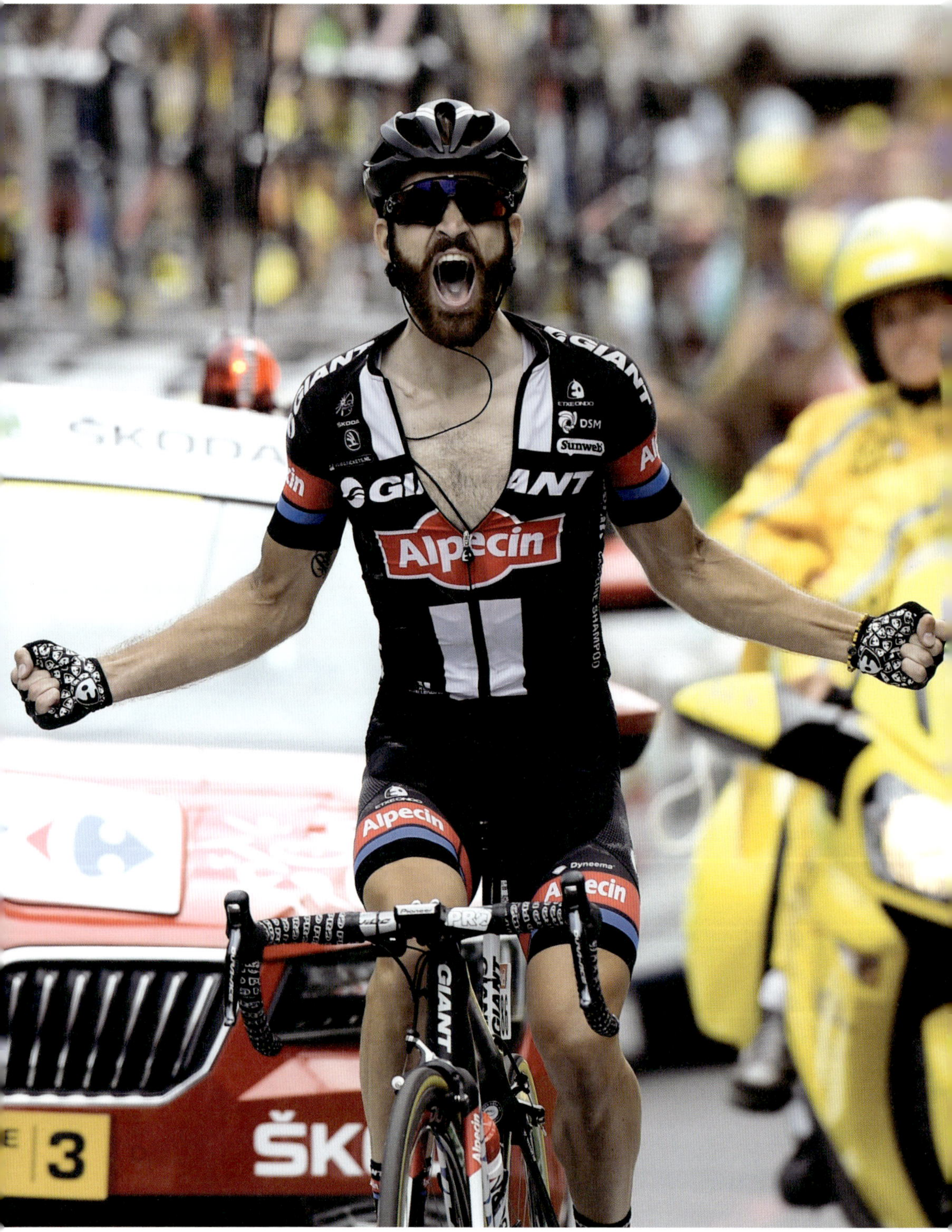
GIANT
Alpecin
DSM
Sunweb
ŠKODA
Alpecin
GIANT
3

SIMON GESCHKE

WENN DER DOMESTIK PLÖTZLICH ROCK 'N' ROLL SPIELT

Tour de France 2015, 17. Etappe Digne-les-Bains–Pra Loup, 22. Juli

Simon Geschke kann auch anders. Im Gespräch wirkt er zunächst ruhig. Die sonore Stimme passt zum bedächtigen Gesamteindruck des Berliner Radrennfahrers. Die auf den Millimeter sauber geschnittenen Konturen seines Vollbarts zeigen, dass Geschke Wert auf Präzision legt. Dieser Mann hat alles unter Kontrolle. Der äußere Eindruck deckt sich mit der Rolle, die Geschke als Profi so erfolgreich spielt: Er ist Helfer, holt den Kapitänen in seinem Team im Rennen Wasserflaschen, fährt Löcher zu und zieht das Tempo an, wenn es erforderlich ist. Zuverlässigkeit, Unterordnung, Anti-Exzentrik sind die Tugenden, auf die es für ihn ankommt.

Doch es gibt noch die andere Seite von Geschke, auf die sein »Rock 'n' Roll«-Tattoo auf der Innenseite des Oberarms hinweist: Das ist der Geschke, der nicht aus seiner Trainings-Wahlheimat Freiburg, sondern aus der Hauptstadt kommt. Der sich gerne die E-Gitarre schnappt, wenn er Lust hat zu jammen. Der nach der Rennsaison im Oktober auch mal mit Freunden feiern geht.

Auf dem Rad ist der »Rock 'n' Roll«-Geschke nicht so oft zu sehen, ganz groß aber am 22. Juli 2015 bei der Tour de France auf der Etappe von Digne-les-Bains nach Pra Loup. Nach 49 Kilometern alleine an der Spitze des Rennens passiert Geschke im Trikot des Teams Giant-Alpecin endlich die Flamme Rouge. Der Oberkörper wippt längst vor Anstrengung hin und her. Immer wieder wechselt er in den Wiegetritt, um seiner verkrampften und schmerzenden Muskulatur zwischendurch ein Minimum an Abwechslung zu bieten und wieder etwas mehr Tempo aufzunehmen. Noch immer gibt Geschke so viel Druck aufs Pedal wie möglich. Der Tacho zeigt

300 Watt, dann wieder 350 Watt – der Verfolger Andrew Talansky ist nicht weit hinter ihm.

Geschkes Mund ist weit aufgerissen, um viel Luft in den Körper strömen zu lassen. Auf den letzten 200 Metern weicht die vor Anstrengung verzerrte Miene einem ersten Lächeln. In der letzten Linkskurve vor dem Ziel schaut er sich noch einmal ungläubig um. Doch hinter den fünf Motorrädern und zwei Autos, die ihm folgen, ist weit und breit kein anderer Fahrer zu sehen. Das Lächeln weicht einem breiten Lachen. Geschke ballt die Faust. Er schaut sich ein letztes Mal um, streckt die Brust heraus, breitet die Arme zu Flügeln aus und lässt einen lauten, tiefen Siegesschrei folgen, der vielleicht sogar bis ins Tal zu hören ist. Die Stoppuhr bleibt bei vier Stunden, zwölf Minuten und 17 Sekunden stehen. Der erfahrene Domestik gewinnt nach einer wahnsinnig mutigen Attacke und einer langen Solofahrt die 161 Kilometer lange Alpenetappe der Tour de France, seine erste Grand-Tour-Etappe – der Helfer tritt ins Rampenlicht, das ist Rock 'n' Roll!

Im Frühjahr das Schlüsselbein gebrochen

Noch im Frühjahr hatte es bei Geschke eher nach Kleiner Nachtmusik ausgesehen. Auf einer Etappe bei Tirreno-Adriatico kollidierte er Mitte März mit seinem Teamfahrzeug und brach sich, trotz niedriger Geschwindigkeit, das Schlüsselbein. Es folgte eine Rennpause bis Ende April, als Geschke bei seinem Lieblingsrennen Lüttich-Bastogne-Lüttich wieder in den Sattel steigen durfte. Zwei Wochen später trat er beim Giro d'Italia an, legte in der zweiten Woche der Rundfahrt wider Erwarten eine gute Leistung hin und wurde Dritter auf der schweren neunten Etappe über 224 Kilometer und 3.700 Höhenmeter von Benevento nach San Giorgio del Sannio. Außerdem übernahm er als Erster an den beiden Bergwertungen des Tages für zwei Tage das Trikot des besten Kletterers.

Doch trotz der guten Leistungen nach der Verletzung musste Geschke nach dem Giro bangen, ob er für die Tour de France nominiert wird – wieder bangen, denn bis zu dem Zeitpunkt war er nur 2009 und 2013 bei der Grande Boucle mitgefahren. Erst zwei Wochen vor dem Tour-Start bekam Geschke von seinem Team den Anruf, dass er dabei sein wird.

Welchen Einfluss hatte die Nicht-Nominierung von Marcel Kittel auf Ihren Start bei der Tour de France?

Simon Geschke: Anfang des Jahres stand es nicht fest, ob ich zur Tour fahren werde – das Team wollte eher auf mich verzichten. Dann war Marcel das ganze Jahr über nicht richtig fit, und es ging hin und her, ob er fahren kann oder nicht. Das Team hat dann entschieden, ihn nicht mitzunehmen. Stattdessen sollte Warren Barguil fürs Gesamtklassement unterstützt werden. Und dadurch bin ich reingerutscht.

Was war das Ziel mit Warren Barguil bei der Tour?

Es ging primär für ihn darum, Erfahrungen zu sammeln und zu schauen, wie er drei Wochen über die Runden kommt. Er hatte davor als Neo-Pro zwei Etappen bei der Vuelta, seiner ersten Grand Tour, gewonnen. Aber bei der Tour de France hat man ihm bewusst keinen großen Druck gemacht.

Wie lief die Tour fürs Team an?

Es lief bei uns insgesamt zäh. Ohne Marcel im Team war John Degenkolb der alleinige Sprintkapitän und Aspirant auf Etappensiege. In dem Jahr hatte er zwar ein Wahnsinnsfrühjahr absolviert, mit Siegen bei Mailand–Sanremo und Paris–Roubaix. Aber bei der Tour war er nicht so richtig fit. Die ersten zwei Wochen sind wir also einem Etappensieg hinterhergefahren.

Wie war Ihre eigene Form auf den ersten Etappen?

Vom Timing her perfekt, zumindest nach dem ersten Ruhetag: Ich war mehrfach in Fluchtgruppen unterwegs, auf der Etappe vor dem Sieg von Bourg-de-Péage nach Gap war ich am Ende Vierter. Da habe ich gemerkt, dass es gut läuft und dass ich am Berg immer mitfahren kann.

Der Kapitän gibt Geschke grünes Licht

Am Morgen der 17. Etappe nach Pra Loup folgt dann aber zunächst die Ernüchterung für Geschke. Trotz des Ruhetags zuvor fühlen sich seine Beine müde an und müssen den häufigen Beteiligungen an Fluchtgruppen Tribut zollen. Und doch will Geschke erneut bei einer Ausreißergruppe mitmischen, die sich 60 Kilometer nach dem Start formiert.

Warum war die Gruppe mit zunächst 28 Fahrern so groß?
In der dritten Woche einer dreiwöchigen Rundfahrt sind die Gruppen immer größer als am Anfang der Rennen. Alle, die noch etwas in den Beinen haben, versuchen es über eine Gruppe. Und die meisten werden auch fahren gelassen, weil es dann nur noch vier oder fünf Fahrer gibt, die eine Chance auf den Gesamtsieg haben. An dem Tag hat es ziemlich lange gedauert, bis sich eine Gruppe formiert hat, weil jeder dort mitfahren wollte. Es sind immer wieder neue Fahrer nach vorne gesprungen. Sky hat die Gruppe letztlich fahren lassen, weil Chris Froomes Rivalen Alberto Contador und Nairo Quintana vorne nicht dabei waren.

Haben Sie sich mit dem Team abgesprochen, ob Sie vorne in der Gruppe mitfahren dürfen?
Ja, ich habe Warren Barguil gefragt – er war zu dem Zeitpunkt mit John Degenkolb und mir alleine unterwegs, weil die Hälfte des Feldes bei den ersten beiden Bergen abgehängt worden war. Nach seinem Okay bin ich mitgesprungen.

Wann und warum haben Sie Ihre Attacke geplant?
Ich war sehr gut über die ersten Berge gekommen. Meine Beine fühlten sich gut an, aber der Vorsprung meiner Gruppe war mit drei, vier Minuten nicht ausreichend – die Anstiege, die noch kommen würden, waren zu lang, um den Vorsprung ins Ziel retten zu können. Die Gruppe lief insgesamt nicht besonders gut, vermutlich, weil sie so stark besetzt war. Da habe ich mir eine Taktik zurechtgelegt: Probier doch mal etwas Spektakuläres, womit keiner rechnet!

Die Gruppe war extrem gut besetzt, mit Leuten wie Andrew Talansky, Thibaut Pinot, Rigoberto Úran, Richie Porte und Rafał Majka. Schreckt so viel Prominenz und Stärke nicht ab?
Im Gegenteil, das war letztlich der Grund, warum ich die Etappe gewonnen habe. Ich wusste genau, dass ich mit denen auf keinen Fall bis zum letzten Berg fahren durfte, weil die mich dann gnadenlos abhängen würden.

Was Geschke in dieser Situation Mut macht, sind die Erinnerungen an die Andalusien-Rundfahrt im Februar, als er sich auf der vierten Etappe lange Zeit in einer erst fünf- und dann zweiköpfigen Ausreißergruppe ganz vorne behaupten konnte. Obwohl sein Mitstreiter Mirko Selvaggi (Wanty-Groupe Gobert) sich damals nicht an der Führungsarbeit beteiligte, konnte Geschke zwischenzeitlich sogar den Vorsprung zu den Verfolgern ausbauen – auch wenn es am Ende nicht für einen Sieg reichte, war dies Balsam fürs Selbstvertrauen des Rennfahrers.

Geschke fährt noch einmal zum Teamauto, um sein Vorhaben abzusprechen – und zu seiner Überraschung hatte Teamchef Iwan Spekenbrink dieselbe Idee. Geschke wartet noch den Zwischensprint rund 60 Kilometer vor dem Ziel ab, den Benoît Vaugrenard (FDJ) vor John Degenkolb (Giant-Alpecin) und Peter Sagan (Tinkoff-Saxo) für sich entscheiden kann. Und als die Sprinter ausrollen lassen, attackiert er, bei Kilometer 110, in der Anfahrt zum Col d'Allos.

Attacke am Fuße des Col d'Allos

Warum haben Sie in dem Moment attackiert?

Es sprinten in solchen Situationen immer zwei, drei Leute mit. Es wird etwas schneller, und danach nehmen alle wieder raus. Und in dem Moment hat man oft ganz gute Chancen wegzukommen. Meine Überlegung war, dass ich mit drei, vier anderen Fahrern wegfahre, aber keiner ist mitgefahren, weil es noch zu weit bis ins Ziel war. Ich war also alleine vorne, aber das hatte auch Vorteile: Wenn man zu zweit oder dritt unterwegs ist, gibt es oft einen, der nicht genauso viel arbeitet wie die anderen, und das bringt den Rhythmus durcheinander.

Was ging Ihnen bei der Solofahrt durch den Kopf?

Ich hatte zunächst meine Wattzahlen vor Augen, damit nicht nach einer halben Stunde der Ofen aus ist. 350 Watt wollte ich treten. Ich habe dann auch an die Leute gedacht, die zu Hause vor dem Fernseher die Etappe sehen. Und war ziemlich euphorisch, weil ich gemerkt habe, dass mein Plan aufgeht. Ich hatte recht schnell einen Vorsprung von über einer Minute herausgefahren, meine Verfolger konnten mich nicht mehr sehen, weil deren Gruppe offenbar nicht gut lief – wenn 20 Mann kreiseln, dachte ich, fährt man nicht so leicht weg.

Was hat Sie in der Situation am meisten motiviert?

Das Frühjahr lief nicht so gut, das Team hatte nicht das gewünschte Vertrauen in mich gesetzt, weshalb es mich ursprünglich auch nicht mit zur Tour nehmen wollte. Auch im Vorjahr war ich nicht dabei gewesen. Diese Situation im Team hat mich ziemlich angespornt, es allen zu zeigen. Ich bin aber zu Beginn meiner Solofahrt nicht von einem Etappensieg ausgegangen. Ich habe eher damit gerechnet, dass irgendwann zwei, drei Fahrer aufschließen werden, mit denen ich über die Kuppe zum letzten Berg fahren kann, um am Ende eine Top-5-Platzierung zu schaffen.

Geschke gelingt es schnell, den Vorsprung zu seiner nur noch 16 Fahrer umfassenden Verfolgergruppe bis auf zwei Minuten auszubauen. Das Hauptfeld mit den Favoriten auf den Gesamtsieg liegt sogar über neun Minuten zurück – ohne Chance auf den Tagessieg. Als erster Fahrer erreicht der Berliner den höchsten Punkt der gesamten Tour-Strecke, den 2.250 Meter hohen Col d'Allos, und sichert sich so das »Souvenir Henri Desgrange«, die 5.000 Euro schwere Sonderprämie zu Ehren des ersten Tour-Direktors. Von oben schaut Geschke zu den Serpentinen herunter und sieht Thibaut Pinot (FDJ), der eine Minute später Zweiter der Bergwertung wird. Als Dritter passiert Andrew Talansky (Cannondale-Garmin) die Passhöhe.

Auf der folgenden 17 Kilometer langen Abfahrt stürzt zunächst der bergab oft nervös agierende Pinot in einer engen Linkskurve. Der Franzose steigt zwar unverletzt wieder aufs Rad, wird bald aber von Talansky und auch Rigoberto Úran (Etixx-Quick Step) überholt. Auch Geschke erlebt auf der Abfahrt einen bangen Moment, als er fast mit seinem Begleitwagen kollidiert und gerade noch so einen Sturz verhindern kann – im Nachhinein scherzt der Sportliche Leiter, dass er bei Geschke nur für den entscheidenden Adrenalinschub sorgen wollte, der ihn schließlich zum Sieg führt.

Die Abfahrt vom Col d'Allos in Richtung Barcelonnette gilt als eine der gefährlichsten in ganz Frankreich. Ist das auch Ihr Eindruck?
Ich bin da gut runtergekommen, war auch ziemlich furchtlos. Ich war sehr ruhig unterwegs, habe immer die Ideallinie getroffen, hätte vielleicht an der einen oder anderen Stelle mehr Risiko gehen können. Ich dachte aber, dass ich mehr Zeit verliere, wenn ich mich mal verbremse, statt die ganze Zeit mit ein bisschen Reserve zu fahren. Es ging für mich darum, so schnell wie möglich herunterzukommen und dabei so wenig wie möglich zu treten, um mich bei der Abfahrt etwas zu erholen.

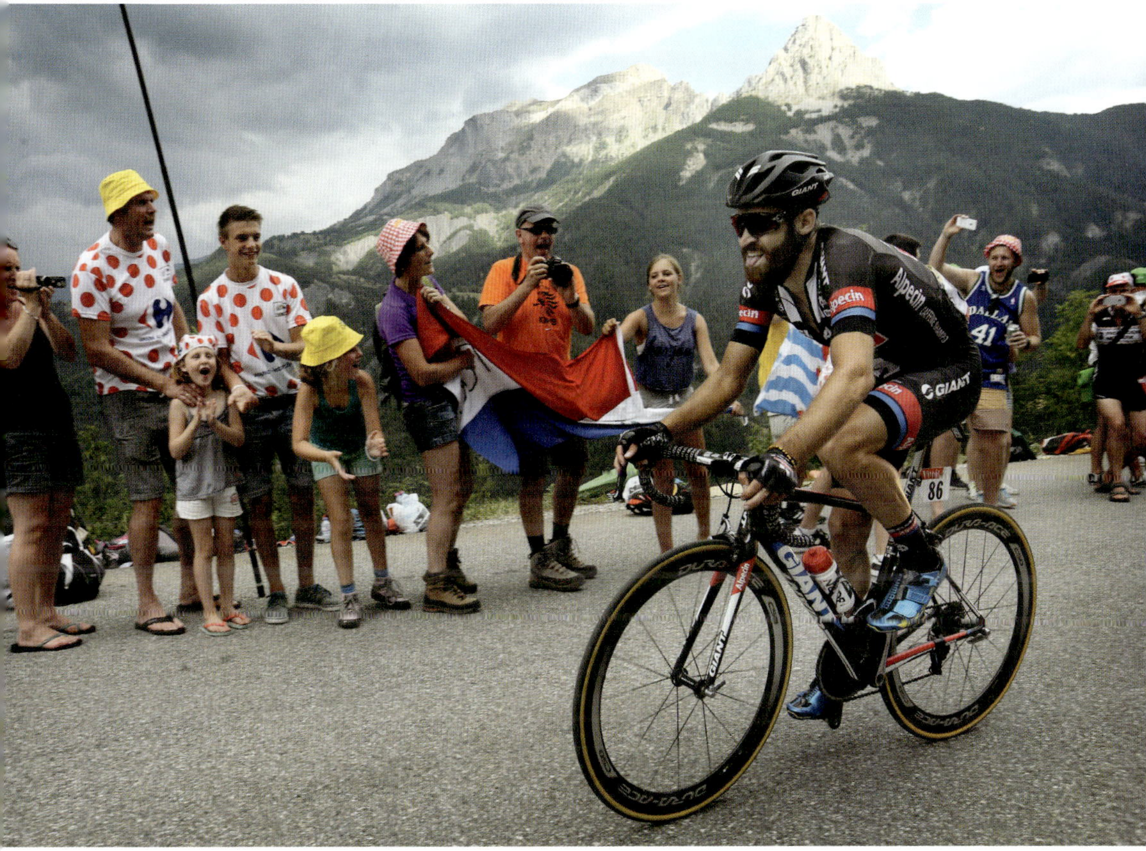
Alpecin
GIANT
86

IM FOKUS: PRA LOUP – DER BERG, AN DEM DIE ÄRA VON EDDY MERCKX ENDETE

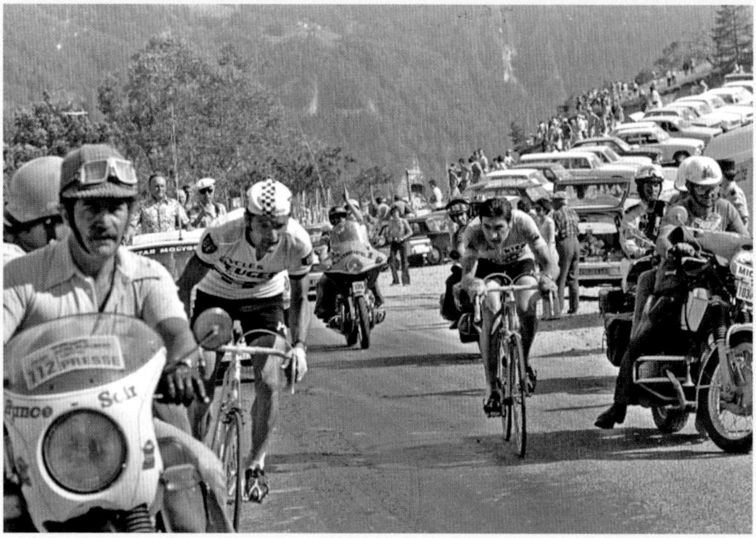

Das Finale der Tour-de-France-Etappe 2015 war identisch mit dem Schlussstück einer Etappe der Frankreich-Rundfahrt exakt 40 Jahre zuvor, die in die Radsportgeschichte einging: Am 13. Juli 1975 ging in Pra Loup die Ära von Eddy Merckx zu Ende. Noch im Frühjahr hatte der »Kannibale« das Peloton wie in den Vorjahren dominiert, mit seinem sechsten Sieg bei Mailand–Sanremo, dem zweiten Sieg bei der Flandern-Rundfahrt und dem fünften Sieg bei Lüttich–Bastogne–Lüttich. Merckx schien also auf dem besten Weg, in diesem Jahr seine sechste Tour zu gewinnen. Doch dann kam alles anders: Auf der 14. Etappe zum Puy de Dôme schlug ein Zuschauer Merckx, Träger des Gelben Trikots, in den Magen. Der Belgier schaffte es noch ins Ziel, allerdings mit großen Atembeschwerden, und behielt auch die Führung im Gesamtklassement, mit rund einer Minute Abstand zu Bernard Thévenet.

Nach dem folgenden Ruhetag ging es für die Fahrer von Nizza nach Pra Loup, zum Skiort oberhalb von Barcelonette, der im Département Alpes-de-Haute-Provence liegt. Am Col d'Allos attackierte Merckx den Franzosen erfolgreich und schien sich so einen weiteren Tag das Gelbe Trikot sichern zu können. Doch im Schlussanstieg nach Pra Loup brach Merckx ein und wurde zwei Kilometer vor dem Ziel von Thévenet überholt. Sechs Tage später fuhr der Franzose als Gesamtsieger in Paris ein. Im Nachhinein erklärte Merckx seinen Einbruch mit einer falschen medikamentösen Behandlung seiner Beschwerden nach dem Faustschlag. Doch es gelang dem Belgier in den restlichen zwei Jahren seiner Profikarriere nie wieder, das Gelbe Trikot zu tragen. Die Epoche der Merckx'schen Dominanz war in Pra Loup beendet worden.

Als Geschke mit rund eineinhalb Minuten Vorsprung in den letzten Berg der Etappe fährt, trennen ihn noch 6,2 Kilometer vom größten Sieg seiner Karriere. Mit knapp über 400 Höhenmetern ist die Auffahrt nach Pra Loup zwar nur ein Berg der zweiten Kategorie, auch die durchschnittliche Steigung von 6,5 Prozent ist vergleichsweise moderat. Doch der Anstieg setzt Geschke schon am Fuße des Berges zu: Als der Berliner nach der Abfahrt mit 500 Watt in den letzten Berg sprintet, krampft sofort die kalt gewordene Beinmuskulatur. Geschke quetscht sich ein Gel in die Mundhöhle und nimmt eine Minute lang das Tempo deutlich zurück. 200 oder 250 Watt, das ist noch weniger als seine typische Trainingsintensität.

Der Körper bebt vor Schmerzen

Auf dem ersten Kilometer des Anstiegs verliert Geschke wieder eine halbe Minute auf Talansky, der als besserer Bergfahrer gilt. Doch dann zieht der Deutsche das Tempo an und stabilisiert den Abstand. Zwei Kilometer vor der Ziellinie passiert Geschke ein großes Banner mit der Aufschrift »*Thévenet: Le tombeur du cannibale*« (»Thévenet: der Bezwinger des Kannibalen«), das an den französischen Radprofi erinnert, der 40 Jahre zuvor an diesem Berg die Ära von Eddy Merckx beendete (siehe linke Seite). Geschke weiß, dass er es sich nicht erlauben kann, sein Tempo wieder zu reduzieren, dafür ist Talansky zu dicht hinter ihm. Die Schmerzen im gesamten Körper werden immer größer, doch Geschke beißt die Zähne zusammen. Nach über vier Stunden im Sattel fährt er schließlich unter der Flamme Rouge hindurch – und glaubt zum ersten Mal an dem Tag, dass er wirklich den Etappensieg schaffen kann.

An was können Sie sich auf den letzten tausend Metern erinnern?

An nicht sehr viel – das ist so, als ob man betrunken ist, man fährt wie durch einen Tunnel, ich habe alles nur gedämpft wahrgenommen. Mein Körper hat sich gegen jeden Tritt gewehrt. Die Beine haben zugemacht, nachdem ich über eine Stunde Vollgas gefahren war. Ab und zu habe ich ein paar deutsche Schreie im Publikum gehört. Auf den letzten hundert Metern habe ich mich viel umgeschaut, weil ich dachte, dass die auf dem Motorrad auch bei den Zeittafeln Fehler machen können. Mein

Sportlicher Leiter sagte mir aber immer wieder per Funk, dass da keiner mehr kommt. Ich kann mich dann wieder genau an den Moment erinnern, als ich über die Ziellinie fuhr.

Und zwar mit 31 Sekunden Vorsprung auf Andrew Talansky. War das Ihr wichtigster Sieg?
Ja, und da kommt auch kein anderer Sieg mehr ran: Ich glaube nicht, dass ich noch mal Weltmeister oder Olympiasieger werde. Der Sieg bei der Tour-Etappe war ganz wichtig für mich, weil die Tour das erste Rennen war, bei dem ich schon als Kind mitgefiebert hatte. Als Jan Ullrich die Tour gewann, war das ein Schlüsselmoment für mich.

Sie haben nachher gesagt: »Heute habe ich es mit der Brechstange versucht. Ich hatte einfach keine Lust mehr, immer nur Dritter, Vierter oder Fünfter zu werden.« Der Helfer wollte ins Rampenlicht?
Die Attacke war alles oder nichts. Bei den großen Rundfahrten war ich mehrfach bei einzelnen Etappen unter den Top Ten und Top Five. Das wird vom Team gewürdigt, aber am nächsten Tag redet da keiner mehr drüber. Bei einem Etappensieg ist alles auf einmal anders.

Im Ziel übermannen die Gefühle den sonst so kontrollierten Geschke. »Ich habe hier nichts zu suchen«, stammelt er mit tränenfeuchten Augen in die Mikrofone der Weltpresse – der Blick wandert zum Siegerpodest, auf dem er gerade zum ersten Mal bei einer Tour de France ganz oben stand. Normalerweise sei er gar nicht so dicht am Wasser gebaut, »doch es ist alles so surreal«. Als er sich dabei die Tränen aus den Augen wischt, kommt das sonst meist verdeckte Tattoo wieder zum Vorschein. Rock 'n' Roll – so wie die ersten Rockbands mit ihren lauten Gitarren gegen die Dominanz der Schnulzen protestierten, hat sich Geschke gegen seine eigene Helferrolle aufgelehnt. Born to be wild, zumindest einen Tag lang.

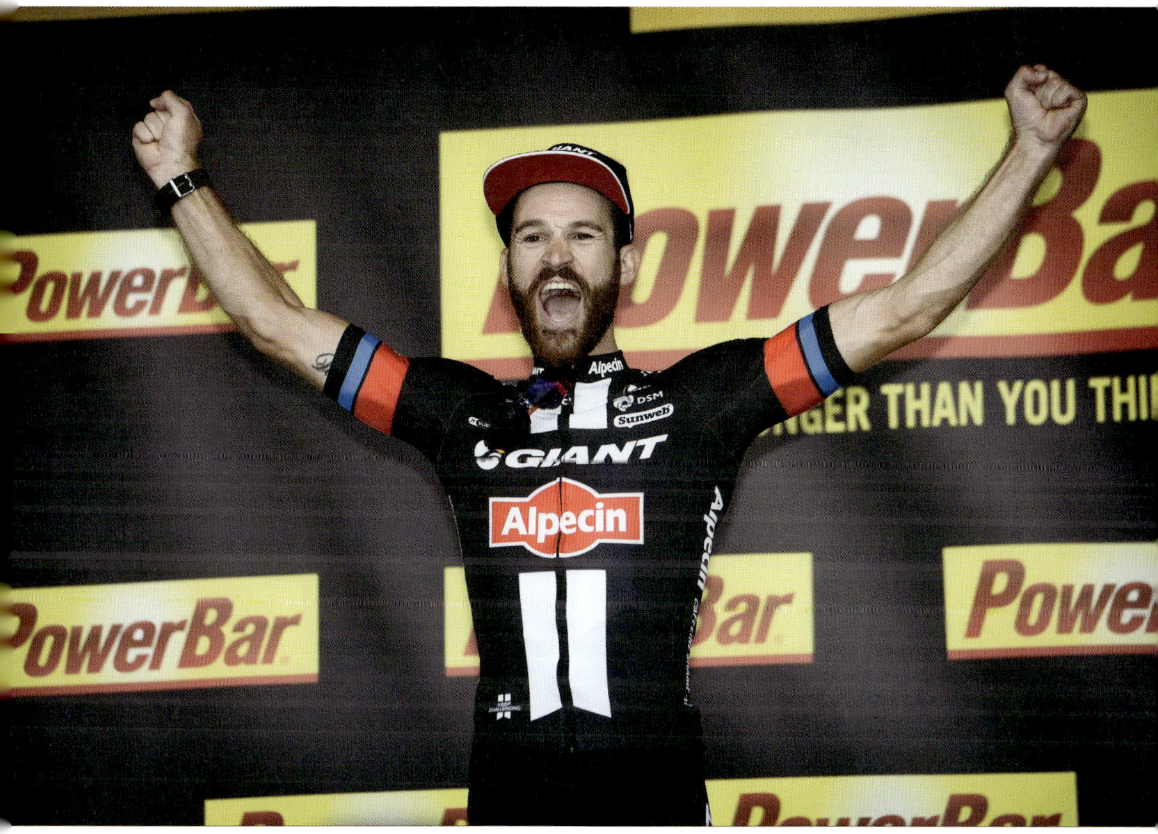
PowerBar
GIANT
Alpecin
Sunweb
DSM

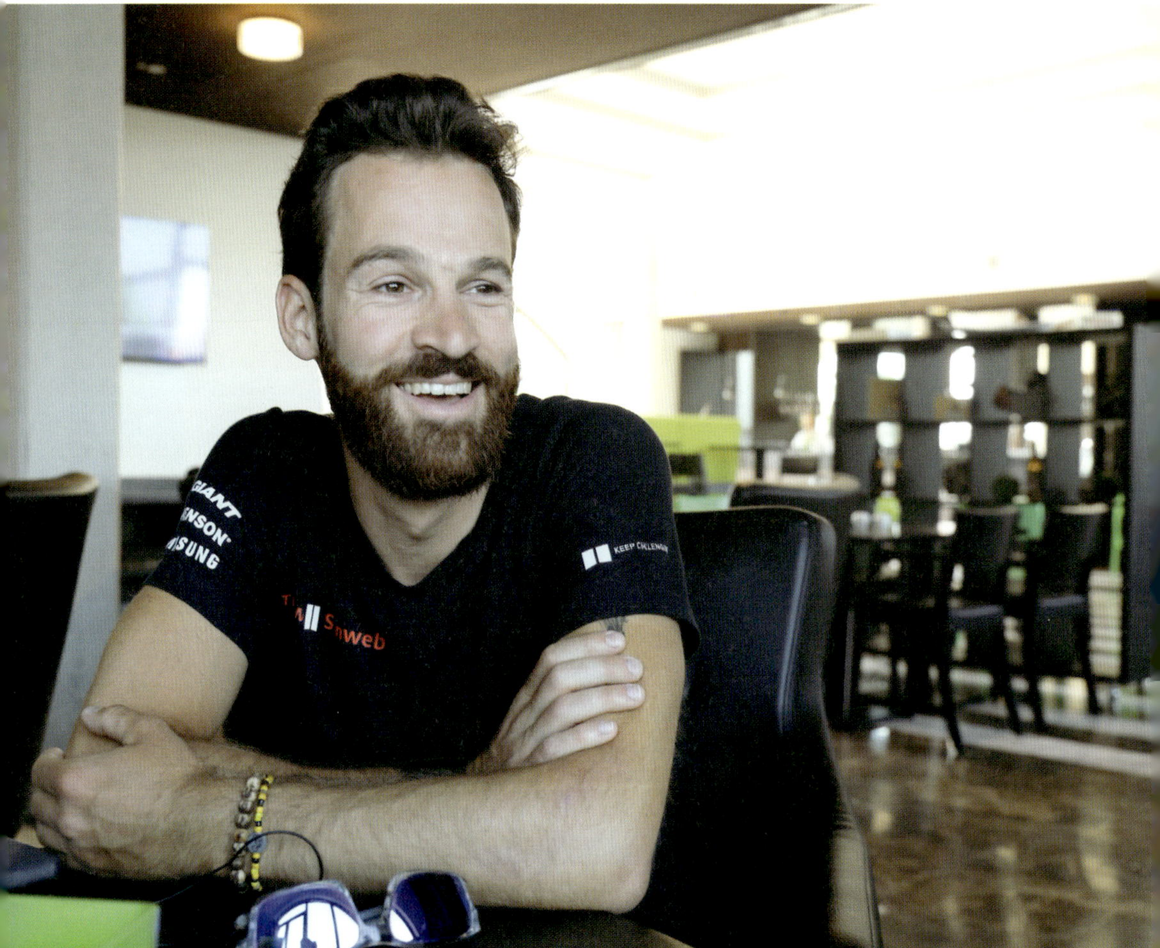

SIMON GESCHKE

Geboren: 13. März 1986 in Berlin
Nationalität: deutsch
Profil: Helfer, Allrounder

Teams:
seit 2019 CCC Santa Rosa
2017–2018 Team Sunweb
2014–2016 Giant-Shimano / Giant-Alpecin
2012–2013 Team Argos-Shimano
2009–2011 Skil-Shimano
2008 Team Milram (Stagiaire)

Größte Erfolge:
1 Etappensieg Tour de France (2015)
1 Etappensieg Critérium International (2011)
Sieger Grand Prix Kanton Aargau Gippingen (2014)

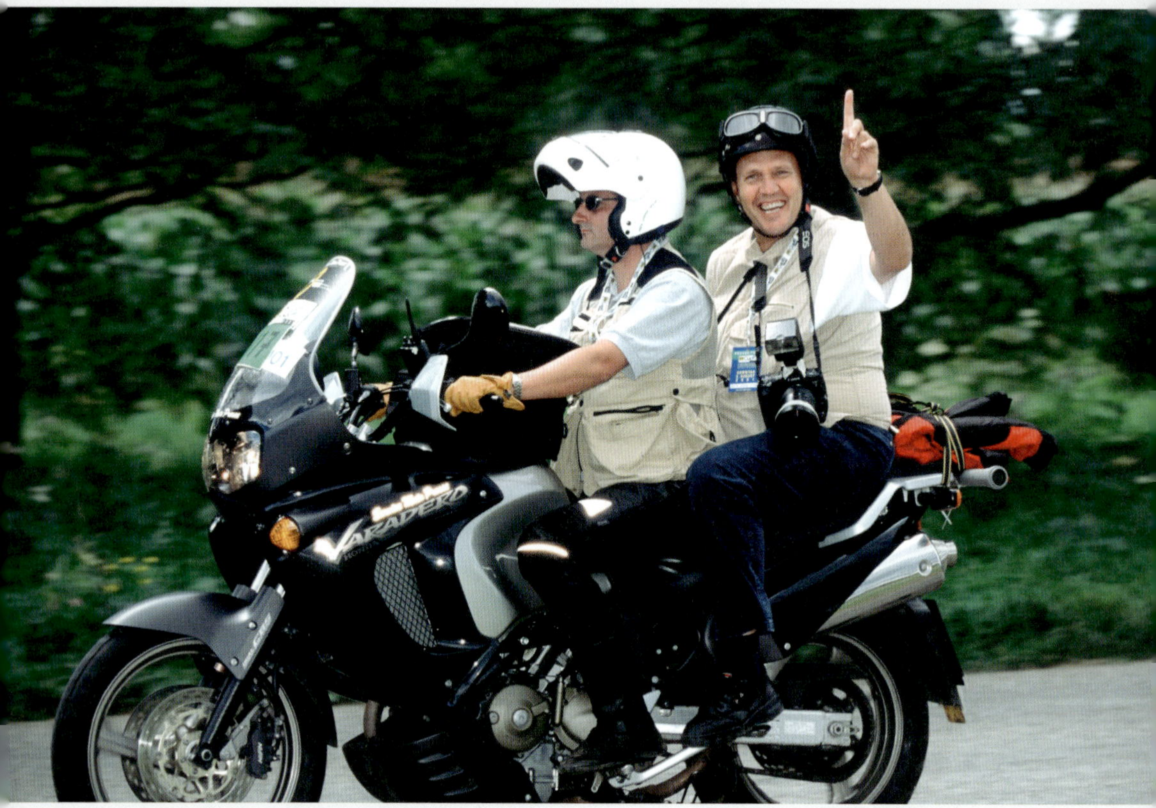
VARADERO

»MAN HÖRT NUR DAS SIRREN DER CARBONFELGEN UND DAS KLACKEN DER SCHALTUNGEN«

Hennes Roth über das Finale von Radrennen aus Sicht eines Fotografen

Hennes Roth ist einer der bekanntesten Radsportfotografen weltweit. Mehr als vier Jahrzehnte lang, von Beginn der 1970er Jahre bis zum Ende der Saison 2013, begleitete er den internationalen Profi- und Amateurzirkus als Bildreporter. Und auch heute noch greift der gebürtige Kölner ab und zu zur Kamera. Im Covadonga Verlag ist ein opulenter Bildband mit einer Auswahl von Roths besten Aufnahmen erschienen, mit dem Titel »Tourleben«.

Welchen Stellenwert hat die Flamme Rouge für Sie als Fotograf?
Hennes Roth: Grundsätzlich einen hohen, aber als Fotograf bekomme ich die letzten tausend Meter meist gar nicht so gut mit. Ich stehe meistens am Ziel und warte. Wenn der Kommentator durchgibt, dass die Fahrer an der Flamme Rouge vorbeifahren, bedeutet das für uns, dass wir uns so langsam fertigmachen müssen. Manchmal habe ich mich mit anderen Fotografen abgesprochen, dass einer auf dem Motorrad hinter dem Feld und der andere von vorne im Zielbereich fotografiert.

Was haben Sie lieber gemacht?
Beides. Mit zunehmendem Alter hatte ich allerdings immer mehr Angst, auf dem Motorrad mitzufahren. Auslöser war ausgerechnet ein Sturz in der Dusche, der ein Gehirnbluten ausgelöst hat, das lange Zeit unentdeckt blieb. Danach hatte ich oft Angst zu stürzen, besonders hinten auf dem Motorrad.

Sowohl vom Motorrad aus als auch vom Rand der Strecke haben Sie oft sehr individuelle Fotos von Fahrern geschossen, einprägsame Momentaufnahmen. Fotos mit Teleobjektiv im Zielbereich sind dagegen meist nicht sehr originell…
Richtig, diese Fotos sind für mich als Fotograf nicht so reizvoll. Aber es sind meist genau solche Fotos, die von den Medien gewünscht werden. Ich versuche dennoch, mich auch dort abzuheben, beispielsweise mit

Weitwinkel- oder Fischaugen-Objektiven. Oder eben mit Fotos, die ich hundert Meter hinter der Ziellinie mache, um die Emotionen der Fahrer einzufangen. Das sind oft sogar schönere Bilder als die Zielfotos.

... die im Autofokus-Zeitalter auch handwerklich nicht so anspruchsvoll sind?

Wenn man halbwegs auf Zack ist, sind die meisten Fotos heute auch scharf. Früher, als man mit der Hand scharf stellen musste, waren es vielleicht nur zwei oder drei Fotos, die gelungen waren. Auch die Belichtung war viel anspruchsvoller. Bei Dias hat eine Drittel Blende oft einen großen Unterschied gemacht. Heute kann man mit Photoshop das meiste korrigieren.

Was kann dennoch schiefgehen?

Dass Sie den falschen Fahrer fotografieren. Wenn die Straße sehr breit ist, müssen Sie sich manchmal für einen der Fahrer entscheiden, bevor er über die Ziellinie rollt. Ich war bei der Tour de France bei einem Sprinterduell von André Greipel und Mark Cavendish im Zielbereich dabei. Der eine fuhr rechts, der andere links. Als Deutscher habe ich quasi automatisch Greipel ins Visier genommen und mich, während ich ihn durchs Objektiv beobachtete, gewundert, dass er nicht die Hände zum Sieg hochgerissen hat. Das passiert jedem Fotografen einmal.

Welche weiteren Eindrücke jenseits der Flamme Rouge sind Ihnen besonders in Erinnerung geblieben?

Was mich immer wieder fasziniert, ist die Geräuschkulisse im Finale: Wenn die Fahrer kommen, hört man das Sirren der Carbonfelgen und das Klacken der Schaltungen. Sonst herrscht oft absolute Stille im Feld – faszinierend. Daneben habe ich natürlich viele Stürze gesehen. Bei gefährlichen Ankünften habe ich mich auch immer mal wieder ein paar hundert Meter vor dem Ziel postiert, weil ich dort Probleme erwartet habe. Kurios war eine Zielankunft der Rheinland-Pfalz-Rundfahrt vor vielen Jahren, bei der die Fahrer von beiden Seiten über den Zielstrich gefahren sind – ich weiß nicht, warum die Fahrer fehlgeleitet wurden. Bei früheren Rennen hat man es schon öfter erlebt, dass sich Fahrer verfahren haben, was man heute allerdings nur noch selten erlebt.

Wie gefährlich ist es für die Fotografen im Zielbereich? Es gab ja hinter der Ziellinie bereits Kollisionen von Rennfahrern mit Kollegen von Ihnen.

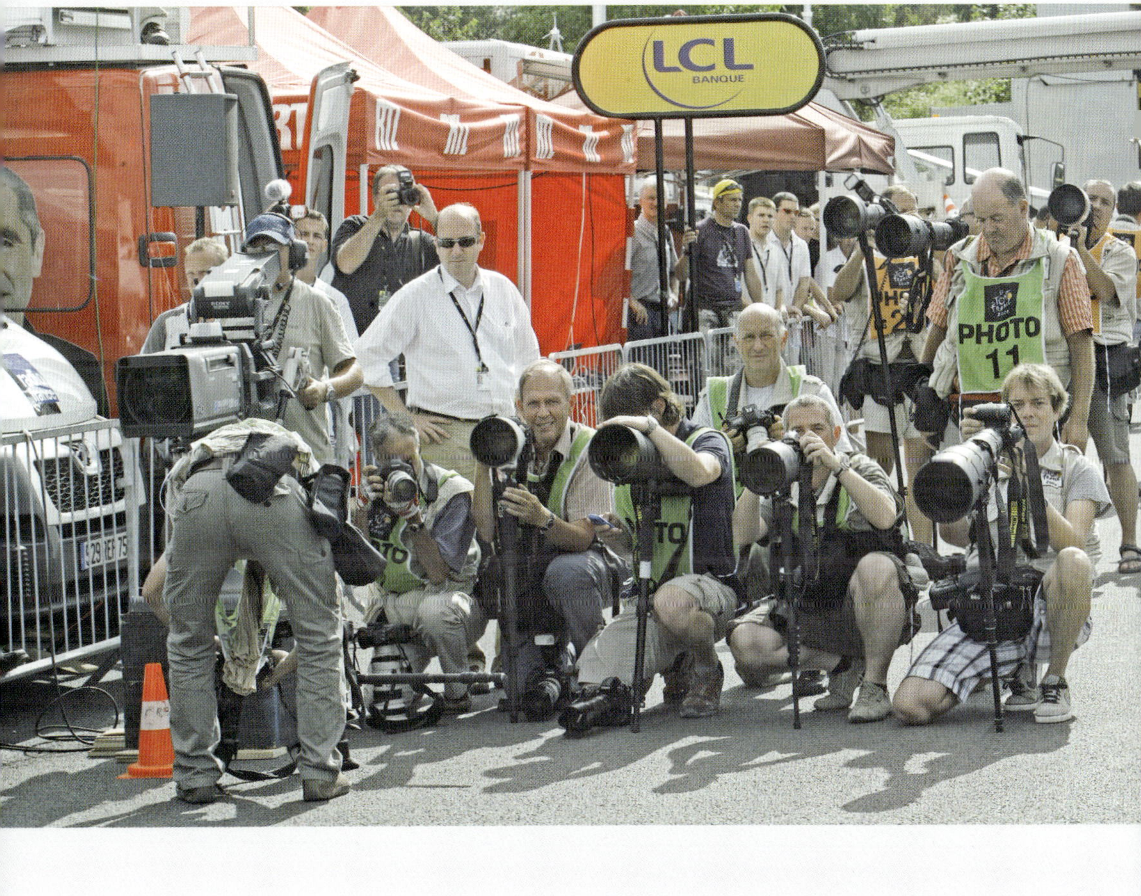
LCL
BANQUE
PHOTO
11

Der Platz für die Fotografen ist bei einigen Rennen zu nah am Zielstrich. Da können wirklich schlimme Unfälle passieren, meistens jedoch sind eher unerfahrene Kollegen betroffen. Die sitzen teilweise auf ihren Fototaschen und können, wenn es gefährlich wird, gar nicht schnell genug wegspringen. Ich lasse immer neben mir einen Freiraum, in den ich notfalls springen kann. Durch das Teleobjektiv werden die tatsächlichen Abstände zu den Fahrern verzerrt, man vertut sich da schnell.

Sie haben sich oft ungewöhnliche Positionen gesucht, um von dort zu fotografieren, eine mobile Aussichtsplattform beim Skoda Velothon in Berlin etwa. Welche noch?
Bei der Weltmeisterschaft im spanischen Benidorm 1992 habe ich von einem Hochhausbalkon aus fotografiert. Die Strecke lag direkt an der Strandpromenade. Ich dachte mir: Nutz die Zeit der ersten Runden, bei denen oft nur spazieren gefahren wird, um in einen der Appartementtürme zu kommen und ein Bild von oben zu machen. Ich sah im sechsten oder siebten Stock ein älteres Ehepaar auf dem Balkon sitzen und gestikulierte zu ihnen hoch. Der Mann war dann ein paar Minuten später unten und öffnete mir das Stahltor am Eingang. Oben musste ich mit den beiden Kaffee trinken und erklären, woher ich kam, bevor ich Fotos machen konnte. Ich hatte sogar Angst, dass ich es nicht rechtzeitig wieder bis zum Finale nach unten schaffen würde.

Sie haben sich stets akribisch auf Rennen vorbereitet, haben beispielsweise bei Paris–Roubaix intensiv Karten von Wirtschaftswegen studiert, um mit dem Auto möglichst schnell zu verschiedenen Sektoren der Strecke zu gelangen. Sie haben aber nie den Zieleinlauf verpasst. Wie ist Ihnen das gelungen?
Ich bin Teilstücke der Strecke meist am Vortag abgefahren und habe mir die Wege eingeprägt – manchmal sind mir andere Fotografen dabei gefolgt (lacht). Ich hatte allerdings von meinem Vater viel mitbekommen. Er war stark im Radsport engagiert und hat mich oft zu Rennen mitgenommen. Er sagte dann, als ich etwa zwölf Jahre alt war: Ich fahre jetzt da lang, wo du es mir sagst. So habe ich schnell gelernt, Karten zu lesen.

Hinter dem Zielstrich herrschen oft die großen Emotionen, totale Freude oder auch Erschöpfung…
Ich habe kaum einen Fahrer erlebt, der sich so verausgaben kann wie Tony Martin. Als Zeitfahrer muss er das natürlich auch. Aber er ist offen-

bar extrem härter gegen sich selbst als andere, und das sieht man oft hinter der Ziellinie.

Gibt es einen Kodex unter den Fotografen, bestimmte Szenen dort nicht zu fotografieren?

Wenn es Fahrern hinter der Ziellinie nicht gut ging, habe ich das nicht fotografiert oder zumindest diese Bilder nicht angeboten. Gleiches gilt für die Bilder von gestürzten Fahrern, die dabei umgekommen sind. Als freier Fotograf hatte ich diese Freiheit. Angestellte Fotografen werden von ihren Chefs oft gezwungen, auch solche Bilder zu liefern.

Auf den Zieleinlauf folgt die Siegerehrung. Mehr als langweilige Routine-Arbeit?

Das ist meist eher langweilig – aber auch solche Bilder wollen die Zeitungen haben. Es gab jedoch Ausnahmen wie nach der neunten Etappe der Tour de France 2011. Zuvor war ein Auto mit VIP-Gästen mit dem Spanier Juan Antonio Flecha kollidiert, der Niederländer Johnny Hoogerland wurde vom Sturzopfer erfasst und flog in einen Stacheldrahtzaun. Trotz der schweren Verletzungen fuhr Hoogerland weiter und musste, weil er auf der Etappe das Bergtrikot übernommen hatte, auch aufs Podium. Er kam als Letzter, nach langer Wartezeit des Publikums, fing auf einmal ganz erbarmlich an zu weinen – ich bekomme immer noch eine Gänsehaut, wenn ich das erzähle. Raymond Poulidor stand mit auf der Bühne und hat auch geweint. Das hatte ich noch nie erlebt.

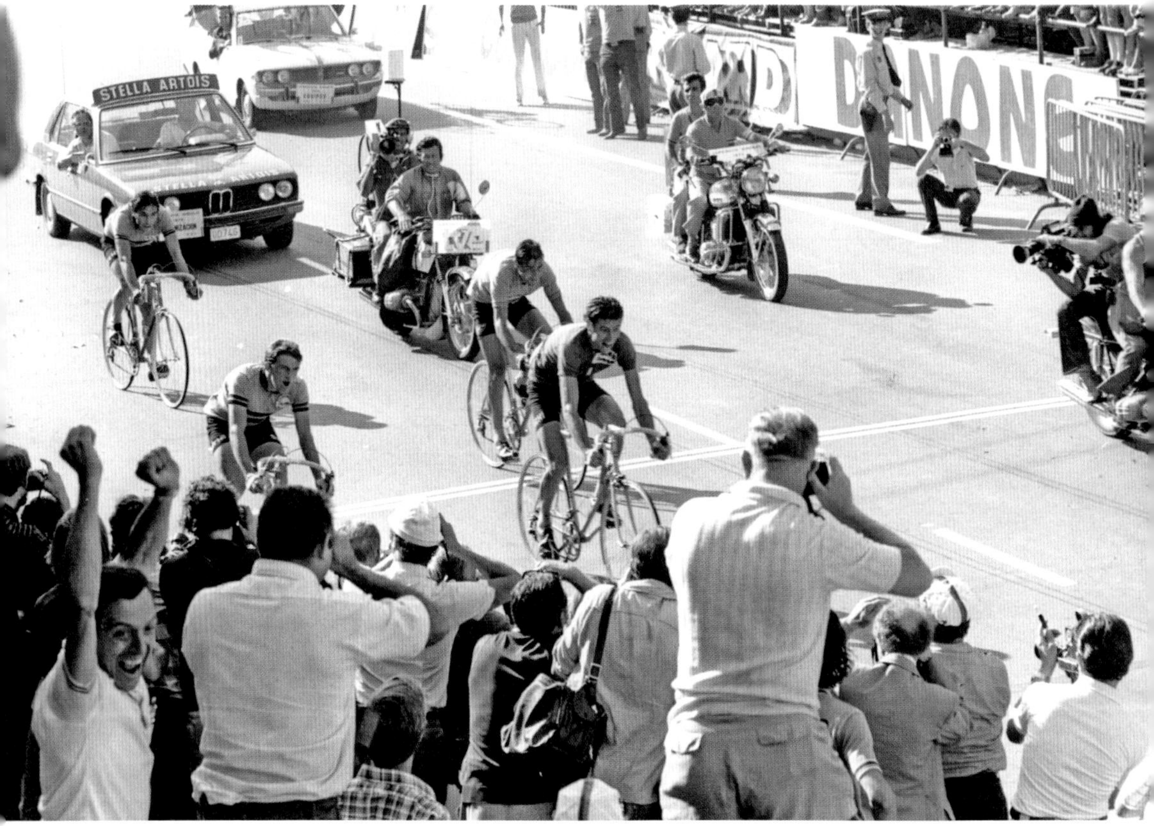
STELLA ARTOIS

DAS KOMPLOTT DES KANNIBALEN

Straßenweltmeisterschaft 1973, Barcelona, 2. September

Freddy Maertens hat schon früh in seiner Radsportkarriere erleben müssen, wie es ist, wenn sich die Welt offenbar gegen einen verschworen hat und einem alles genommen wird. Im einen Fall hat er einen großen Sieg als Radsportler eingebüßt, im anderen Fall sogar sein gesamtes Vermögen verloren. Mit den Folgen beider Vorkommnisse musste er Jahrzehnte leben.

Die Luft flimmert am Nachmittag des 2. Septembers 1973 über dem Asphalt der Motorsportrennstrecke Circuito de Montjuïc, als sich vier Fahrer dem Ziel nähern. 247 Kilometer liegen hinter ihnen, mehr als 16 schwere Runden à 14,6 Kilometer rund um und über den Montjuïc, den Hausberg Barcelonas. Die große Hitze – über 40 Grad Lufttemperatur – sorgt an dem Tag dafür, dass von den 87 gestarteten Teilnehmern der Straßen-Weltmeisterschaft nur noch weniger als die Hälfte unterwegs ist.

Hinter den Straßenabsperrungen jubeln Tausende Zuschauer, denn zum führenden Quartett gehört Luis Ocaña, der spanische Radsportstar, der sechs Wochen zuvor die Tour de France gewonnen hat. Vor ihm fährt Felice Gimondi, Tour-Sieger des Jahres 1965, im blauen Trikot der italienischen Nationalmannschaft. An der Spitze liegen zwei belgische Fahrer, der sprintstarke 21-jährige Neoprofi Freddy Maertens, gefolgt von seinem Landsmann Eddy Merckx – dem siegeshungrigen »Kannibalen«, zu dem Zeitpunkt bereits mit je vier Tour- und Giro-Siegen dekoriert.

Zwei Runden vor dem Finale war Merckx am Anstieg zum Castillo de Montjuic aus der Gruppe ausgerissen, und ausgerechnet Maertens hatte die Lücke zugefahren, was beim belgischen Superstar sichtlich für Verstimmung gesorgt hat, denn: Am Vorabend hatten die Fahrer der belgischen Equipe ihre Taktik besprochen. Auf eine gemeinsame Strategie konnten sie sich zwar nicht einigen – Merckx hatte den Fahrern, die ihn unterstützten, für den Fall seines Siegs jeweils eine Prämie von 100.000 Belgischen Franc versprochen, was Roger De Vlaeminck und Maertens ausgeschlagen hatten. Doch zumindest wurde von allen vereinbart, dass bei einer Attacke eines belgischen Fahrers kein anderer Belgier kontern solle, solange er Rivalen aus anderen Nationen mitzuziehen droht. Im Rennen wittert Merckx den Bruch dieser Absprache: Denn als Maertens zu ihm aufschließt, dauert es nicht lange, bis auch Gimondi und Ocaña die Lücke zufahren.

Im Sprint lässt Merckx abreißen

Es folgt ein dramatisches Finale: Zwei Kilometer vor dem Ziel setzt sich Maertens vor Merckx an die Spitze und zieht das Tempo an. Hinten hat Ocaña Probleme, an der Gruppe dranzubleiben. Vor der letzten Kurve des Rennens, rund 350 Meter vor dem Zielstrich, verschärft Maertens das Tempo erneut und setzt bald darauf zum finalen Sprint an – früher als es bei Sprintern sonst üblich ist. Die Zuschauer erwarten, dass der belgische Superstar im nächsten Moment Maertens überholt und sich den Sieg sichert. Doch Merckx lässt abreißen. Und plötzlich sieht der junge Mannschaftskollege wie der sichere Sieger aus, was der allerdings noch gar nicht erkennt.

Erst hundert Meter vor dem Ziel dreht Maertens den Kopf zur Seite und bemerkt, dass Merckx schon zurückgefallen ist. Sichtlich irritiert, nimmt er kurzzeitig Tempo raus: Will er auf Merckx warten? Doch da zieht Gimondi auf einmal links an ihm vorbei. Maertens versucht zu kontern, was jedoch durch Gimondi vereitelt wird. Der Italiener verlässt seine Linie und fährt mit ausgeklapptem Ellbogen Maertens in die Parade – sogar die Schultern der Fahrer berühren sich. So gewinnt der Italiener am Ende mit hauchdünnem Vorsprung seinen ersten Weltmeistertitel, vor Maertens, Ocaña und Merckx, der auf den letzten 50 Metern längst die Beine hochgenommen hat.

Es dauert nicht lange, bis der junge Belgier für die Niederlage des »Kannibalen« verantwortlich gemacht wird – erst die Merckx-Attacke beendet, dann den Zielsprint so scharf angesetzt, dass der Teamkollege keine Chance mehr hatte zu folgen. So lautet nicht nur der Vorwurf der Merckx-Fans, sondern mehrheitlich auch der belgischen und französischen Presse. Den großen Merckx düpiert – das kommt Majestätsbeleidigung gleich. Erinnerungen werden wach an das innerbelgische Duell von Benoni Beheyt und Rik Van Looy bei der Weltmeisterschaft vor heimischem Publikum zehn Jahre zuvor: Auf der einen Seite Van Looy, der in seiner Karriere – wie Merckx später – alle fünf Monumente des Radsports gewinnen konnte; auf der anderen Seite der sieben Jahre jüngere Herausforderer Beheyt. Und zur Empörung vieler Radsportfans verhinderte Beheyt den dritten Sieg von Van Looy bei der WM, entgegen einer zuvor getroffenen Absprache, indem er sich an dessen Trikot festhielt und sich selbst über die Ziellinie vorbeischob. Angeblich haben beide Fahrer danach nie mehr ein Wort miteinander gesprochen.

Auch das Verhältnis von Maertens und Merckx, schon vor dem Rennen in Barcelona angespannt, verschlechtert sich nach dem Zieleinlauf schlagartig. Am Tag nach dem Rennen sitzen beide Fahrer in einem belgischen Fernsehstudio. »Ich glaube nicht, dass wir ab jetzt Feinde sind, jeder wird einfach sein Rennen für sich fahren«, versichert Merckx zwar vor laufenden Kameras. Doch schon seine Miene verrät: Das Gegenteil ist der Fall. Über 30 Jahre gehen sich die beiden fortan nach Möglichkeit aus dem Weg, immer wieder lassen sie böse Worte über den anderen fallen.

Spanischer Stachel sitzt immer noch tief

Die Unversöhnlichkeit, mit der sich die Rivalen in den Jahrzehnten nach Barcelona begegnen, ist dadurch bedingt, dass die Perspektiven auf und die Erinnerungen an das WM-Rennen total unterschiedlich ausfallen. Das wird schon unmittelbar nach der Zieleinfahrt deutlich, als Maertens seinem Landsmann ein »Du Schwein!« ins Gesicht schleudert. 20 Jahre später fasst Maertens das Rennen in seiner Autobiografie »Niet Van Horen Zeggen« als »dreckigstes Komplott, das je gegen mich geschmiedet wurde«, zusammen. Und auch heute noch sitzt der spanische Stachel tief im Fleisch des früheren Radprofis.

Sie waren zum Zeitpunkt der WM in Barcelona 1973 noch nicht lange als Profi unterwegs.

Freddy Maertens: Knapp mehr als ein Jahr. Nach den Olympischen Spielen 1972 in München, bei denen Hennie Kuiper auf der Straße die Goldmedaille gewann, habe ich meine ersten Rennen als Profi absolviert.

Und wurden schon damals kritisch von Eddy Merckx beäugt?
Wenn ein junger Radfahrer Profi wird, hat er immer alle Großen gegen sich, das ist normal. Als ich Profi wurde, waren da eben schon Frans Verbeeck, Walter Godefroot, Eddy Merckx und Roger De Vlaeminck, die ihr Revier verteidigen wollten.

Der junge Eindringling rauschte damals mit bereits langem Palmarès in den erlesenen Zirkel der belgischen Radsporthelden: In seiner Junioren-Karriere siegte er 64 Mal, als Amateur gewann er nicht nur 28 Rennen, sondern 1971 auch die Belgische Meisterschaft sowie im selben Jahr die Vizeweltmeisterschaft. Im Frühjahr 1973 siegte Maertens als Neoprofi beim Großen Scheldepreis und bei den Vier Tagen von Dünkirchen. Außerdem wurde er Zweiter bei der Flandern-Rundfahrt, geschlagen nur von seinem Landsmann Eric Leman, aber einen Platz vor dem sonst so übermächtigen Eddy Merckx. Weitere 1973er-Erfolge: Dritter bei Rund um den Henninger Turm, Achter beim Amstel Gold Race.

Im Rückblick erklärt Maertens, dass er in seinen jungen Jahren zwar jede Gelegenheit nutzen wollte, um Merckx zu schlagen und so Erfahrungen zu sammeln. Nicht jedoch in Barcelona, wo er Merckx nach Leibeskräften habe unterstützen wollen.

Wie hat sich die Fluchtgruppe auf der Rennstrecke im Montjuïc-Park formiert?
Zwei Runden vor Schluss hat Merckx vor dem Hausberg Barcelonas, dem Montjuïc, attackiert – und zwar kurz nachdem ich ihm signalisiert hatte, Tempo rauszunehmen, weil ich einen Krampf spürte. Ich habe dann die Verfolgung von Merckx aufgenommen.

Was Ihnen nachher von vielen vorgeworfen wurde.
Zu Unrecht. Am Vorabend hatten wir im Nationalteam darüber gesprochen, dass dies kein Problem sein würde, solange kein anderer Fahrer von hinten mitspringt. Und das war auch nicht der Fall, ich war 200 oder 300 Meter vor meinen Verfolgern. Der Plan war also, zu zweit die Abfahrt vom Montjuïc in Angriff zu nehmen, wo viel Wind herrschte – weil es also gemeinsam leichter sein würde, den Vorsprung zu halten. Doch als ich zu Merckx aufschloss, verweigerte er die Führung.

Weil Merckx Ihnen misstraut hat?
Das könnte ein Grund gewesen sein.

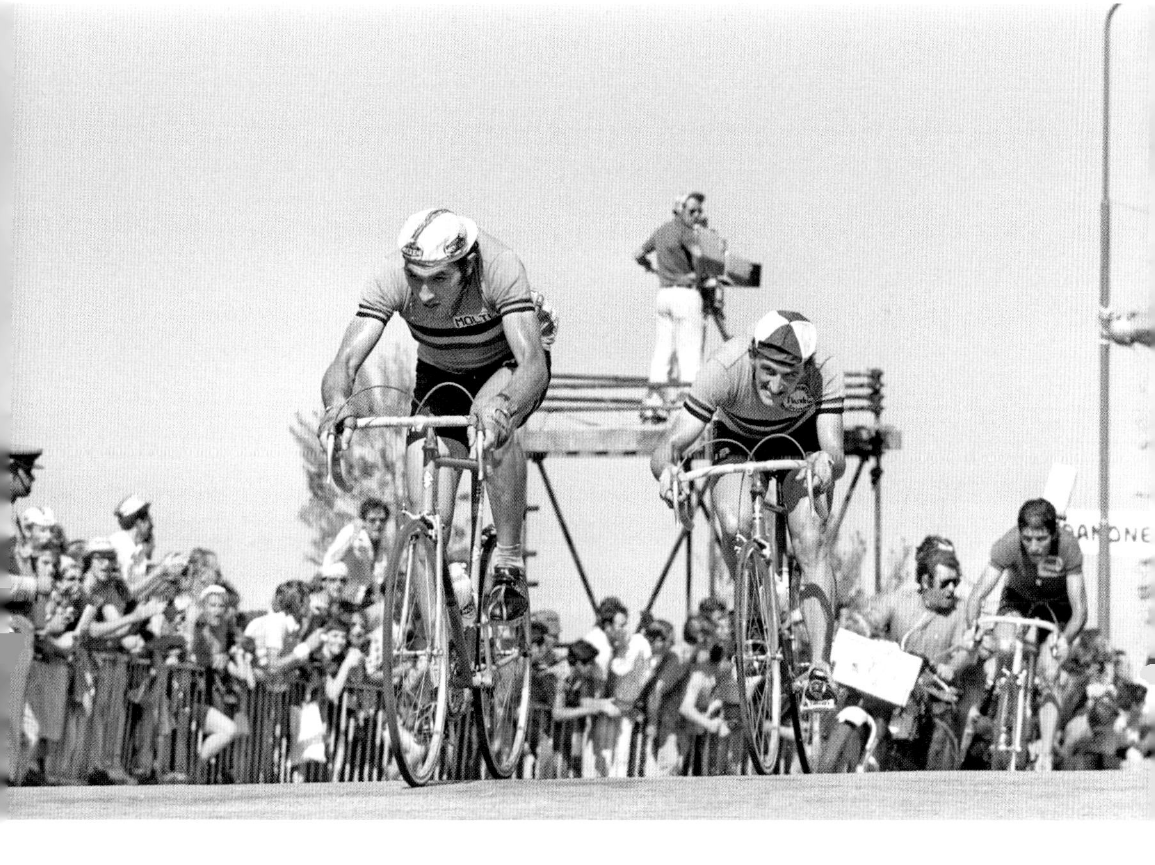

Haben Sie während des Rennens viel mit Merckx gesprochen?
Ja, sicher, ich habe ihn gefragt, was ich für ihn tun kann. Ich habe ihm vier- oder fünfmal im Rennen angeboten, ihm zum Sieg zu verhelfen, und ihm versichert, dass ich mit Platz zwei zufrieden sein würde.

Was hat er geantwortet?
Nicht viel. Unter normalen Umständen wäre es für uns kein Problem gewesen, den Sieg zu holen, zwei Belgier, die im Duell mit einem Spanier und einem Italiener viel Vorsprung haben. Aber so kamen, wider Erwarten, Ocaña und Gimondi wieder an uns heran. Ich bin aber immer noch davon ausgegangen, dass ich den Sprint für Eddy anziehen sollte.

Was Sie früh getan haben, 350 Meter vor der Ziellinie.
Auf seinen Wunsch hin, richtig. Ich habe darauf gewartet, dass er vorbeizieht und gewinnt. Aber er kam nicht, und er hat auch kein Signal gegeben, dass er abreißen lassen muss. Und plötzlich kam Gimondi herangerauscht. Ich habe noch versucht, wieder an ihm vorbeizufahren, aber er hat seine Linie verlassen und mich fast ins Absperrgitter katapultiert. Ich musste dann neu beschleunigen, verlor am Ende aber knapp.

Gimondi hat im Nachhinein in einem Interview erklärt, dass Merckx an dem Tag keine guten Beine hatte – und dass dies der Grund für Merckx' Niederlage war, nicht jedoch eine Sabotage Ihrerseits.
Das sieht man auch daran, dass Ocaña kein guter Sprinter war und sogar noch Dritter wurde, vor Merckx.

Wenn Sie damals für sich selbst gefahren wären…
… hätte ich auf jeden Fall gewonnen, das wäre nicht besonders schwierig gewesen.

Statt also ihm, dem jungen Landsmann, den Sieg zu überlassen, so die Maertens-Auslegung, habe ihn der ermattete Merckx ausgetrickst: Um nicht einzuräumen, dass er keine guten Beine hatte, habe Merckx ihn beordert, viel zu früh den Sprint anzuziehen – nur damit ein anderer Fahrer den ermüdeten Maertens am Ende einholt und abhängt. Daher das »Du Schwein!«, mit dem Maertens seinen Landsmann im Ziel beschimpft. Daher der Vorwurf, dass ihm Merckx den »Dolch in den Rücken gestoßen« habe, wie Maertens in seiner Autobiografie behauptet.

Darin versichert er auch, dass Merckx abends nach dem WM-Rennen im Mannschaftshotel El Rancho seine Trickserei zugegeben und so weitere wüste Beschimpfungen geerntet habe – von Fahrern, die sich um ihre Prämie gebracht sahen.

Machtkampf von Shimano und Campagnolo

Aus der Sicht von Maertens hat das »Komplott« jedoch noch eine weitere Dimension, die erklären soll, warum Merckx ausgerechnet Gimondi zum Sieg verholfen habe. Der eigentliche Machtkampf sei nicht von Merckx und Maertens, sondern von zwei rivalisierenden Komponentenherstellern ausgetragen worden: einerseits dem italienischen Platzhirsch Campagnolo, der Fahrer wie Merckx und Gimondi ausstattete; andererseits dem japanischen Neuling Shimano, der in Europa Fuß fassen wollte und zu diesem Zweck seinerzeit auch Co-Sponsor des belgischen Flandria-Teams war, für das Maertens und Godefroot als Teamleader fuhren. Godefroots Etappensieg bei der Ruta del Sol im Februar 1973 war der erste größere Shimano-Sieg in Europa.

Zwei Tage vor der WM-Austragung, erinnert sich Maertens, habe das belgische Team gemeinsam mit italienischen Fahrern auf der Rennstrecke trainiert, als ein italienisches Teamfahrzeug an Godefroot herangefahren sei. Kein Geringerer als Firmenchef Tullio Campagnolo habe sich hinausgebeugt und ihm gedroht: »Shimano darf auf keinen Fall am Sonntag gewinnen!« Auch Geld sei damals geflossen, Campagnolo habe nicht nur das italienische Team großzügig belohnt, auch Godefroot habe die Hand aufgehalten, behauptet Maertens in seinem Buch.

Hat auch Merckx den Sieg verkauft?

Nein, das glaube ich nicht, dafür war er zu enttäuscht nach dem Rennen. Aber er wollte zumindest lieber einen Italiener auf einem Rad mit Campagnolo-Ausstattung siegen sehen als mich mit Shimano-Teilen. Nach dem Rennen bin ich zu den Vertretern des belgischen Radsportverbands, um eine Beschwerde bei der Rennjury einlegen zu lassen, aber die sagten mir nur: »Die Kollegen beim italienischen Verband sind unsere besten Freunde.«

Wie enttäuscht Merckx nach dem Rennen war, das zeigt die 1974 veröffentlichte und auf YouTube zu sehende Filmdokumentation

»La Course en Tête«: Minutenlang bleibt der Belgier sprachlos auf einem Hocker sitzen, unfähig, auf seine Fans zuzugehen, die ihn trösten wollen. Am Ende setzt sich Merckx ins Teamauto und fährt davon, immer noch mit vollkommen apathischer Miene, den Kopf schüttelnd.

»Maertens hat der Merckx-Generation misstraut«

Godefroot selbst hat die vermeintliche Campagnolo-Verschwörung später heruntergespielt. In der Merckx-Biografie »The Cannibal« von Daniel Friebe erklärt Godefroot, das kurze Gespräch mit Campagnolo beim Training sei nicht mehr als eine Frotzelei gewesen. Er habe dies nicht als Drohung aufgefasst. Maertens habe heillos übertrieben. Ohnehin sei Maertens jemand gewesen, der seiner Generation, der Merckx-Generation, nicht vertraut habe – »obwohl Merckx immer sein Wort gehalten hat«.

Ob Maertens seinem Landsmann zu Recht oder zu Unrecht misstraut hat – es sollte mehrere Jahrzehnte dauern, bis sich Maertens' Bild von Merckx änderte. Von drei entscheidenden Situationen berichtet er rückblickend:

1976 sind wir bei den Weltmeisterschaften in Ostuni angetreten, und das gesamte Team ist für mich gefahren – fast. Nach meinem Sieg habe ich jedem Fahrer, auch Merckx, 250.000 Belgische Franc von dem Geld gezahlt, das ich vom Sponsor bekam. Jahrzehnte später, nachdem Eddy und ich längst mit dem Profiradsport aufgehört hatten, traf ich erneut auf ihn. Eddy verkaufte damals seine Räder, und ich arbeitete für die Schweizer Sportbekleidungsfirma Assos. Bei der Eröffnung einer Filiale nahm er mich zur Seite und gab mir einen Umschlag, darin 250.000 Franc, mit der Begründung, dass er damals auch ein bisschen für sich selbst gefahren sei. »Das ist besser für mein Herz«, sagte er. Und ich antwortete: »Danke, du bist ein großer Champion.«

2007 haben wir uns in einem französischen Hotel getroffen. Ich saß mit anderen Fahrern in der Lobby und sah, wie Merckx ankam, um mit dem Aufzug nach oben zu fahren. Dann sagte ich zu meiner Frau: Den werden wir heute nicht mehr sehen. Doch zehn Minuten später kam er und setzte sich zu meiner Verblüffung in meine Nähe. Später bat er mich um eine Zigarette und fragte, ob wir über Barcelona sprechen könnten. Das taten wir dann, bis in den frühen Morgen.

Als ich 2017 am Herzen krank war, war Eddy übrigens derjenige, der mich am häufigsten angerufen hat. Er hat mir sogar einen speziellen Arzt besorgt, der mich operiert hat. Heute sind wir enge Freunde.

So gab es beim Duell Merckx vs. Maertens schließlich dann doch noch ein Happy End. Anders als bei Maertens' Konflikt mit dem belgischen Fiskus, der für die Karriere des Belgiers ebenso prägend war. Zwar hatte er als Radrennfahrer umgerechnet zwischen 300.000 und 400.000 Euro verdient, doch das Geld war bald weg. Seine Familie geriet zum Ende von Maertens' Profikarriere in schwere Geldnöte.

Was ist damals passiert?
Mein Team Flandria hatte große finanzielle Probleme. Außerdem bekam ich es mit hohen Steuernachzahlungen zu tun, weshalb ich alles verlor: mein Geld, ein Haus, zwei Wohnungen und eine Villa. Ich hätte damals stärker dafür kämpfen müssen, nicht die Immobilien und mein Geld zu verlieren. Aber wir waren zu jung, hatten mit solchen Dingen keine Erfahrung und auch keine guten Berater an unserer Seite. Für mich ging es damals hauptsächlich ums Training, um die Rennen, um die Siege...

Die finanziellen Probleme von Maertens hielten 30 Jahre an, erst 2011 hatte er seine Steuerschulden abbezahlt. Der frühere Radsport-Star war zeitweise arbeitslos, später arbeitete er als Vertreter des Radsport-Bekleidungsherstellers Assos und ab Herbst 2002 im Nationalen Radsportmuseum der belgischen Stadt Roeselare.

Auch heute noch ist Maertens beruflich aktiv, als Kurator der Ausstellung im Radsportmuseum Centrum Ronde van Vlaanderen in Oudenaarde. Dort führt er regelmäßig Besucher durch die ausgezeichnete Ausstellung zur Flandern-Rundfahrt und erzählt dabei auch ausführlich die Geschichten, die zu den zahlreichen Merckx-Devotionalien im Museum gehören – auch das zeigt, dass seine Fehde mit Merckx endgültig vorbei ist.

»CHAMPAGNER HAT MIR IM RENNEN DEN KICK GEGEBEN«

NACHGEFRAGT: **Freddy Maertens über die Kunst des Sprintens, die heutige Radsport-Szene und seinen liebsten Sieg**

Wie sind Sie zum Radsport gekommen?

Freddy Maertens: Mein Vater war ausschlaggebend dafür, dass ich Radprofi wurde. Er war ein sehr harter Trainer. Als Jugendlicher war ich einmal mit einem Mädchen verabredet, um mit ihr nach Nieuwpoort zu fahren. Sie arbeitete im Sommer auf einem Campingplatz, wo ich sie abholte und nachher wieder hinbrachte. Als ich dann mit dem Rad nach Hause fuhr, hielt auf einmal ein Auto mit quietschenden Bremsen – mein Vater, der von dem befreundeten Campingplatz-Besitzer am Telefon informiert worden war. Ich bin dann mit dem Rad nach Hause gerast und in mein Zimmer geflüchtet, wo kurz darauf aber mein Vater mit einem langen Messer erschien. Meiner Mutter gelang es zwar, ihn etwas zu beruhigen, er ging dennoch zu meinem Rad und zerstörte es. Am nächsten Wochenende stand allerdings ein neues im Keller. Auch im Training war er sehr streng. Er fragte immer, wohin ich fahren würde, und verlangte von mir, dass ich in einzelnen Orten zur Polizeistation gehen sollte, um mir einen Stempel zu holen, als Nachweis, dass ich auch da war.

Haben Sie denn ungern trainiert?

Nein, ich habe eigentlich immer gerne trainiert. Wenn auf den Straßen Eis oder Schnee lagen, bin ich mit meinem Teamkollegen Michel Pollentier morgens zum Strand gefahren, wir haben die Ebbe abgewartet und sind dann über den Sand gefahren, um am Ende noch mal eine halbe Stunde auf der Rolle im Keller zu fahren. Am Nachmittag das Gleiche.

Zu Ihrer aktiven Zeit als Radprofi gab es Fahrer, die über Jahre einzelne Rennen oder Rundfahrten dominiert haben, Eddy Merckx beispielsweise. Bei Ihrem Vuelta-Sieg 1977 konnten Sie 13 Etappen gewinnen, jede zweite. Warum fällt die Dominanz heutiger Fahrer nicht mehr so groß aus?

Die Fahrer von heute bestreiten viel weniger Rennen als wir damals. Ich habe bis zu 210 Renntage pro Jahr absolviert, hinzu kamen noch die Kriterien, die ich gefahren bin – ich war also kaum zu Hause in solchen Jahren.

Wenn Sie heute jung und als Profi aktiv wären: Wäre Peter Sagan Ihr größter Rivale?
Ich bin ein großer Fan von ihm, und ich vermute, wir wären tatsächlich Rivalen. Er fährt ein bisschen so wie ich damals: Er ist gut im Sprint, kommt auch gut über Anstiege rüber, kann sich gut platzieren und benötigt kaum Helfer aus seinem Team für seine Siege – die braucht er nur, wenn er zurückfällt und eine Lücke zufahren muss.

Sie selbst hatten bereits einen Sprinterzug.
Der bestand aber nur aus Michel Pollentier und Marc Demeyer, die für mich gefahren sind.

Sie wurden »Die drei Musketiere« genannt.
Ja, aber das war damals noch nicht so ein richtiger Sprinterzug, sondern eher eine Formation, um mich vor dem Finale aus dem Wind zu nehmen. Auf den letzten fünf Kilometern war ich meist auf mich alleine gestellt. Mit Pollentier und Demeyer habe ich mich blind verstanden. Ich habe ihnen manchmal gesagt, dass ich mich nicht so gut fühle und sie selbst um den Sieg fahren sollen. Andere Fahrer haben dann gedacht, dass dies nur ein Spiel sei, war es aber nicht. Unser Team sollte gewinnen, es gab ja auch immer Preisgelder.

Haben die beiden Fahrer Ihnen auch geholfen, zum Finale hin die ziemlich große Übersetzung von 54x12 treten zu können?
54x12 habe ich nur beim Zeitfahren verwendet, normal war im Rennen 52x12 – obwohl unser Teammanager Lomme Driessens mir gesagt hatte, ich solle immer 54x12 fahren, das war aber Quatsch. Um diese Übersetzung im Finale fahren zu können, musste ich meist nicht auf die Hilfe meiner Mannschaft zurückgreifen, weil die anderen Fahrer auch schnell genug waren, und an die konnte ich mich ranhängen.

Sie gelten als der vielleicht schnellste Sprinter der Radsportgeschichte…
Das kann ich selbst nicht beurteilen, aber wenn das irgendwo zu lesen ist, wird das wohl stimmen (lacht). Ich habe zumindest das Sprinten sehr hart trainiert, ebenso wie das Zeit- und Bergfahren. Gerade das Training in den Bergen war wichtig für mich. Wenn ich im Rennen am Berg von einem richtigen Grimpeur oder gleich mehreren attackiert wurde, konnte ich am Hinterrad bleiben. Andere konnten in solchen Situationen nicht mehr zu den Führenden aufschließen.

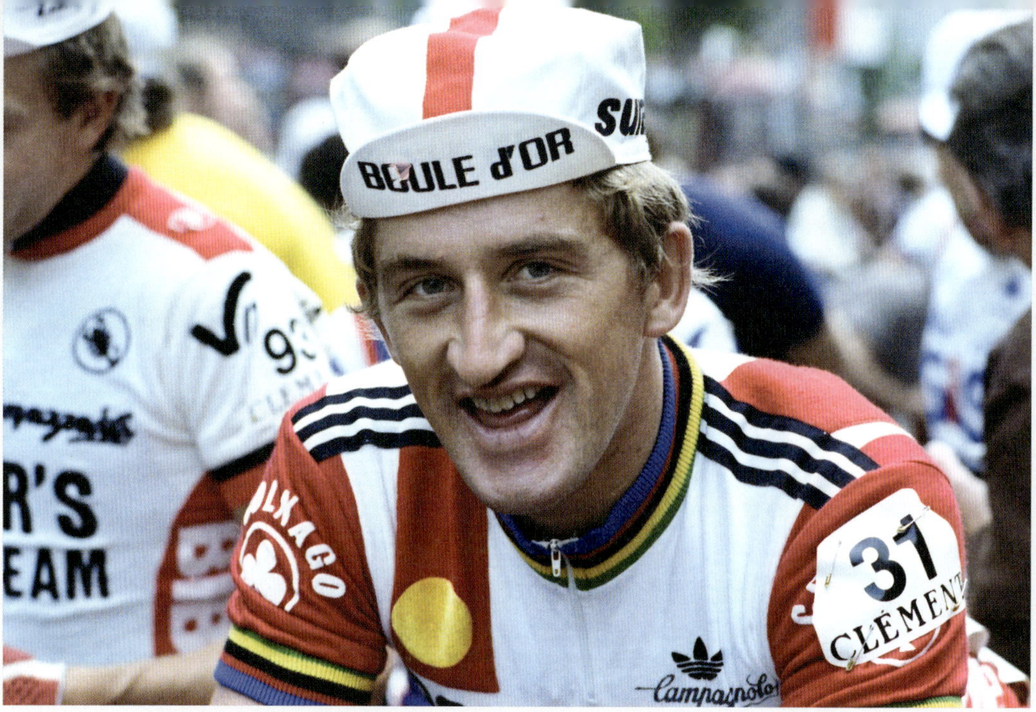

Wie haben Sie sich auf Sprints vorbereitet? Gab es Rituale?
Ich habe mir die Strecke vorher sehr genau angeschaut: Wie ist der Straßenbelag? Gibt es eine Steigung? Im Rennen kommt es dann nur noch darauf an, sich richtig zu platzieren.

Sie haben gelegentlich kurz vor dem Finale Champagner getrunken?
Richtig, das hatte ich von einem anderen Fahrer abgeschaut. Wenn ich mich gut gefühlt habe, habe ich mir aus dem Teamauto einen Bidon mit Champagner geben lassen. Bis die Flasche bei mir ankam, war sie meist schon halb leer. Der Rest der Flasche wurde vom Directeur und den Mechanikern getrunken. In dem Bidon war außerdem zusätzlich Zucker, der direkt ins Blut übergegangen ist, das hat mir im Finale oft Kraft gegeben. Wichtig war aber auch, dass es in der Woche vor dem Rennen und auch nach den Siegen gar keinen Alkohol für mich gab, sonst wäre die Wirkung im Rennen verpufft. Das Gleiche gilt übrigens auch für Koffein.

Was war mit Amphetaminen?
Die habe ich manchmal bei den Kirmesrennen genommen, nie jedoch bei den Klassikern oder der Tour. Das hing immer vom Doktor ab, der mich beraten hat.

Hat der Champagner Sie auch im Finale mutiger gemacht?
Nein, der hat mir nur einen Kick gegeben. Der Mut muss schon so vorhanden sein, ähnlich wie auf der Bahn, wo man keine Bremsen und keinen

Freilauf hat. Neben der guten Streckenvorbereitung habe ich im Vorfeld von Rennen oft auch Gymnastik und Yoga gemacht.

Das passt nicht so ganz zur Aggressivität im Sprint.
Das ist auch das falsche Wort.

Aber Sie haben doch oft mit Körpereinsatz Ihre Sprints gewonnen?
Ich habe manchmal in den Kurven meine Schulter eingesetzt, ja, aber das führt zu keinem Sturz. Ich habe beispielsweise nie geschlagen oder am Trikot gezogen und wollte auch nicht, dass das jemand bei mir macht.

Sie sind 1977 beim Giro schwer gestürzt, im Sprint-Duell mit Rik Van Linden. Waren Sie schuld?
Nein, absolut nicht. Am Vormittag endete eine Halbetappe in Mugello, die ich gewann. Am Nachmittag gab es auf der Rennstrecke ein weiteres Rennen, ein paar Runden mit einem Sprint am Ende. Die Verhältnisse waren schließlich nicht ganz einfach, der Wind hatte seine Richtung gewechselt. Van Linden fuhr für das italienische Bianchi-Team und hatte bei dem Giro nur eine Etappe gewonnen, ich hingegen sechs plus den Prolog. Er war eifersüchtig und hat mich gejagt, weil er wusste, dass ich mich auf ein Duell einlassen würde. Am Ende hat er sich so stark gegen mich gelehnt, dass wir uns verhedderten und sturzten. Ich brach mir dabei das Handgelenk. Das war nicht meine Schuld, das sieht man eindeutig auf dem Video.

Was bedauern Sie im Rückblick auf Ihre Karriere?
Ich wollte 1976 den Stundenweltrekord brechen und bin in letzter Minute vom damaligen Flandria-Teamchef daran gehindert worden. Alles war schon gepackt, die Reise geplant, doch dann kam das Verbot, weil ich ein Colnago-Rad mit Flandria-Lackierung fahren wollte – Flandria selbst hätte mir niemals ein wettbewerbsfähiges Zeitfahrrad zur Verfügung stellen können.

Welcher Sieg war Ihnen der wichtigste?
Das ist schwer zu sagen, vielleicht mein zweiter Weltmeistertitel in Prag 1981, der Sieg beim Grand Prix des Nations 1976, mein erster Platz bei der Vuelta 1977 und die drei Grünen Trikots bei der Tour de France.

Und wenn Sie sich für einen Sieg entscheiden müssten?
Die WM in Prag! Damals hat fast keiner damit gerechnet, dass ich da noch mal gewinnen kann.

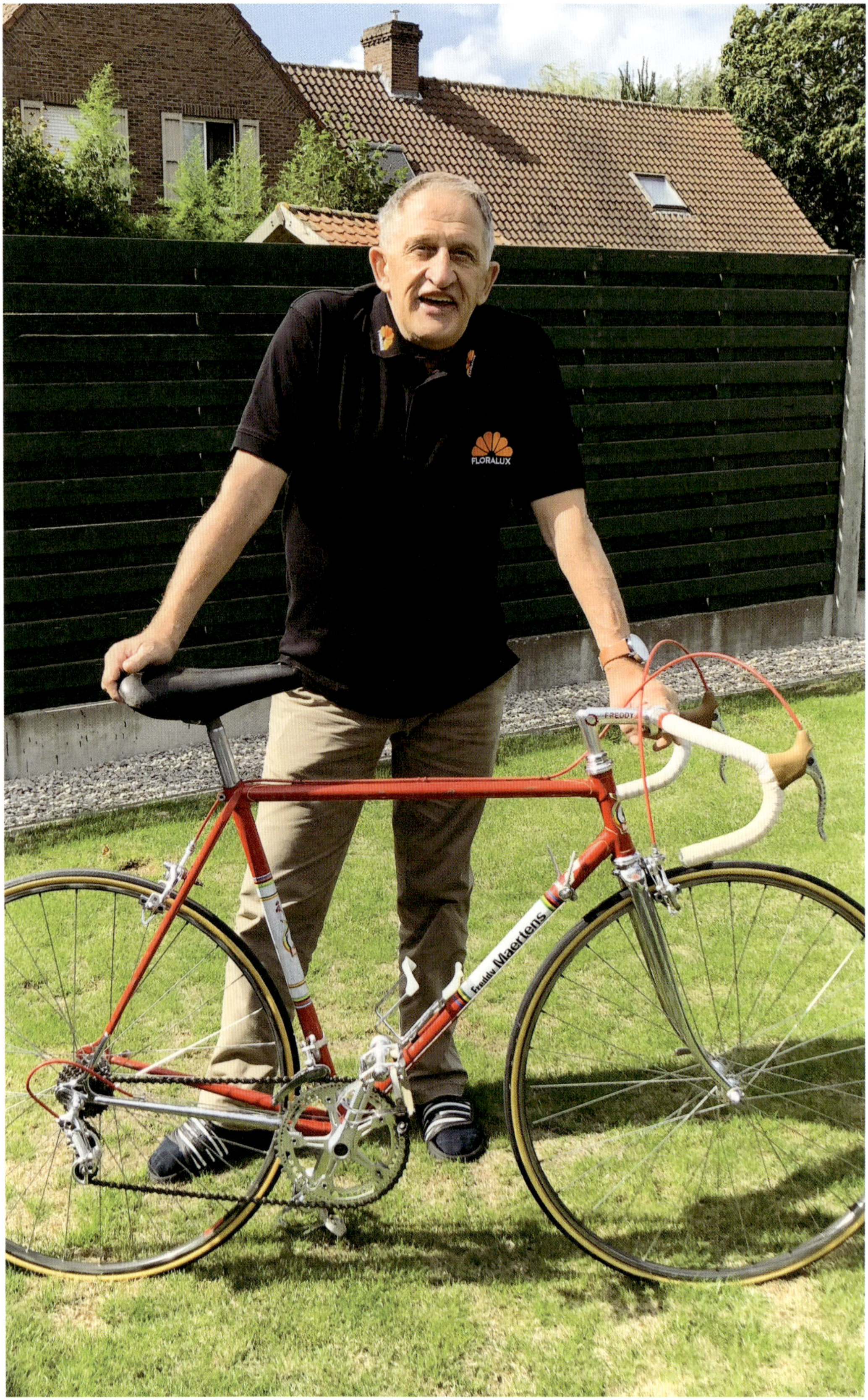
FLORALUX
FREDDY
Freddy Maertens

FREDDY MAERTENS

Geboren: 13. Februar 1952 in Nieuwpoort (Belgien)
Nationalität: belgisch
Profil: Sprinter

Teams:
1986–1987 Robland
1985 Nikon-Elro / Euro-Soap-Crack
1984 AVP / Splendor
1983 Masta
1981–1982 Boule d'Or
1980 San Giacomo
1973–1979 Flandria

Größte Erfolge:
Zweifacher Weltmeister Straße (1976, 1981)
Gesamtsieg und 13 Etappensiege Vuelta a España (1977)
15 Etappensiege Tour de France (1976, 1978, 1981)
8 Etappensiege Giro d'Italia (1977)
11 Etappensiege Paris–Nizza (1976, 1977)
Vierfacher Sieger Vier Tage von Dünkirchen / Tour du Nord-pas-de-Calais (1973, 1975, 1976, 1978)
Zweifacher Sieger Gent–Wevelgem (1975, 1976)
Sieger Paris–Brüssel (1975)
Sieger Paris–Tours (1975)
Sieger Züri Metzgete (1976)
Sieger Rund um den Henninger-Turm (1976)
Sieger Paris–Nizza (1977)

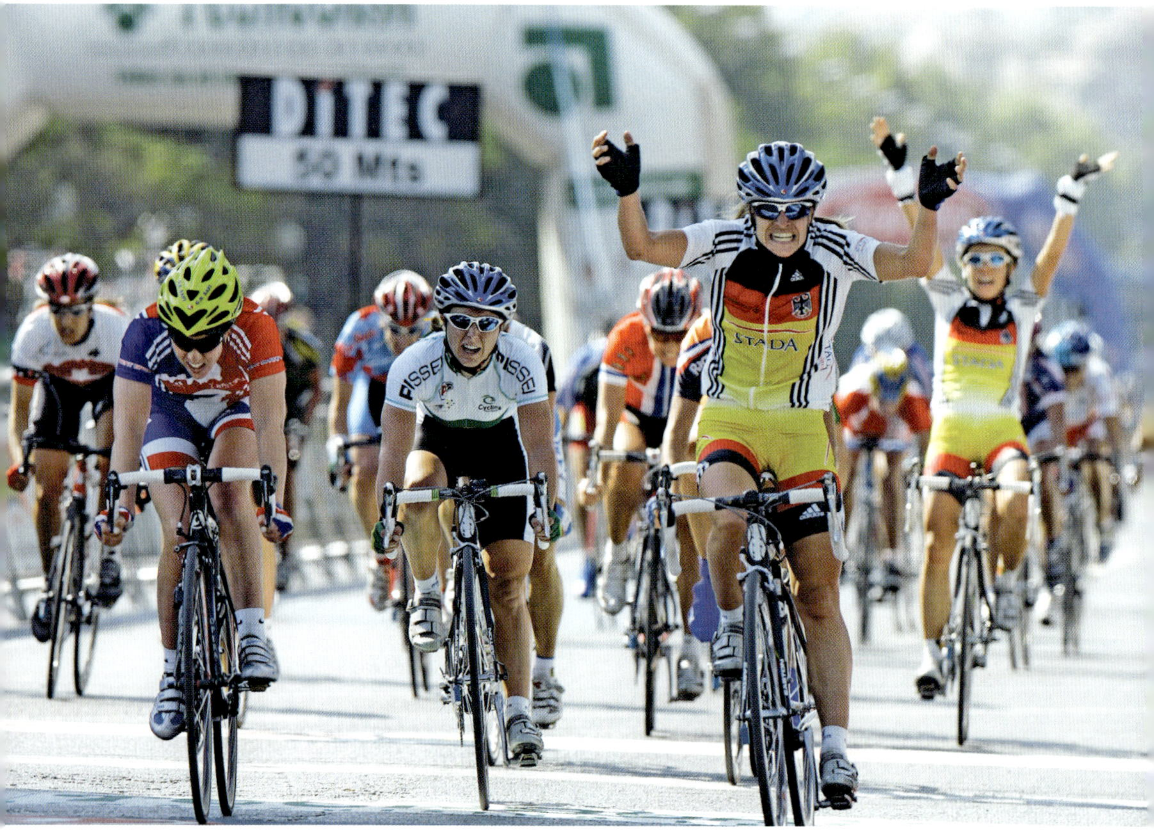
DiTEC
50 Mts
STADA

DER PERFEKTE SPRINTZUG

Straßenweltmeisterschaft der Frauen 2005, Madrid, 24. September

Es geht um nicht weniger als die Weltmeisterschaft, als an diesem Samstagnachmittag in Madrid nach drei Stunden und acht Minuten 28 Frauen tief über den Lenker gebeugt mit Höchstgeschwindigkeit aufs Ziel zujagen. Hinter ihnen liegen 123 Kilometer, verteilt auf sechs Runden durch die Innenstadt der spanischen Hauptstadt – ein ideales Streckenprofil für Sprinterinnen.

Noch weit bevor die Fahrerin an der Spitze mit unwiderstehlichem Tritt und zwei Radlängen Vorsprung den Zielstrich erreicht, richtet sich an zehnter Stelle des rasenden Feldes bereits eine Frau im Trikot der deutschen Nationalmannschaft auf und reißt die Arme jubelnd in die Höhe. Es ist Trixi Worrack, die schon früh erkannt hat, dass ihre Mannschaftskollegin Regina Schleicher nicht mehr überholt werden kann – weder von der Britischen Meisterin Nicole Cooke, die Zweite wird, noch von der Australierin Oenone Wood, die schließlich den dritten Platz belegt. Dieser Sieg ist das Ergebnis von Perfektion, Teamfähigkeit, gesundem Selbstbewusstsein, Disziplin und wahrer Hingabe an die Aufgabe, die jede Fahrerin zu erfüllen hat.

Alle fahren für Regina Schleicher

Als am Morgen dieses Samstages das Rennen um die Weltmeisterschaft in Madrid gestartet wird, ist die Aufgabenverteilung in der deutschen Mannschaft klar. Die damals 31-jährige Regina Schleicher ist nach einer starken Saison als Siegfahrerin gesetzt – die gesamte Mannschaft soll für sie fahren. Auch Trixi Worrack, bei dieser WM noch 23 Jahre jung, hatte bis dato ein gutes Jahr 2005 hinter sich: Sie gewann zwei Etappen und wurde Gesamtzweite bei der Iurreta-Emakumeen Bira im Baskenland, und sie holte sich als Ausreißerin den Sieg bei der Primavera Rosa, dem Mailand–Sanremo der Frauen – mit einem hauchdünnen Vorsprung von einer Sekunde vor Nicole Cooke, Oenone Wood und Regina Schleicher.

Warum war Regina Schleicher die Hoffnungsträgerin?
Trixi Worrack: Sie war eine der Schnellsten zu dieser Zeit. Wenn man so eine im Team hat, dann wird das ganze Rennen auf sie ausgelegt. Es gab immer wieder Gruppen, die davonfahren wollten. Aber wir haben alles wieder zugefahren, damit es zum Massensprint kommen konnte. In diesem Rennen sind wir wirklich nur für eine gefahren – das geht auch gar nicht anders.

Das Team der kommenden Weltmeisterin besteht an dem Tag aus sieben Fahrerinnen. Da war zum einen Ina-Yoko Teutenberg vom Team T-Mobile, die in ihrer Karriere 200 Siege erzielen konnte – ähnlich viele wie zur gleichen Zeit bei den Männern Erik Zabel. Doch sie kann das Rennen in Madrid nicht beenden. Die amtierende U-23-Europameisterin Madeleine Sandig soll ebenso wie die erst 21-jährige Luise Keller vom Team Buitenpoort-Flexpoint in der Anfangsphase den späteren Sprintzug der Mannschaft aus dem Wind halten und das Rennen kontrollieren. Dieselbe Aufgabe hat Theresa Senff, die zwei Monate zuvor bei der renommierten Internationalen Thüringen-Rundfahrt den Gesamtsieg erringen konnte. Komplettiert wird die deutsche Nationalmannschaft durch die drei Teamkolleginnen von der Equipe Nürnberger: die in der Toskana lebende Seriensiegerin im Massensprint Regina Schleicher aus Würzburg, die amtierende Weltmeisterin Judith Arndt als erfahrene Rouleurin sowie Trixi Worrack aus dem Spreewald, heute fünffache Weltmeisterin im Mannschaftszeitfahren und bekannt für ihre selbstlose, fast schon aufopferungsvolle Art, innerhalb eines Teams Rad zu fahren. Wenn der ehrgeizige Plan gelingt, bis kurz vor der Flamme Rouge das Rennen zu kontrollieren und alle Attacken zu vereiteln, sollen diese drei Fahrerinnen im Finale den Sprintzug bilden.

Wie sah die Taktik aus?
Unser Ziel war, alles zusammenzuhalten, und das hat ja auch geklappt. Die Strategie war, dass Judith Arndt und ich im Idealfall noch den Sprint für Regina Schleicher anfahren können. Am Anfang haben natürlich unsere anderen Fahrerinnen die Arbeit machen müssen, weil man auch als Sprint-Anfahrer im Finale noch ein bisschen fit sein muss.

Trio der Equipe Nürnberger gestaltet das Finale nach seinem Plan

Und der Plan gelingt: Madeleine Sandig, Luise Keller und Theresa Senff halten Regina Schleicher und ihre Anfahrerinnen aus dem Gröbsten heraus und sorgen dafür, dass keine Gruppen davonkommen, obwohl es immer wieder Attacken gibt. Aufopferungsvoll kämpfen die drei, um ihre Mannschaftskolleginnen unbeschadet in die Nähe des Ziels zu bringen.

Auf den letzten Kilometern jedoch sind die drei Fahrerinnen der Equipe Nürnberger auf sich allein gestellt. Sie können das Finale der Weltmeisterschaft dank der Arbeit der Kolleginnen so gestalten, wie sie das geplant hatten:

Es war auf jeden Fall von Vorteil, dass wir ja von anderen Rennen schon eingespielt waren. Das Problem bei der Nationalmannschaft ist sonst immer, dass wir nur ein Rennen im Jahr zusammen fahren und alle aus unterschiedlichen Teams kommen. Und bei einem solchen Rennen ist es dann schwierig, sich so zusammenzuraufen, dass die Abläufe dann 100-prozentig klappen.

Vorjahressiegerin Judith Arndt, die am Abend vor dem Rennen noch haderte, ob sie überhaupt antreten solle, weil sie noch unter den Folgen einer Viruserkrankung litt, übernimmt in der Vorbereitung des Finales die Führung. Und obwohl ihr auf der letzten Runde noch eine Plastiktüte in die Schaltung fliegt und sie anhalten muss, um ihr Rennrad wieder fahrtüchtig zu machen, kann sie Anfahrerin Trixi Worrack und Sprintkapitänin Regina Schleicher unter der Flamme Rouge abliefern.

Welche Erinnerungen haben Sie an die letzten tausend Meter?
Als Judith anfing, den Sprint einzuleiten, war das Feld eigentlich nur noch eine lange Reihe – es ist immer am besten, wenn es richtig schnell ist und keiner von rechts oder links auch nur ansatzweise vorbeikommen kann. Das Ziel des vorletzten Anfahrers ist es meistens, bis zum letzten Kilometer zu eskortieren. Dann kann der letzte Anfahrer noch die finalen 500 bis 600 Meter fahren. Das Finale in Madrid bleibt mir so gut in Erinnerung, weil es der perfekte Sprintzug war, bei dem ich dabei war – ausgerechnet bei einer WM! Das war ja kein Rennen um den Kirchturm, bei dem man das üben kann. Judith Arndt hat mich eben

bis zum letzten Kilometer gebracht, und es war weit und breit keiner zu sehen.

Unter der Flamme Rouge mussten dann Sie in den Wind.
Als Judith rausgegangen ist, habe ich übernommen und Regina bis 150 oder 200 Meter vor das Ziel gebracht. Als sie mich dann überholt hat und lossprintete, da wusste ich: Da kommt keiner mehr dran.

Der größte Fehler: das Tempo nicht hoch genug zu halten

Besonders wichtig bei der Gestaltung des Sprintzuges ist für Trixi Worrack, dass die eigene Mannschaft die Regie des Rennens übernimmt, indem der Sprint von vorne gefahren wird und Fehler vermieden werden.

Welche Fehler hätten passieren können?
Wenn zum Beispiel Judith zu langsam gefahren und andere an uns vorbeigefahren wären. Dann hätten die uns einbauen und den Weg abschneiden können. Dann hätten wir womöglich bremsen und noch mal losfahren müssen – und das ist auf dem letzten Kilometer nicht mehr möglich. Der größte Fehler ist, das Tempo nicht hoch genug zu halten. Oder wenn die vorletzte Anfahrerin zu früh aussteigen muss, zum Beispiel anderthalb Kilometer vor dem Ziel. Als letzte Anfahrerin absolviere ich ebenfalls einen Sprint, den ich aber nicht über eine so lange Distanz durchhalten kann. Es wäre also schiefgegangen, wenn ich oder Regina Schleicher zu früh im Wind gefahren wären.

Wie vermeiden Sie solche Fehler?
Die Anfahrer rollen meist vor dem Rennen noch mal die letzten beiden Kilometer ab, um zu sehen, wie die Zielankunft aussieht. Das Problem ist nämlich, dass man im Rennen oft schlecht sieht, wie weit es noch bis zum Zielstrich ist. Insbesondere, wenn die Zielankunft gerade ist und man das Ziel schon unter der Flamme Rouge erkennen kann, ist es schwierig abzuschätzen, wo die letzten 200 Meter beginnen, wo ich rausgehen muss, um die Kollegin lossprinten zu lassen – da stehen Zuschauer am Straßenrand, und die Schilder, die am Streckenrand die Abstände zum Ziel angeben, sind bei dem Tempo schwierig zu sehen. Da sucht man sich besser vorher irgendeinen Punkt aus, an dem man sich orientiert.

Teamgeist als Erfolgsgarant

Das Geheimnis dieses Sieges liegt aber nicht nur in der perfekten Planung und Vorbereitung, sondern auch im Teamgeist, der in dieser Mannschaft herrscht. Teambetreuerin Petra Roßner sagte nach dem Rennen: »Das war eine unglaubliche Mannschaftsleistung. Diesen Erfolg haben sich alle hart erarbeitet und haben ihn sich hochverdient. Bei uns arbeitet jede für jede.« Besonders Trixi Worrack kann ihre eigenen Stärken und Schwächen sehr klar einschätzen und sich dann ganz in den Dienst der Kapitänin stellen. Auch Vorjahressiegerin Judith Arndt weiß, dass der Kurs dieser WM ihr eine andere Rolle zuweisen würde als noch 2004, als sie mit einer Attacke als Solistin mit zehn Sekunden Vorsprung den Titel holte, wie sich Trixi Worrack erinnert:

Die WM in Verona war ein recht schweres Rennen mit einem längeren Anstieg auf der Schlussrunde. Judith ist die letzte Runde alleine gefahren und auch alleine angekommen. Die Renntaktik war auf jeden Fall auf sie ausgerichtet, wir sollten für sie fahren, das war von vornherein klar.

Und im Jahr darauf nimmt die Planung des Teams Rücksicht auf den ziemlich flachen Kurs in Madrid. Der Teamleitung ist klar, dass es auf einen Massensprint hinauslaufen und der Sprintzug perfekt in Szene gesetzt werden kann.

Wie werden die Aufgaben im Sprintzug aufgeteilt?
Es kommt auf die Stärken und Schwächen der Fahrer an. Judith Arndt war zum Beispiel eine gute Zeitfahrerin und konnte ein bis zwei Kilometer mit hohem Tempo vorne fahren. Und andere wiederum können noch schneller fahren, aber eben nur über 500 Meter – so wird die Reihenfolge abgestimmt.

Das heißt, eine gute Anfahrerin ist auch eine gute Sprinterin?
Ja, auf jeden Fall eine schnelle.

Die starken Sprintleistungen Trixi Worracks lassen die Frage aufkommen, warum sie nicht selbst auf Sieg gefahren ist – eine Fahrerin, die einen starken Sprint über 500 Meter fahren kann, kann doch auch als Sprintkapitänin gewinnen. Doch Trixi Worrack stellt sich lieber in den Dienst der Mannschaft, als eigene Ziele zu verfolgen. Gleichzeitig übernimmt sie mit ihrer Rolle eine große Verantwortung für die Ziele der Mannschaft, denen sie sogar ihre eigenen Ängste unterordnet:

Wenn ich für mich selber sprinten müsste, würde ich mich da vorne nie trauen, so reinzuhalten, wie andere das tun. Das ist echt gefährlich, da drängelt sich jeder in Lücken, die gar nicht da sind. Wenn ich aber weiß, ich habe unsere Sprinterin noch am Hinterrad, fahre ich zwar ein bisschen vorsichtiger. Ich weiß aber, dass ich die nach vorne bringen muss. Komischerweise kann ich mich dann doch da durchdrängeln. Ich habe also Verantwortung nicht nur für mich, sondern auch für jemand anderen – dann funktioniert das besser bei mir. Ich helfe doch lieber einer, die gewinnen kann, als wenn ich selber fahre und dann nur Dritte werde.

Kann man seine Siegchancen vorher so genau abschätzen?
Ja, ich nenne ein Beispiel: Bernhard Eisel ist lange für Mark Cavendish angefahren, hatte also die gleiche Rolle wie ich. Dann hat er das Team gewechselt, weil er dachte: »Wenn ich für Cavendish die Sprints anziehen kann, kann ich eigentlich auch selbst gewinnen.« Das hat aber nicht geklappt, er ist nie der Top-Sprinter geworden. Dann ist er wieder zu Cavendish zurückgegangen und hat ihm weiter als Anfahrer gedient. Für manche ist diese Rolle einfach gemacht. Klar könnte ich auch ein paar Rennen gewinnen, aber im Sprint nicht die ganz großen … das ist doch etwas anderes!

»Ich sehe gar nicht aus wie eine Sprinterin«

Wie groß ist der Leistungsunterschied zwischen der ersten Sprinterin und der Anfahrerin?
Einen Leistungsunterschied gibt es hier nicht, aber die Schnelligkeit ist eine andere – ich schätze, der Unterschied liegt bei zehn Prozent.

Vergleichen Sie manchmal Ihre Wattzahlen?
Ich bin in einer Zeit groß geworden, in der Wattzahlen eigentlich keine Rolle spielten. Heute läuft so viel über diese Wattzahlen! Man sollte sich da nicht zu sehr darauf verlassen, weil viele andere Faktoren auch eine Rolle spielen. Es gibt bei uns Leute, die nach einer Stunde Training tausend Watt treten können, nicht aber im Rennen nach dreieinhalb Stun-

den im Sattel. Dann ist eher entscheidend, ob man sich vorher geschont hat. Die Wattzahlen können helfen, um zu sehen, wer wirklich schnell ist. Aber von meinen Wattzahlen her dürfte ich eigentlich gar keine Anfahrerin sein: Ich wiege 50 Kilo und sehe gar nicht aus wie eine Sprinterin.

Also müssten Sie hauptsächlich noch ein wenig an Muskelmasse zulegen?
Das reicht nicht. Eine gute Anfahrerin braucht neben guten Wattzahlen auch ein ungemein gutes Auge, um zu sehen, wo man hinfahren kann, woher der Wind kommt, damit der Sprinter nicht im Wind fährt.

Die Equipe Nürnberger hat in den nuller Jahren den Frauenradsport dominiert. Was war das Erfolgsrezept?
Das Team war eines der größten. Wir hatten gutes Material, wir hatten gute Fahrer. Neben uns gab es vielleicht noch ein weiteres Team auf Augenhöhe, die anderen waren kleinere Teams, die sich nicht so gute Fahrer und Räder leisten konnten.

»Die Breite ist viel größer geworden«

Wie sieht die Situation heute aus?
Heute gibt es bestimmt zehn professionelle Teams, die auf dem gleichen Standard sind. Früher ging man in ein Rennen und konnte die drei Schnellsten sofort bestimmen – das waren dann die Favoriten. Aber heute sind das zehn bis zwölf Leute, die siegen können. Die Breite ist also viel größer geworden. 2017 und 2018 ist mir dies bei den Rundfahrten extrem stark aufgefallen. Früher gab es eine dominierende Fahrerin, die die Flachetappen gewonnen hat. Heute gibt es bei sechs Massensprints sechs verschiedene Siegerinnen aus sechs verschiedenen Teams. Bei den Männern ist das genauso. Heute muss man also sechs bis acht Teams auf der Liste haben.

Neben den Sprinterzug-erprobten Fahrern gibt es solche, die eigentlich lieber alleine fahren oder sich von ihrer Mannschaft nur bis kurz vors Ziel bringen lassen wollen, um sich dann alleine durchzukämpfen.
Das ist eine Typ-Frage. Ich hatte vor drei Jahren Barbara Guarischi als Teamkollegin. Sie kannte das gar nicht, in ihrem alten Team hatte sie

sich immer alleine durchgewurschtelt. Wir mussten sie erst überreden, dass sie es mal probiert, sich an unseren Zug zu hängen – sie hatte uns einfach nicht vertraut. Wir haben das dann aber zwei-, dreimal gemacht, dann hat sie auch gewonnen – und dann fand sie das auch gut. Es gibt aber auch Leute, die sagen grundsätzlich: »Bring mich bis zwei Kilometer vors Ziel oder an das Hinterrad von der Soundso, und dann finde ich meinen Weg.« Und die wollen sich auch nicht ändern.

Trixi Worracks Hingabe dem Radsport gegenüber wird besonders deutlich, wenn man einen Blick auf das Jahr 2016 wirft. Am 20. März kommt sie am Ende einer Abfahrt beim Eintagesrennen Trofeo Alfredo Binda in Norditalien zu Fall. In einer Linkskurve stürzt sie über eine Fahrerin, die in eine Absperrung gerast ist. Erst fühlt es sich wie einer jener harmloseren Stürze an, wie sie in diesem Sport häufig vorkommen. Doch als sie wieder aufstehen will, um weiterzufahren, bemerkt sie einen unerträglichen Schmerz in ihrer linken Hüfte: Ihre Niere ist dreifach gerissen, sie verliert Blut, sehr viel Blut, das in ihren Bauchraum strömt. Lebensgefahr! Es geht um Minuten. Nur eine Notoperation kann ihr Leben retten – ihre linke Niere muss entfernt werden. Als sie aus der Narkose erwacht, sitzt ihre Sportliche Leiterin an ihrem Krankenbett und erklärt der noch benommenen Trixi Worrack, was passiert war. Es ist zu dem Zeitpunkt nicht klar, ob sie jemals wieder Rad fahren kann.

Was ist Ihnen durch den Kopf gegangen?
Im Krankenhaus habe ich überhaupt nichts gedacht, auch nicht ans Radfahren oder einen Plan B. In dieser Woche ging es mir so schlecht, da war so etwas nicht drin.

Es beginnen quälende Wochen der Ungewissheit, doch die Heilung verläuft überraschend gut. Noch im Krankenbett, obwohl sie noch nicht ohne Hilfe aufstehen kann, fasst Trixi Worrack neuen Mut und schmiedet einen ehrgeizigen Plan: Kaum aus dem Krankenhaus entlassen, beginnt sie wieder vorsichtig mit dem Training. Alle zwei Wochen werden Bluttests durchgeführt, um zu überprüfen, ob die verbliebene rechte Niere der Belastung standhält. Und das tut sie. Trixi Worrack will unbedingt noch einmal an den Olympischen Spielen in Rio de Janeiro teilnehmen, die nur fünf Monate

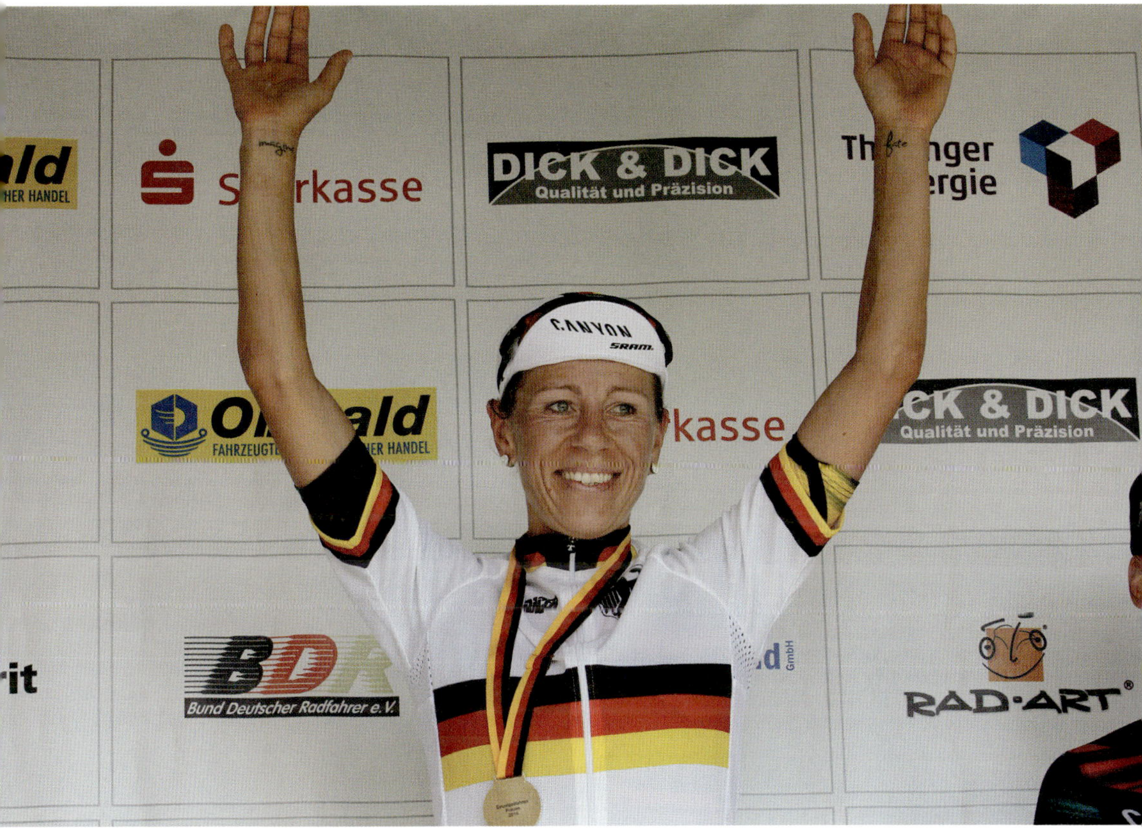
DICK & DICK
Qualität und Präzision
CANYON
SRAM
Qualität und Präzision
BDR
Bund Deutscher Radfahrer e.V.
RAD-ART

nach ihrem lebensgefährlichen Sturz stattfinden sollen. Doch dazu muss sie zuerst einmal nominiert werden – und das geht nur über die Deutschen Meisterschaften:

Ich habe mich auf das Zeitfahren bei den Deutschen Meisterschaften vorbereitet, weil das meine einzige Chance war, um mich für Olympia 2016 in Rio zu qualifizieren. Deshalb habe ich mich, als ich wieder anfing zu fahren, aufs Zeitfahren konzentriert. Denn die ersten beiden Fahrerinnen bei der Deutschen Meisterschaft im Einzelzeitfahren sollten für Olympia nominiert werden.

»Ich wollte nicht mit einem Sturz aufhören«

Wie radsportsüchtig muss man sein, um nach so einer Verletzung weiterzufahren?
Ich wollte nicht so aufhören. Ich weiß nicht, ob ich hinterher damit klargekommen wäre, aus Angst vor der Gefahr aufzuhören, obwohl ich körperlich noch in der Lage gewesen wäre, zu fahren. Man will seine Karriere aus freien Stücken beenden und nicht nach einem Unfall. Es ist ein Unterschied, ob man das beendet, weil man es möchte und nicht weil man es muss.

Am 24. Juni 2016 gewann Trixi Worrack das Einzelzeitfahren der Frauen bei den Deutschen Meisterschaften in Streufdorf in Thüringen. Es war ihr zweiter Titel in dieser Disziplin – das Ticket nach Rio war gelöst! Auch wenn sie dort keine herausragende Rolle spielen sollte – sie wird 16. im Zeitfahren und 43. im Straßenrennen –, so konnte sie sich immer noch in den Dienst der Mannschaft stellen. Ganz so, wie sie es schon immer gewohnt war und wie sie ihren Job als echte Teamplayerin auch verstand. Zuletzt zeigte sie dies 2018 bei der Weltmeisterschaft in Innsbruck: Überraschend, aber souverän holte sie mit ihrem Team Canyon-SRAM Racing mit 22 Sekunden Vorsprung Gold im Mannschaftszeitfahren.

Wir hatten das nicht erwartet, wollten eigentlich nur ums Podium fahren. Die eigentlichen Favoriten waren diesmal die Teams Boels-Dolmans und Sunweb, die die Saison dominiert hatten – für alle anderen Mannschaften ging es nur noch um den dritten Platz. Das war dann schon überraschend! Da konnte ich mich schon richtig freuen, so ein Sieg ist keine Routine!

Trixi Worracks Freude kommt nicht von ungefähr. So wie sie sich als Helferin mit ihrer Mannschaftskollegin und Siegerin Regina Schleicher über die Goldmedaille in Madrid freuen konnte, begeistert sie sich natürlich auch dafür, selber Edelmetall umgehängt zu bekommen. In einem Interview mit der »Frankfurter Allgemeinen Zeitung« schilderte sie 2016 ihre Sicht auf den Radsport und die Art, wie Siege zustande kommen: »Ich fahre einfach gerne fürs Team und opfere mich auf. Radsport ist ein Teamsport, in dem am Ende des Tages einer auf dem Podium steht und die anderen unten. Beim Teamzeitfahren können sich alle mitfreuen.« Das fünfte Gold im Teamzeitfahren ist also eine Art Belohnung für all die Jahre als Helferin, in denen Trixi Worrack ihre eigenen Ansprüche zurückgestellt hat für andere, damit diese im Glanz des Sieges leuchten konnten. Und es war ihr immer eine Selbstverständlichkeit, eine Pflicht, die sie ganz bewusst und voller Demut übernahm.

So wie es aussieht, ist dieser gemeinschaftlich errungene Sieg im Mannschaftszeitfahren ein Titel, den ihr wohl niemand mehr nehmen kann. Denn die Disziplin, die 2012 in Valkenburg das erste Mal bei einer Weltmeisterschaft im Programm war – Gold holte auch damals ein Team mit Trixi Worrack –, soll ab 2019 so nicht mehr ausgetragen werden.

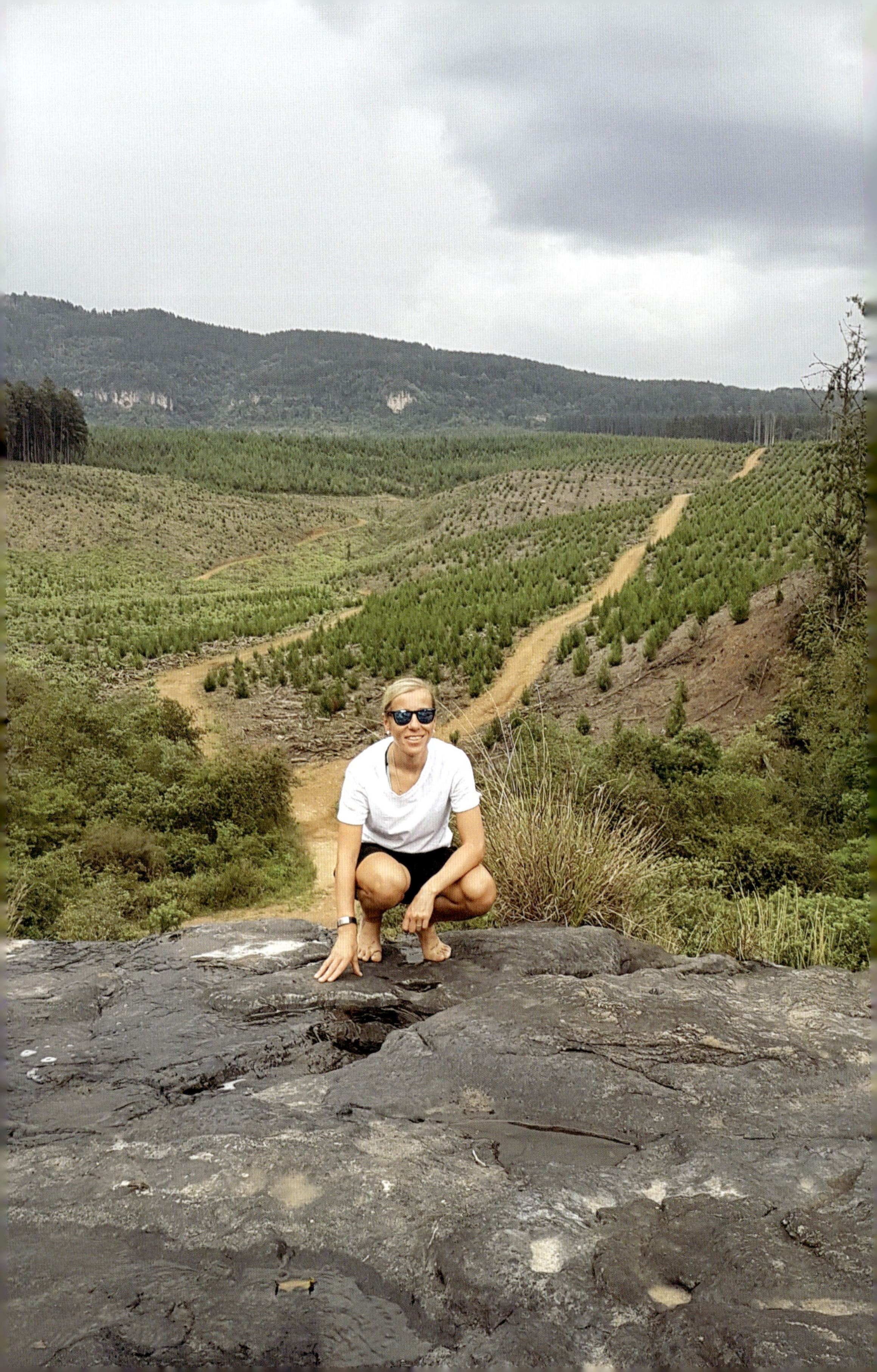

TRIXI WORRACK

Geboren: 28. September 1981 in Cottbus
Nationalität: deutsch
Profil: Allrounderin

Teams:
seit 2019 Trek-Segafredo Women
2016–18 Canyon-SRAM Racing
2015 Velocio-SRAM
2012–14 Specialized-lululemon
2011 AA Drink-leontien.nl
2010 Noris Cycling
2003–2009 Equipe Nürnberger

Größte Erfolge:
U23-Weltmeisterin Einzelzeitfahren (1998)
Fünffache Weltmeisterin Mannschaftszeitfahren (2012, 2013, 2014, 2015, 2018)
Dreifache Deutsche Meisterin Straße (2003, 2013, 2015)
Siegerin Deutsche Bergmeisterschaft (2002, 2005)
Deutsche Meisterin Einzelzeitfahren (2009, 2016, 2017)
Gesamtsiegerin Tour de l'Aude (2004)
Siegerin Primavera Rosa (2005)

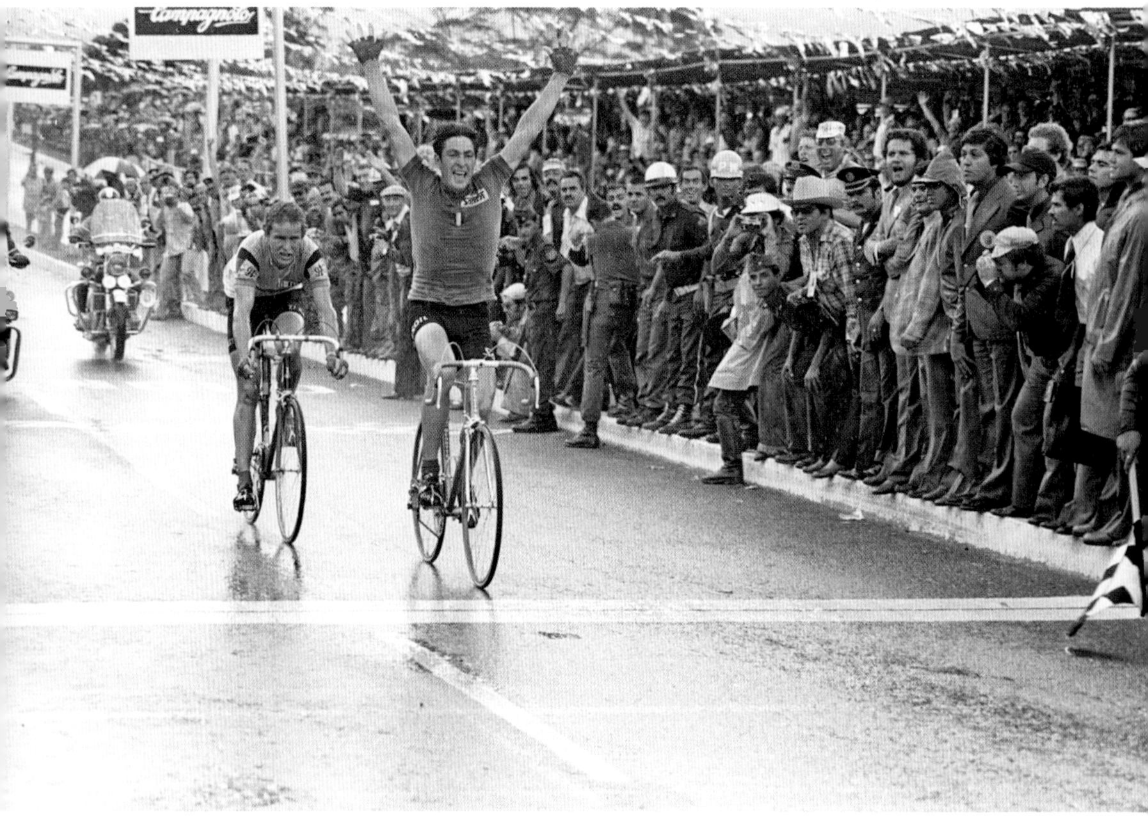
Campagnolo

DIETRICH THURAU

KAMPF UM DIE EHRE

Straßenweltmeisterschaft 1977, San Cristóbal, Venezuela, 27. August

Es sind nur noch wenige hundert Meter zu fahren bei dieser Weltmeisterschaft in San Cristóbal, einer Provinz-Hauptstadt Venezuelas, als zwei Fahrer auf die leicht abschüssige Zielgerade zurasen. Sie haben mehr als eine Minute Vorsprung vor einem illustren Verfolgerfeld, das an diesem schwülen, von starken Regenschauern durchsetzten Sonntag im August hinter den beiden herjagt. Einer der beiden Ausreißer wird sich heute das Regenbogentrikot überziehen lassen und der neue Weltmeister im Straßenradsport sein.

Vorne fährt im azurblauen Trikot der italienischen Nationalmannschaft Francesco Moser, die Hoffnung seines Heimatlandes ist 26 Jahre alt. Direkt an seinem Hinterrad, mit unwiderstehlichem Tritt, rast der vier Jahre jüngere Dietrich Thurau. Der Mann im weißen Trikot mit schwarz-rot-goldenem Brustband ist seit seinen 15 Tagen im Gelben Trikot der Tour de France nur wenige Wochen zuvor die Verheißung auf die Zukunft des deutschen Radsports.

Dieses Duo schießt nun über den dampfenden Asphalt auf die Ziellinie zu. Thurau kommt aus dem Sattel und fährt energisch aus dem Windschatten von Moser heraus. Er schafft es beinahe, die Höhe seines Gegners zu erreichen, es geht nur noch um Zentimeter. Doch plötzlich – kurz vor der Ziellinie – hört der Deutsche auf, in die Pedale zu hämmern, er nimmt die Beine hoch, sein fulminanter Angriff bricht rätselhaft in sich zusammen. Der Weltmeister des Jahres 1977 kommt wieder aus Italien.

Schon bald kommen Gerüchte auf, dass Dietrich Thurau den Sieg verkauft habe, unter den Experten wird mehr oder weniger offen spekuliert und gemutmaßt. Wollte sein künftiges Team nicht, dass er Weltmeister wird, weil dann der Sponsorenschriftzug auf dem Regenbogentrikot zu klein sei? Erkaufte sich Didi Thurau so

Teilnahmen neben Francesco Moser an den lukrativen Sechstagerennen?

»Eine Weltmeisterschaft verkauft man doch nicht! Das sage ich jedem, der das hören will!« – mit einem Satz wischt Thurau fundamentale Kritik an seiner Person vom Tisch, was in seiner Vehemenz durchaus überzeugend wirkt. Wären da nicht die Bilder, die doch scheinbar eine ganz andere Sprache sprechen. Wäre da nicht der Ruf, der Dietrich Thurau während seiner gesamten Karriere begleitete, in den Medien, im Peloton (siehe dazu auch das Kapitel zu Hermann Jungbluth ab Seite 74).

Dietrich Thurau ist ein schwer zu durchschauender Mensch, der auch im Gespräch zu diesem Buch auf den Terrassen des mondänen Steigenberger Inselhotels in Konstanz seine verspiegelte Sonnenbrille kein einziges Mal abnimmt. Wer ist der »blonde Engel«, wie ihn der legendäre Tour-de-France-Direktor Jaques Goddet taufte, wirklich: ein ungestümer Rennfahrer, der sich im Bestreben, es allen zu zeigen, selbst überschätzt und deshalb oft verliert? Ein kalt berechnender Fiesling, der aus Habgier Ruhm und Ehre verkauft? Ein Ausnahmetalent voller Selbstbewusstsein – erst umjubelt, dann verachtet –, das bis heute um Anerkennung kämpft und sich ungerecht behandelt fühlt? Eine Mischung aus allem? Wie kommt es zu diesem Bild voller Widersprüche, das Didi Thurau seit den Anfängen seiner Karriere abgibt? Der Versuch einer Annäherung.

Der Gurkenfahrer entwickelt Ehrgeiz

Didi Thuraus Radsportkarriere begann als große, echte Liebe eines Zwölfjährigen, der mit leuchtenden Augen am Straßenrand stand, als seine Helden des Profiradsports das Rennen »Rund um den Henninger Turm« austrugen.

Dietrich Thurau: Mein Onkel war regelmäßig am Henninger Turm am 1. Mai, da hat er mich mal mitgenommen. Dort habe ich gedacht: Oh, super, das kann ich ja auch mal probieren.

Das Surren der Ketten, die chromblitzenden, eleganten Rennmaschinen, das Rauschen des Pelotons begeisterten den Jungen aus Frankfurt-Schwanheim, dessen Familie in Ermangelung eines Autos und aus Gewohnheit die Wochenendausflüge mit dem Fahrrad bestritt. Bis zum Nürburgring gingen solche Ausflüge, wenn dort ein Autorennen stattfand. Schließlich nahmen Mutter Irmgard und Vater Helmut den Jungen mit zu einer Werbeaktion des Radfahrer-Vereins Edelweiß Niederrad. Der kleine Didi war begeistert und trainierte wie ein Verrückter – auf der Straße, auf der Bahn. Auch nahm er schon an Rennen teil, wenngleich er eigentlich noch zu jung war. Deshalb fuhr er 1967 die Bezirksmeisterschaft außer Konkurrenz mit.

Wie haben Sie sich Ihr erstes eigenes Rad verdient?
Das habe ich mir zusammengespart – ich bin in den Ferien bei einer Gewürzfirma arbeiten gegangen. Und für die habe ich die Gurken ausgefahren in die Supermärkte – da war ich vielleicht zwölf oder so. Das weiß ich noch wie heute.

Sie müssen viele Gurken ausgefahren haben, um sich ein Fahrrad leisten zu können…
Ich weiß nicht mehr genau, was mein erstes gutes Rennrad – ein Coppi mit Campa-Ausstattung – damals gekostet hat, vielleicht 600 oder 700 Mark. Das war ja viel Geld damals. Ich habe auch danach immer weiter gespart, wenn ich bei den Rennen ein bisschen Geld gewonnen habe.

Dietrich Thurau legte sich schon in jungen Jahren eine Fahrweise zu, die er bis zum Schluss seiner Karriere beibehielt: Er taktierte nicht, hängte sich nicht an das Hinterrad des Gegners und wartete auf einen günstigen Moment, sondern attackierte, wenn er es konnte. Dabei nahm er weder Rücksicht auf die anderen noch auf sich. Deshalb wurde er oft noch auf der Ziellinie abgefangen von Fahrern, die in seinen Windschatten gesprungen waren und erholter in den Sprint um den Sieg gehen konnten, während Thurau ausgelaugt Zweiter wurde.

Was für ein Fahrertyp waren Sie denn?
Ich war eher robust und bin die ganz steilen Dinger nicht vorne mitgekommen. Eine Anfahrt wie zu den Lagos de Covadonga in Spanien hätte ich nie gewinnen können, da wäre ich vielleicht Sechster oder Siebter geworden… Aber ich habe andere Fähigkeiten gehabt, ich konnte beim Zeitfahren Terrain gutmachen, auch Massensprints konnte ich gewinnen, wenn eine größere Gruppe ankam mit 50 oder 60 Fahrern.

Wenn es Didi Thurau gelang, dem Feld zu entkommen, gewann er stets mit großem Abstand: Seinen ersten Sieg im Mai 1967 errang er mit 54 Sekunden Vorsprung – bei einer Distanz von nur 6,6 Kilometern! Thurau sammelte Erfahrungen und schließlich auch weitere Siege: Als er mit Ausnahmeerlaubnis als 17-Jähriger ins Amateurlager wechselte, fuhr er 22 Saison-Siege ein.

Wie beurteilten Ihre Eltern den Beginn Ihrer Karriere?
Als sie sahen, dass ich Erfolg hatte, hat ihnen das natürlich auch Spaß gemacht. Meine Mutter hat mich jedes Wochenende zu den Rennen gefahren: Rheinland-Pfalz, Nordrhein-Westfalen. In ganz Deutschland waren wir unterwegs! Wenn man da gewonnen und ein schönes Präsent bekommen hat – damals gab es da meist Wein oder ein bisschen Geld –, waren wir natürlich alle glücklich, dass oft zumindest das Benzingeld wieder drin war. Und so ging es dann weiter, Schritt für Schritt. Als ich dann in der Nationalmannschaft war, auch auf der Bahn, da haben die gesehen, was ich für ein Potenzial habe und dass es aufwärts ging mit meiner Karriere.

Hauptsächlich unterstützt hat mich meine Mutter. Die hat mich als Jugendlicher zu den Rennen gefahren. Sie hatte extra gespart, um sich das Auto kaufen zu können. Ihr verdanke ich praktisch meine gesamte Radsportkarriere – ohne Auto kommt man zu keinem Radrennen hin, ohne Geld kann man das Startgeld nicht bezahlen. Und das Geld war immer knapp bei uns.

Mehr als 200 Siege als Amateur

Und die Karriere ging in der Tat aufwärts, Didi Thurau sammelte als Amateur bis 1974 mehr als 200 Siege – darunter auch der bis heute umstrittene Erfolg bei Rund um Köln, bei dem Thurau Absprachen nicht eingehalten haben soll. Nach der Deutschen Meisterschaft 1973 in Queidersbach kam es zum Streit mit Rudi Altig. Der Bundestrainer der Straßenmannschaft hatte ihn nicht für die Weltmeisterschaft in Barcelona nominiert. Didi Thurau wechselte wieder auf die Bahn. Dort lernte er unter den Augen von Gustav Kilian, den runden Tritt zu perfektionieren, mit dem er 1974 im kanadischen Montreal als Teil des legendären »Kilian-Vierers« Weltmeister und dazu noch Vierter in der Einerverfolgung wurde.

Sie waren ein großer Stilist. Was mussten Sie dafür tun?
Am runden Tritt habe ich gearbeitet. Das hat uns Gustav Kilian beigebracht. Wir haben auf Mallorca mit starrer Nabe trainiert, sind auch Rennen mit starrer Nabe gefahren damals. Die Position habe ich mir immer selbst eingestellt, die wurde dann vom Mechaniker nur verfeinert. Das macht mich auch ein bisschen stolz. Vor kurzem war ich in Belgien und stand bei einer Veranstaltung mit Lucien Van Impe auf der Bühne. Er sagte: »Das ist Didi Thurau, mit Abstand einer der besten und schönsten Fahrer, die ich je gesehen habe auf einem Rennrad!« Das war eine richtige Ehre für mich – das ist einer, der sechsmal das Bergtrikot der Tour de France gewonnen hat. Ich hatte schon ein bisschen Gänsehaut, als der so was gesagt hat vor all den Leuten. Ich selbst habe meinen Stil damals übrigens gar nicht so wahrgenommen – ich habe halt draufgetreten und nur versucht, zu gewinnen.

Was Chris Froome auch versucht, nur fehlt ihm der elegante Fahrstil.
Das sieht schlimm aus – aber er hat Erfolg. Da ist es egal, ob er auf dem Rad herumhampelt oder ständig auf seinen Wattmesser guckt. Er hat einfach diese Klasse, die er sich hart erarbeitet hat. Der hat einen großen Brustkorb und einen starken Motor.

Eddy Merckx hat Sie schon als seinen Nachfolger auserkoren, als Sie noch ganz jung waren.
Ja, das war ein bisschen komisch, so etwas zu sagen. Einen Merckx kann man nicht kopieren, ein Merckx war außergewöhnlich – ein einzigartiges Tier von herausragender Klasse. Man kann ihn nicht mit mir vergleichen, genauso wenig wie die Zeit von heute mit damals.

Wer waren Ihre Vorbilder?
Mein Vorbild war Rudi Altig. Den habe ich damals am Henninger Turm gesehen mit der großen Sonnenbrille. Den habe ich bewundert.

Später haben Sie sich zerstritten.
Ach, da wurde immer viel in die Zeitungen reingeschrieben. Klar, wir haben schon mal andere Meinungen gehabt. Er hat ja auch Fehler gemacht, was er mir später zugestanden hat. Wir haben tolle Sachen zusammen gemacht, und er war mein Sportlicher Leiter bei Puch und in der Nationalmannschaft. Wir waren nie Feinde gewesen.

Die Belohnung für die Erfolge als Amateur folgte im Oktober 1974: Noch keine 20 Jahre alt, erhielt der Blondschopf seinen ersten Profivertrag. Der ungeduldige, ehrgeizige Didi Thurau kam bei TI-Raleigh unter, einem niederländischen Team unter der Leitung von Peter Post, der 1964 Paris-Roubaix gewonnen hatte. Für seinen Bundestrainer auf der Bahn Gustav Kilian war dies eine falsche Entscheidung: »In mir brach eine Welt zusammen, als er mich anrief!« Auch für viele andere Experten kam der Sprung ins Profilager zu früh, man fürchtete, dass das Ausnahmetalent verheizt würde.

Was hat Ihnen der Vertrag bedeutet?
Ich war damals damit zufrieden, ich war glücklich, dass ich das gekriegt habe! Ich bekam 24.000 Mark im Jahr. Damals gab es noch keine großen Gehälter.

Wie wichtig war Ihnen grundsätzlich das Geld in Ihrer Radsportkarriere?
Viel Geld zu verdienen, war durchaus mit eines meiner Ziele. Wenn man als »Berufsradsportler« antritt, muss man auch seinen Lebensunterhalt damit verdienen und darüber hinaus etwas weglegen können. Als Jungfahrer denkt man natürlich noch nicht so daran, als Profi durchaus: Wenn es richtig scheppert, dann muss auch Geld reinkommen.

Großes Selbstbewusstsein in jungen Jahren

Doch anders als von den Experten geargwöhnt, wurde Thurau bei TI-Raleigh von seinem Mentor Peter Post behutsam aufgebaut, er fuhr kleinere Rundfahrten wie die Tour de Picardie oder die Andalusien-Rundfahrt, wurde zweimal hintereinander Deutscher Meister und durfte 1976 schließlich in Spanien bei der dreiwöchigen Vuelta mitfahren, wo der Profi-Neuling endgültig international auf sich aufmerksam machte – nur in Deutschland erfuhr man wenig von der Rundfahrt in Spanien, weil Setzer und Drucker streikten und deshalb wochenlang keine Zeitungen erschienen.

Das Jahr 1977, in dem sich Didi Thurau mit Francesco Moser bei der WM in San Cristóbal duellierte, begann er wieder mit der Andalusien-Rundfahrt, bei der er nicht nur sechs von sieben Etappen gewann, sondern auch den Gesamtsieg holte. Diese Erfolge steigerten das ohnehin große Selbstbewusstsein, das er schon damals an den Tag legte.

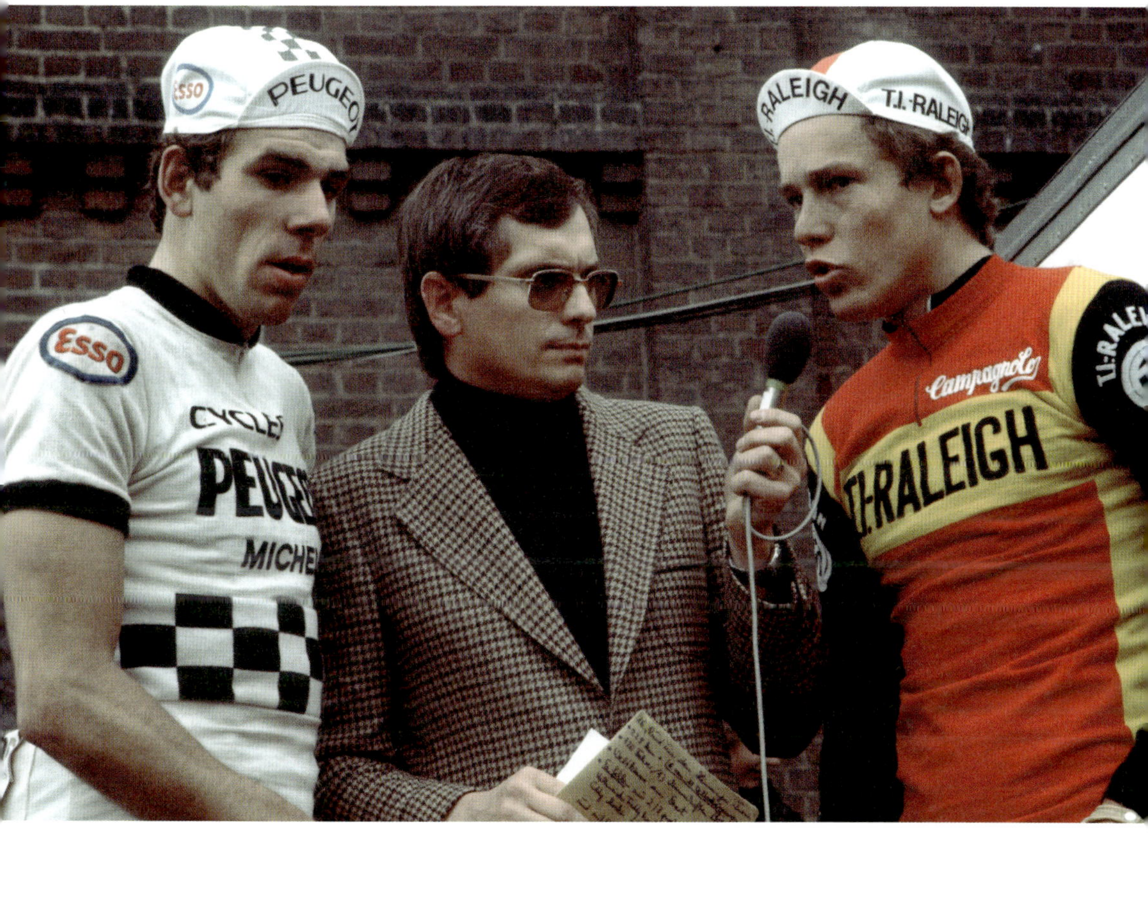
Esso
T.I.-RALEIGH
Esso
Campagnolo
T.I.-RALEIGH

Auf welchem Niveau fuhren Sie zu Beginn der Saison 1977?
Ich bin ja im Jahr davor bei der Spanien-Rundfahrt schon Vierter geworden – das wissen ja viele gar nicht mehr. Mit 21 Jahren hatte ich da fünf Etappen gewonnen und das Punktetrikot. Da hat man schon gesehen, dass ich über drei Wochen gehen kann. Sonst hätte mich Peter Post auch nicht mit zur Tour de France genommen.

Obwohl Sie wenig Erfahrung in den Bergen hatten.
Klar, ich habe die Berge vorher nicht gekannt, ich habe die Alpenpässe vorher nicht gesehen oder sie abgefahren, wie die Fahrer das heute bei der Vorbereitung auf Rundfahrten machen. Für so etwas gab es damals einfach keine Zeit – da kam ja ein Rennen nach dem anderen! Ich bin viel mehr Rennen gefahren als die Kollegen heute: im Frühjahr die ganzen Klassiker, dann Vorbereitungsrennen in Südfrankreich, anschließend die ersten Rundfahrten, beispielsweise die Tour de Suisse – ich bin das ganze Jahr durchgefahren.

Anknüpfend an die guten Leistungen im Vorjahr mischte Didi Thurau im Frühjahr 1977 den Radsport auf. Er gewann den E3-Preis in Harelbeke, den Dortmunder Union-Preis, wurde Zweiter am Henninger Turm, Dritter bei Kuurne–Brüssel–Kuurne und auch bei Lüttich–Bastogne–Lüttich. Bei Paris–Roubaix fuhr er auf den achten Rang, die Tour de Suisse schloss er sechs Tage vor dem Start der Tour de France auf Platz sieben ab. Die Frage damals: Wird Didi Thurau das Versprechen einlösen können, das er durch seine Erfolge in so jungen Jahren gemacht hat?

Thuraus legendärer Tour-Auftritt

Gewohnt selbstbewusst geht Didi Thurau an den Start der »großen Schleife« durch Frankreich und gewinnt tatsächlich den Prolog in Fleurance in der Gascogne über fünf Kilometer – vor den Tour-Siegern Eddy Merckx, Bernard Thévenet, Lucien Van Impe und Luis Ocaña sowie seinen niederländischen Mannschaftskameraden Gerrie Knetemann und Hennie Kuiper, dem eigentlichen Kapitän von Thuraus Team TI-Raleigh. Sein überraschender Sieg wird mit dem Gelben Trikot des Gesamtführenden belohnt.

Hatten Sie sich einen solchen Erfolg damals zugetraut?
Ja. Das selbstbewusste Auftreten muss man in sich selbst haben, das kann man niemandem reinprügeln. Ein Peter Post hat damals schon gesehen, was ich für ein Potenzial habe. Auch mein Masseur und Freund Ruud Bakker hat viel dazu beigetragen, durch Pflege, durch Massage, durch gutes Zureden, dass ich das kann. Er war wie ein Vater für mich damals.

Bei der Teambesprechung am Abend des Prologs verkündet Teamchef Peter Post, dass die Mannschaft von nun an für Didi Thurau zu fahren habe, um das Gelbe Trikot zu verteidigen. Die eigentliche Nummer eins, der Niederländer Hennie Kuiper, wird zum Helfer degradiert und akzeptiert dies klaglos. Für den jungen Frankfurter beginnt eine Triumphfahrt durch Frankreich, wie es sie für einen Deutschen bis dahin nicht gegeben hatte. Doch schon bei der zweiten Etappe in den Pyrenäen, von Auch nach Pau über den berüchtigten Tourmalet, muss Didi Thurau um den Anschluss kämpfen.

Die Top-Favoriten Van Impe, Teamkollege Hennie Kuiper, Bernard Thévenet und Joop Zoetemelk entkommen und distanzieren den weniger bergfesten Thurau am Gipfel um mehr als zwei Minuten. Doch das Ziel ist noch 123 Kilometer entfernt und in der Abfahrt verbündet sich der Tour-Neuling mit dem Tour-Veteranen Eddy Merckx. Am letzten Berg dieses Tages haben die beiden die Spitzengruppe wieder gestellt. Es kommt zur Entscheidung im Sprint auf der Autorennstrecke in Pau – und Didi Thurau gewinnt und behält das Gelbe Trikot.

Auf den nächsten drei Etappen gerät die Gesamtführung nicht in Gefahr, erst das 30 Kilometer lange Zeitfahren in Bordeaux könnte für eine Veränderung im Gesamtklassement sorgen. Doch es gelingt Didi Thurau, seinen Vorsprung von acht Sekunden vor Eddy Merckx auf 58 Sekunden auszubauen. Auch die anderen Favoriten werden weiter distanziert. Der fünffache Toursieger Jaques Anquetil ist begeistert: »Das kann der Toursieger sein. Schon in diesem Jahr!«

Die folgenden Tage in Nordfrankreich können Thurau nichts anhaben, es kommt oft zu Massensprints, der Frankfurter erreicht durch sein Team gut behütet ohne Zeitverlust das Ziel. Vor dem zweiten Ruhetag macht die Tour de France Halt in Freiburg im Breisgau, am 14. Juli, dem Nationalfeiertag der Franzosen. Mittlerweile haben seine Erfolge auch Deutschland erreicht, die Begeisterung in Zeiten von nur zwei Fernsehsendern kennt keine Grenzen – Didi Thurau wird von Fans und Reportern belagert und muss sich schließlich in seinem Hotelzimmer einschließen, um ein wenig Erholung zu finden. Am darauffolgenden Tag wird er – in Freiburg besonders motiviert – Dritter bei einer hart umkämpften Halbetappe auf einem 46-Kilometer-Rundkurs in einem Schulter an Schulter ausgetragenen Sprintfinale.

Die nächsten Tage werden eine Vorentscheidung im Kampf um den Gesamtsieg bringen. Zunächst gibt es drei Überführungsetappen in die Alpen, bei denen Ausreißer gewinnen, die im Kampf um das Gelbe Trikot keine Rolle spielen. Doch dann kommt es auf der 15. Etappe zu einem Bergzeitfahren über 14 Kilometer in Morzine. Thurau wird 15. – mit fast zwei Minuten Rückstand – Thévenet übernimmt das Gelbe Trikot und führt die Tour de France fortan mit elf Sekunden Vorsprung auf Didi Thurau und 25 Sekunden auf Merckx an. Der nächste Tag zeigt wieder, was für ein Fahrertyp Thurau ist: Es gelingt ihm bei einer schweren Bergetappe über vier Pässe, in eine prominent besetzte Spitzengruppe von zwölf Fahrern zu kommen. Und Didi Thurau gewinnt den Zielsprint. Es ist sein vierter Erfolg bei dieser Tour, Rudi Altigs bisheriger Rekord von drei Etappensiegen in einer Tour ist gebrochen.

Ende eines Sommertraums

Doch der nächste Tag, der 19. Juli 1977, zeigt, dass die Tour de France nicht so leicht zu erobern ist. Über den Col de la Madeleine und den Col du Glandon führt die Etappe hoch hinauf nach L'Alpe d'Huez – es ist die Königsetappe, die eine ganze Rundfahrt entscheiden kann. Didi Thurau schafft es, bis zum Madeleine mitzuhalten, doch am Glandon schwinden seine Kräfte, Van Impe, Thévenet, Zoetemelk und sein Teamkamerad Hennie Kuiper entkommen. Am Gipfel liegt Thurau fast fünf Minuten zurück. Bevor es in den Schlussanstieg nach L'Alpe d'Huez geht, muss Thurau zunächst durch das Tal des Eau d'Olle und der Romanche fahren, wo heftiger Gegenwind bläst. Seine Mitstreiter in der Verfolgung können oder wollen nicht mithelfen, Thurau muss die meiste Führungsarbeit selbst erledigen. Völlig erschöpft stürzt er kurz vor dem Ziel, am Ende hat Thurau als 17. mehr als zwölf Minuten verloren und rutscht auf den sechsten Gesamtrang ab. Sein Teamkollege Kuiper gewinnt die Königsetappe.

Was hat Ihnen zum Tour-Sieg damals gefehlt?
Die Erfahrung. Und das Wissen. Zum Beispiel das Wissen um die Windverhältnisse in dem Tal von der Staumauer bis zum Fuß von L'Alpe d'Huez. Dort hing ich voll im Gegenwind, vor Bert Pronk. Stattdessen hätte ich mich in den Windschatten hängen müssen. Das war die Unkenntnis, weil ich die Berge dort nie gefahren bin und L'Alpe d'Huez gar nicht kannte, nur aus dem Roadbook der Tour. Wir haben uns morgens zusammengesetzt, da wurde die Strecke durchgegangen. Aber heute kann man sich ja alles anhand von GPS-Daten anschauen. Damals konnte man das nur erahnen. Man sah zwar, dass das 12 bis 13 Kilometer sind, aber wie das genau aussah, wusste ich nicht. Und so konnte ich meine Kraft nicht richtig einteilen, wie man das heute macht. Heute verlaufen die Rennen total kontrolliert, die Fahrer haben einen Riesencomputer vorne dran – deshalb sind die Flachetappen total langweilig geworden. Da gucke ich schon gar nicht mehr hin, da sehe ich mir nur den Schlussspurt an.

Hätte dieser Mangel an Erfahrung nicht im Team durch den Sportlichen Leiter oder andere Personen aufgefangen werden müssen?
Meine Position im Team war nicht ganz gefestigt, weil Kuiper auch in guter Position lag. Er war der bessere Bergfahrer und kannte die Strecken alle schon. Und als dann die Gruppe vorne weg war mit Thévenet, Van Impe und Kuiper, hat Post gesagt: »Beine ruhig halten, wir spielen jetzt die Karte Kuiper.« Es wurde sofort umgeschwenkt.

Und das war okay für Sie?
Klar, das war okay.

Nach diesem herben Rückschlag für Dietrich Thurau gewinnt Bernard Thévenet, der Bauernsohn aus dem Burgund, schließlich die Tour de France 1977, vor Hennie Kuiper und Lucien Van Impe. Didi Thurau siegt noch bei einer Halbetappe, einem sechs Kilometer langen Einzelzeitfahren am Tag des Finales in Paris – sein fünfter Etappensieg bei dieser Rundfahrt. Außerdem sichert er sich das Weiße Trikot des besten Jungfahrers und die Teamwertung mit seinen Kollegen von TI-Raleigh.

Nach der Tour bleibt für Didi Thurau nur wenig Zeit, um sich von den Strapazen zu erholen. Neben unzähligen, gut bezahlten Autogrammstunden hat ihm der Manager Daniel Dousset 40 Tour-Kriterien in fast ganz Europa gebucht, bei denen der neue Star im Peloton ordentliche Gagen einstreichen kann. Und im Hochsommer folgt dann die Straßenweltmeisterschaft.

Tropische Hitze, dünne Luft und starke Regenschauer

August 1977, San Cristóbal: Eigentlich ist für den Weltmeistertitel alles perfekt vorbereitet: Didi Thurau hat durchaus starke Unterstützer in der deutschen Nationalmannschaft, die sich zudem zum größten Teil einig ist und für den jungen Frankfurter aufreiben will. Zum Team gehören unter anderem Verfolgsweltmeister Gregor Braun, der als Neoprofi für Peugeot fährt, Thuraus TI-Raleigh-Kollege Günter Haritz und der frühere Paris–Tours-Sieger Jürgen Tschan.

Was hatten Sie für Ambitionen bei dieser WM? Wie war Ihre Konstitution?
Ich konnte meine Form nach der Tour und den Kriterien ganz gut konservieren. Ich war eher ein Typ, der bei diesen Belastungen nicht ganz kaputtgegangen ist.

Das Rennen führt in 15 Runden über 255 Kilometer durch die venezolanische Provinz, es sind mehr als 4.000 Höhenmeter zu bewältigen. Das Wetter ist für Mitteleuropäer zumindest gewöhnungsbedürftig: Wolkenbruchartige Regenfälle bei heißen Temperaturen und starken Winden führen zu einem schwülen Klima und zu Straßenverhältnissen, die den Fahrern große Probleme bereiten.

Es war schwülwarm, fast wie in den Tropen, unheimlich heiß, zwischendurch gab es Regenschauer. Die Straße hat gedampft, man konnte fast nichts mehr sehen.

Dazu kommt die Höhe des Austragungsortes: San Cristóbal liegt mehr als 800 Meter über dem Meeresspiegel. Am Ende sollten viele Fahrer dem harten Kurs Tribut zollen – nur 33 von 89 kommen ins Ziel.

Neben dem Klima kämpft Didi Thurau mit anderen Handicaps. Drei Reifenschäden muss der Deutsche hinnehmen – jedes Mal stoppen seine Mannschaftskollegen und führen ihn wieder an das Feld heran. Doch im Verlauf des Rennens können sie das hohe Tempo nicht mehr halten und verlieren den Anschluss an die Spitze. In den letzten fünf Runden ist Didi Thurau in der Verfolgergruppe auf sich allein gestellt. Vorne hat sich mittlerweile eine prominent besetzte Spitzengruppe gebildet: darunter Fahrer wie der belgische Vorjahressieger Freddy Maertens, Francesco Moser, der Weltmeister von 1975 Hennie Kuiper und Bernard Hinault, der aufgehende Stern am französischen Radsporthimmel. Es gelingt ihnen, einen komfortablen Vorsprung von mehr als drei Minuten herauszufahren. Die Nachführarbeit der Verfolger muss Thurau fast alleine bestreiten, da weder Belgier, Niederländer, Franzosen noch Italiener ihre Landsleute in der Spitzengruppe attackieren dürfen.

Nach hundert Kilometern war ich richtig angeschlagen. Ich lag drei, vier Minuten hinter der ersten Gruppe, weit abgehängt, und wollte schon rausgehen. Aber mein Masseur Ruud Bakker hat gesagt: »Komm, beiß dich durch!« Dann wurde es wieder warm und lief gut für mich. Ich konnte die Lücke nach vorne schließen, und ab Kilometer 200 ist es super bei mir gelaufen.

Und Thuraus Arbeit zahlt sich aus: Die Favoriten werden gestellt. Doch kurz darauf reißen erneut einige Fahrer aus, und diesmal ist der Deutsche dabei. Zwölf Fahrer vergrößern den Abstand zum Feld, darunter vier Italiener (Moser, Felice Gimondi, Franco Bitossi und Giuseppe Saronni), zwei Belgier (die sprintstarken Maertens und Walter Godefroot), zwei Franzosen (Bernard Hinault und Jacques Esclassan, der Sprinterkönig der Tour 1977). Als Einzelkämpfer sind der Niederländer Hennie Kuiper, der Schwede Sven-Åke Nilsson und Julián Andiano aus Spanien dabei. Und eben der Sohn eines Chemiearbeiters aus Frankfurt-Schwanheim: Didi Thurau.

In der vorletzten Runde, ungefähr 20 Kilometer vor dem Ziel, starten Francesco Moser und Didi Thurau die entscheidende Attacke. Zwar werden sie von dem erfahrenen Bitossi verfolgt, doch wegen des hohen Tempos des Führungsduos muss auch er bald abreißen lassen. Thurau und Moser werden den Sieg unter sich ausmachen.

Auffällig: Als ihr Vorsprung sicher ist, reden die beiden viel miteinander. Worüber? Sprechen sie den Sieg untereinander ab? Immer wieder verzögern sie das Tempo, belauern sich und fahren wieder an. Und wieder eine Panne, diesmal bei Moser. Doch er fährt weiter, bis sich eine günstige Gelegenheit ergibt, beim neutralen Materialwagen das Rad zu wechseln.

»Alle sagten, ich hätte den Sieg verkauft«

Warum haben Sie in dem Moment nicht richtig durchgezogen und ihn abgehängt?
Den Defekt habe ich zu spät bemerkt, er hatte einen Schleicher und ist weitergefahren, bis das Auto neben ihm war und er dann das Rad wechseln konnte. Danach war er relativ schnell wieder an mir dran. Außerdem war ich angeknockt nach 245 Kilometern…

Kurz vor der Ziellinie hörten Sie auf zu treten. Was war da los?
Ich habe in dem Moment gewusst, dass er gewinnt, ich habe nichts mehr hinzuzusetzen gehabt. Er war der bessere Sprinter und ist dann vorbeigefahren, dann war es aus. Keine Ahnung, was da in meinem Kopf vorgegangen ist. Danach sagten alle, ich hätte den Sieg verkauft.

Haben Sie?
Nein! Ich habe so ein Rennen nie verkauft – eine Weltmeisterschaft verkauft man doch nicht! Das sage ich jedem, der das hören will!

Einen Sieg zu verkaufen, war damals nicht unüblich…
Ja, aber nicht bei einer Weltmeisterschaft oder bei einem Klassiker – okay, bei Klassikern gab es schon auch solche Fälle. Ich hätte so was aber nie gemacht!

Es hieß damals nach dem Rennen, Ihr neues Team Ijsboerke wollte nicht, dass Sie das Regenbogentrikot gewinnen, weil die Sponsorenlogos dann nicht mehr prominent genug zu sehen gewesen wären.
Totaler Quatsch! Im Gegenteil: Die wären froh gewesen, wenn ich das Trikot gehabt hätte!

Wie war Ihr Verhältnis zu Francesco Moser?
Wir hatten ein sehr gutes.

Sie sind Sechstagerennen mit ihm zusammen gefahren.
Aber nur eins, in Paris. Sonst sind wir immer gegeneinander gefahren. Er ist natürlich einer der Größten in Italien gewesen, die es jemals

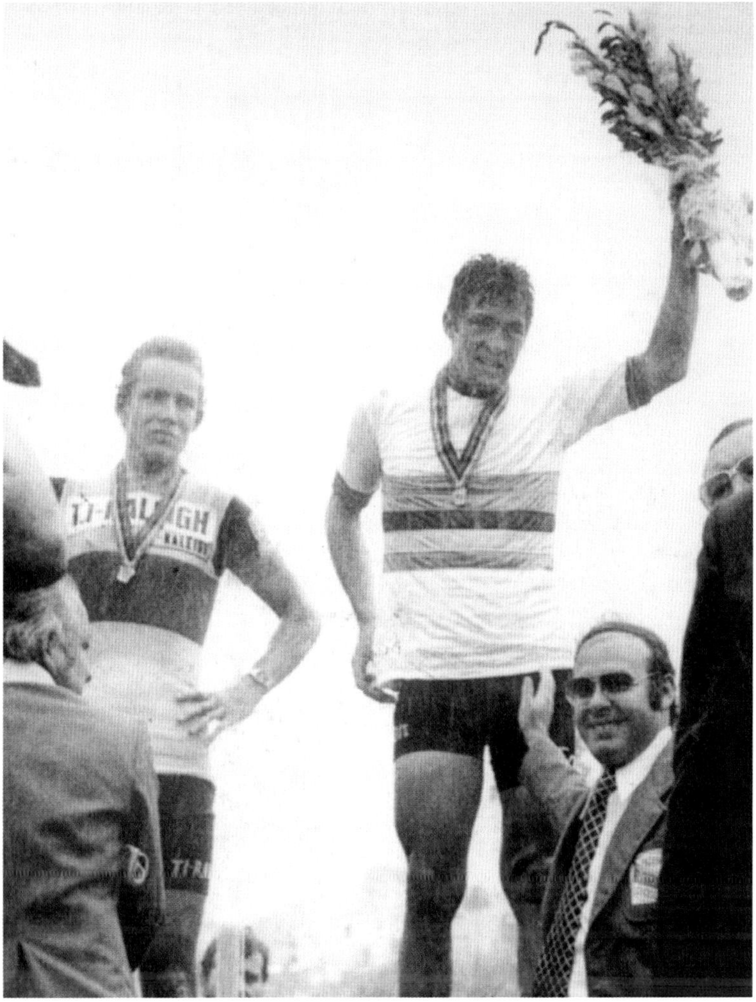

gab. Er hatte Ausstrahlung! Als wir dann 1986 zusammen beim Team Supermercati Brianzoli gefahren sind, hatten wir auch beide unseren eigenen Kopf. Nachdem ich ihn beim großen Zeitfahren beim Giro d'Italia geschlagen habe, war die Stimmung natürlich mal nicht so gut abends am Tisch (Thurau wurde Vierter mit fast einer Minute Vorsprung auf seinen Teamkollegen Moser, der Zehnter wurde; Anm. d. Autoren). Heute ist es fast freundschaftlich, wenn wir uns sehen.

Hatten Sie damals im Peloton Freunde?
Nein, viele Freunde hat man da nicht. Ich glaube, es gibt keinen Profisport, in dem man viele Freunde hat. Es ist gelogen, wenn man sagt, es gäbe da echte Freunde. Da macht jeder sein Ding, jeder hat viel investiert, jeder will Erfolg haben und Geld verdienen. Meine Freunde waren

meine Helfer, zwei, drei Holländer, die ich dann auch immer mitgenommen habe zu anderen Teams. Denen habe ich auch Verträge besorgt für Kriterien, zu denen wir dann gemeinsam gefahren sind und viel Spaß hatten.

Das Ende dieser Weltmeisterschaft ist bekannt: Francesco Moser holt den Titel für Italien, Didi Thurau wird Zweiter, während der große Eddy Merckx als vorletzter der noch klassierten Fahrer ins Ziel kommt – direkt vor dem »ewigen Zweiten« Raymond Poulidor.

Auch zwei Jahre später, bei der Straßenweltmeisterschaft 1979 im niederländischen Valkenburg, wurde Thurau Zweiter – und erneut wurden Stimmen laut, die ihm unterstellten, den Sieg verkauft zu haben. Didi Thuraus Reaktion ist bekannt: »Auch die Niederlage gegen Raas soll ich verkauft haben? Da sage ich: ›Seid Ihr verrückt? So was verkauft man nicht!‹«

»Radsportler würde ich nicht noch mal werden«

Bis zum Ende von Didi Thuraus Karriere begleiteten Zweifel seinen Weg. Er wechselte fast jährlich das Team. An seine Erfolge von 1977 konnte er nie wieder anknüpfen, auch wenn er 1978 die Meisterschaft von Zürich und 1979 Lüttich-Bastogne-Lüttich gewann. Auch konnte er seinem Palmarès im selben Jahr noch einen Etappensieg bei der Tour de France hinzufügen; 1985 wurde er disqualifiziert, weil er einen Rennkommissär verprügelt hatte. Als Dietrich Thurau im Jahr 1988, elf Jahre nach seinen alles überstrahlenden Erfolgen bei der Tour de France, das Rad an den Nagel hängte, war die Liebe zum Radsport erloschen. Er wandte sich anderen Dingen zu, kaufte erst Immobilien, wurde später Bauunternehmer.

Warum haben Sie die Leidenschaft am Radfahren verloren?
Radsport war anfangs eine totale Leidenschaft – sonst wird man auch kein Radprofi. Man muss den Sport lieben, um hart arbeiten zu können – und das habe ich auch gemacht. Aber irgendwann kam dann der Punkt, an dem die Leidenschaft weg war, um auch vom Kopf her dieses Training aufzubringen. Ständig jeden Tag neu aufs Rad und vier, fünf, sechs Stunden trainieren – das konnte ich einfach nicht mehr! Als ich das gemerkt habe, wusste ich: Jetzt muss Schluss sein. Es war ein-

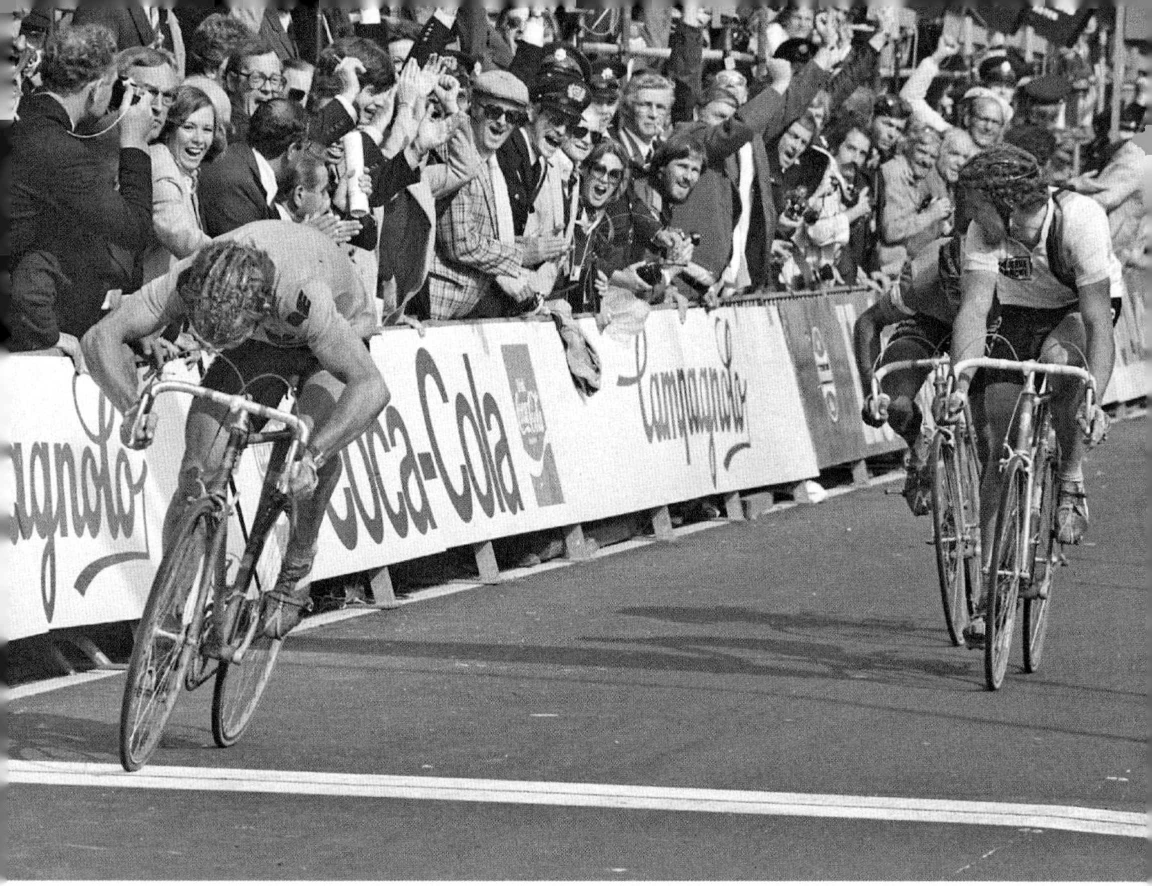

fach kein Feuer mehr da. Und dann hat man auch keinen Erfolg mehr. Ich bin dann nur noch die Sechstagerennen gefahren, hauptsächlich, um Geld zu verdienen.

Sind Sie nach Ihrer Karriere im Leistungssport in ein Loch gefallen?
Nein, und zwar, weil ich wusste, wann ich aufhören muss. Und ich wusste zu dem Zeitpunkt auch schon, was ich machen werde, nämlich in die Immobilienbranche einzusteigen. Ich hatte zwar nicht so viel Geld verdient wie Jan Ullrich, aber immerhin ein bisschen. Da war es naheliegend, dass ich irgendwas mit dem Geld mache. Ich kannte einen guten Berater aus dem Vorstand einer Frankfurter Bank. Und der hat mir Bescheid gegeben, wenn ein Mehrfamilienhaus einer alten Dame in Frankfurt zum Verkauf stand: »Das kannst du kaufen!« Mir wurde das bald aber zu langweilig, also stieg ich in die Bauträgerbranche ein und habe viel gebaut im Raum Frankfurt.

Wenn Sie heute noch mal die berufliche Wahl hätten…
… dann würde ich auf jeden Fall Tennisspieler werden – Radsportler würde ich nicht noch mal werden. Weil das viel zu schwierig ist, wenn

man das heute sieht. Wenn man jetzt die Tour sieht und anschauen muss, wie sie stürzen – schwerste Verletzungen! Und auch wie schwer Peter Sagan 2018 gestürzt ist: Der halbe Hintern war weg, Hautabschürfungen! Und dann hört man: »Komisch, der ist gar nicht mitgesprintet, was ist los?« Da fragt man sich: Sind die eigentlich noch ganz sauber? Solche Verletzungen gibt es im Tennis ja nicht. Auch der Umgang mit den Sportlern ist ein anderer: Während man bei der Tour de France wegen der ganzen Doping-Tests ein Jahr auf sein Preisgeld in Höhe von 500.000 Euro warten muss, wird dies im Tennis innerhalb von sieben Tagen überwiesen. Das ist eine Unverschämtheit!

Fühlen Sie sich im Radsport ungerecht behandelt?
Beim Bund Deutscher Radfahrer wissen sie die ganzen alten Radsportler nicht zu würdigen. Wenn man in Italien in die Zentrale kommt, dann hängen da Bilder der großen Helden. Aber in der BDR-Zentrale hängt kein Bild von mir oder von Gregor Braun. Auch beim DFB gehen sie besser mit den Alten um, mit den Ehrenspielführern. Früher habe ich mich da echt drüber geärgert. Aber jetzt wohne ich hier am Bodensee, in der schönsten Gegend. Ich brauche das alles nicht!

Wie beurteilen Sie heute, mit 30 Jahren Abstand, Ihre gesamte Karriere?
Ich glaube, viel mehr Euphorie wäre 1977 auch mit einem Toursieg kaum möglich gewesen. Aber das wäre für die Ewigkeit gewesen. Ich war zweimal Vizeweltmeister auf der Straße, immer direkt dran vorbeigeschrammt. Wäre ich zweimal Straßenweltmeister geworden, hätte das das Gesamtbild verändert. Aber ich bin leider nur Zweiter geworden.

Es heißt, Sie hätten Ihr Talent vergeudet, seien des Geldes wegen zu viele Sechstagerennen gefahren.
Es wäre bestimmt mehr drin gewesen. Aber auf der anderen Seite kann ich auch stolz auf das sein, was ich erreicht habe. Es gibt ja nicht viele, die Lüttich–Bastogne–Lüttich oder die Züri Metzgete gewonnen haben. Es waren schon schöne, gut besetzte Rennen, die ich gewonnen habe. Aber wie gesagt, ich habe zum Teil viele Fehler gemacht. Ich hatte zwar auf der einen Seite eine schöne Karriere, bin gefahren bis 35, bin in Italien ein paar gute Rennen gefahren. Aber es wäre mehr drin gewesen. Wenn ich es konstant so gemacht hätte, wie man es heute macht, wäre viel mehr drin gewesen – dann wäre ein Toursieg auch möglich gewesen, glaube ich.

IM FOKUS: WENN DIE SÖHNE DEN VÄTERN NACHEIFERN

Oftmals springt die Leidenschaft zum Sport auch auf die Nachfahren über. So blieb Didi Thurau nicht der einzige Leistungssportler in der Familie. Sein jüngster Sohn Urs spielt Tennis auf hohem Niveau und Sohn Björn folgte dem Vater ins Peloton nach und gewann 2014 sogar das Bergtrikot der Tour de Suisse. Doch danach geriet seine Radsportkarriere ins Stocken.

Dietrich Thurau: Wir haben damals ganz normal angefangen mit Radtouren, und auf einmal hat er gesagt: »Darf ich mal an einem Rennen teilnehmen?« Wir sind dann in die Pfalz gefahren, da ging es bei ihm auch los. Mir wäre es eigentlich egal gewesen, ob er diesen Weg einschlägt oder einen ganz normalen Beruf ergreift. Er hätte auch studieren können.

Die Söhne von berühmten Radsportlern haben es oft ein wenig schwerer.
Aber es gibt auch viele Beispiele in anderen Sportarten, bei denen es geklappt hat. Da haben die Kinder auf die Erfahrungen und den Rat der Eltern gesetzt. Das haben meine Kinder nicht gemacht. Vielleicht lag es daran, dass die Ehe schiefgegangen ist und die beiden dann hin und her gezogen waren. Aber es war immer so, dass Björn meine Erfahrungen, mein gutes Zureden nicht angenommen hat, obwohl er schon gutes Potenzial hatte und bei Rennen ganz gut gefahren ist. Er hat seinen eigenen Weg gemacht, aber viel rausgekommen ist halt nicht dabei … schade.

Was ist schiefgegangen?
In den Teams gab es viele Idioten, die ihm Mist erzählt und keine Ahnung haben. Die sagten ihm: »Komm, fahr vorne weg, Fernsehpräsenz für den Sponsor zeigen!« Im Ziel wird er so dann nur Hundertster. Das interessiert dann bei den Vertragsverhandlungen keinen mehr. So ist es dann auch gekommen. Er ist in den letzten Jahren bei kleinen Teams rumgeeiert – hat nichts verdient, keine Erfolge.

Es muss die besondere Anziehungskraft des Radsportzirkus sein, die Söhne erfolgreicher Rennfahrer anlockt, um sich Tag für Tag im

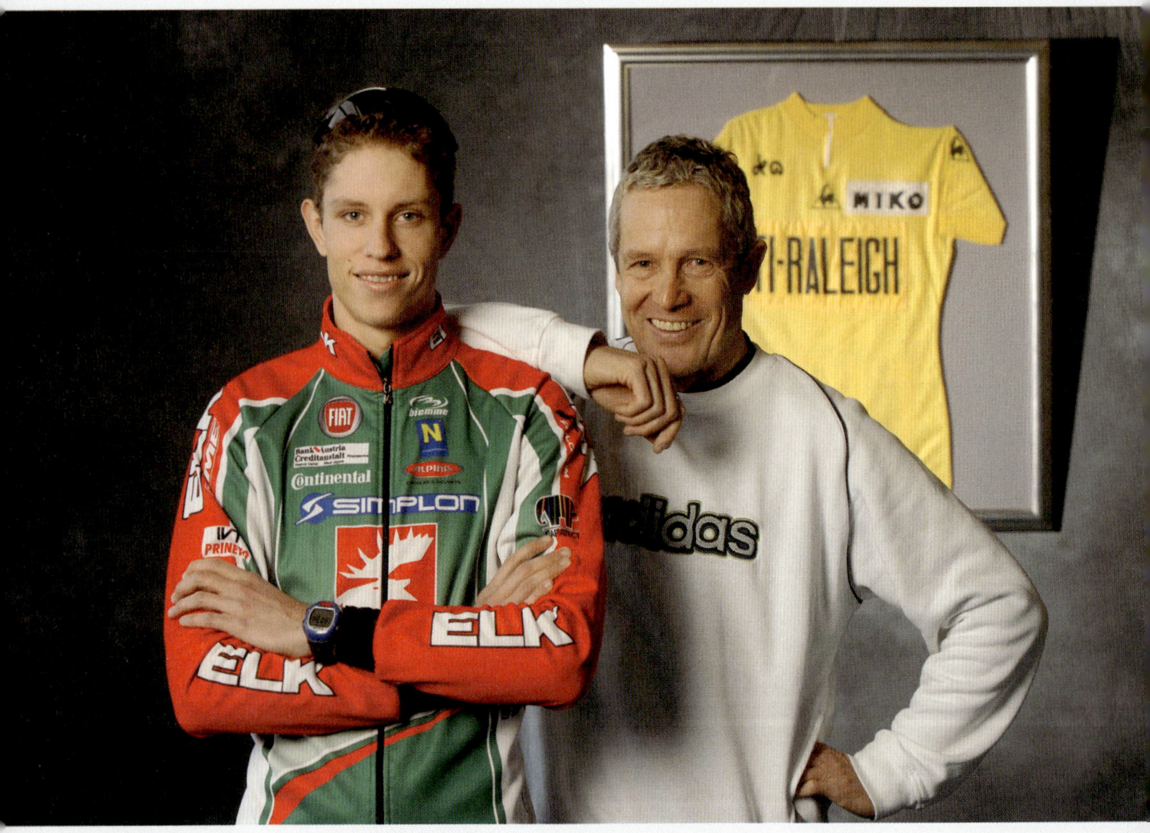
FIAT
Continental
SIMPLON
ELK
ELK
MIKO

Training zu schinden. Auch dass die Väter den Radsport vorleben und die Söhne so schon in jungen Jahren in die Pedale treten, gereicht ihnen neben ihrer genetischen Veranlagung in ihrer Entwicklung gewiss zum Vorteil. Doch häufig, so zeigt die Radsportgeschichte, müssen sie feststellen, dass sie ihren Vätern doch nicht das Wasser reichen können. Auch Thuraus Gegner in San Cristóbal, Francesco Moser, durfte ein paar Jahre zusehen, wie sein Sohn Ignazio versuchte, im Radsport Fuß zu fassen – bevor er schon im jungen Alter von 22 Jahren seinen Rücktritt bekanntgab. Sein größter Erfolg war ein Etappensieg bei der Tour de Guadeloupe 2012. Im Herbst 2017 nahm er dann an der italienischen Ausgabe von »Promi Big Brother« teil.

Anders lief es dagegen beim Sohn eines DDR-Radsportlers, der 1951 und 1953 Studentenweltmeister mit der Mannschaft wurde. Auf der Straße kam der Wasserträger von DDR-Radsportlegende Gustav-Adolf »Täve« Schur als Neunter bei der Friedensfahrt zu einigem Ruhm. Doch diese Erfolge genügten auf lange Sicht nicht, um den Lebensunterhalt zu verdienen, weshalb Detlef Zabel nach seiner Karriere im Radsport als Ausbilder bei der Telekom arbeiten musste. Als Sohn Erik 1995 in Charleroi seine erste von insgesamt zwölf Tour-de-France-Etappen für das Team Telekom gewann, saß der Vater in der Familien-Datsche in Gräbendorf vor dem Fernseher und fieberte mit. In späteren Jahren reiste er ihm bei der Tour de France nach und schlief im Zelt, während der Sohn im Mannschaftshotel die Nächte verbrachte.

Erik Zabels Sohn Rick wiederum zog es ebenfalls in den Radsport, er fährt heute für das Team Katusha-Alpecin und kann bereits mehrere Teilnahmen an der Tour de France vorweisen. Ob er einmal an den Erfolg des Vaters anknüpfen kann, ist unklar. Überraschend gewann Zabel Junior 2019 eine Etappe bei der Tour of Yorkshire und konnte so ins Rampenlicht fahren, obwohl er ganz klar als Helfer für den damals etatmäßigen Sprint-Kapitän Marcel Kittel vorgesehen war, der aber wegen seiner Formkrise das Rennen nicht bestritt. Was die Zukunft des Sohnes des einstigen Seriensiegers des Grünen Trikots der Tour de France bringt, ist offen, aber: Anders als Björn Thurau kann sich Rick Zabel den Rat seines Vaters tagtäglich abholen. Denn in der Saison 2019 spielt Vater Erik als Performance Manager bei Katusha-Alpecin wieder eine Rolle im Radsport.

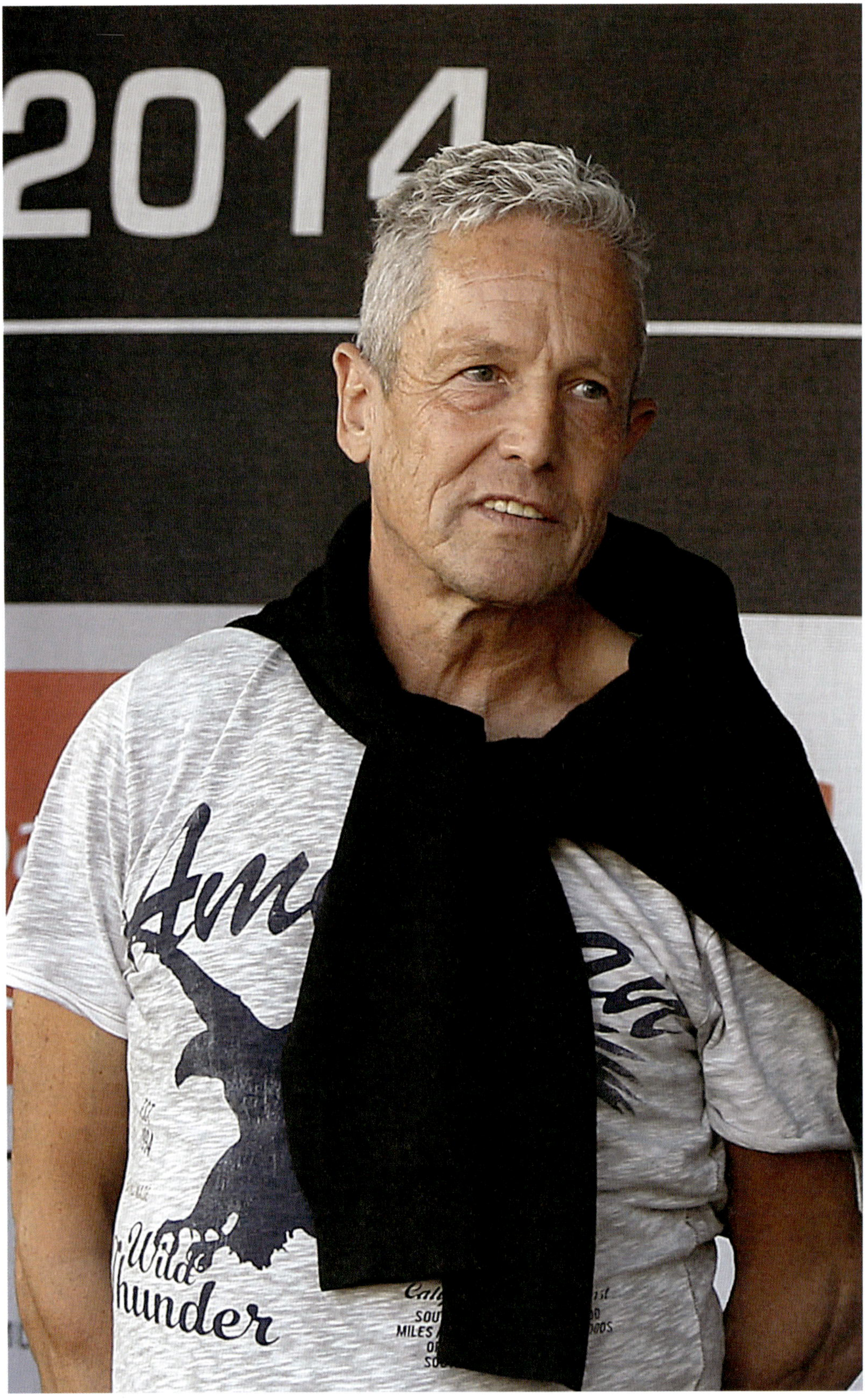
2014

DIETRICH THURAU

Geboren: 9. November 1954 in Frankfurt am Main
Nationalität: deutsch
Profil: Zeitfahrer, Rundfahrer, Bahnfahrer

Teams:
1987–1988 Panasonic-Isostar
1987 Roland-Skala
1986 Supermercati Brianzoli
1985 Hitachi-Splendor
1984 Portas
1983 Del-Tongo-Colnago
1981–1982 Hoonved
1980 Puch-Sem
1978–1979 IJsboerke
1974–1977 TI-Raleigh

Größte Erfolge:
Deutscher Meister Straße (1975, 1976)
15 Tage im Gelben Trikot der Tour de France (1977)
6 Etappensiege Tour de France (1977, 1979)
Sieger der Nachwuchswertung Tour de France (1977)
5 Etappensiege Vuelta a España (1976)
2 Etappensiege Giro d'Italia (1978)
Zweifacher Vizeweltmeister Straße (1977, 1979)
Sieger Lüttich–Bastogne–Lüttich (1979)
Sieger Züri Metzgete (1978)
Sieger E3-Prijs Harelbeke (1977)

BILDNACHWEIS

S. 2 Giro d'Italia 2005, 4. Etappe Giffoni Valle Piana–Frosinone

S. 8/9 Flèche Wallonne 2005, Huy

S. 10 Tour de France 2013, 11. Etappe Avranches–Mont-Saint-Michel, Etappensieger Tony Martin an der Flamme Rouge

S. 26 Mailand–Sanremo 2013, Gerald Ciolek (MTN-Qhubeka) als Sprintsieger vor Peter Sagan (Cannondale)

S. 31 Mailand–Sanremo 2013, das Fahrerfeld vor der Rennunterbrechung nahe Ovada im Schneegestöber

S. 33 Poggio di Sanremo

S. 36 Mailand–Sanremo 2013, Gerald Ciolek auf dem Podium

S. 40 Gerald Ciolek

S. 42 Flandern-Rundfahrt 2014, Fabian Cancellara siegt vor Greg Van Avermaet (BMC) und Sep Vanmarcke (Belkin)

S. 48 Flandern-Rundfahrt 2014, Fabian Cancellara vor Sep Vanmarcke am Oude Kwaremont

S. 56 Fabian Cancellara, 2017

S. 57 Fabian Cancellara, 2016

S. 60 Paris–Roubaix 2018, Vélodrome André Pétrieux, das Eingangstor öffnet sich für Evaldas Šiškevičius

S. 66 Paris–Nizza 2016, 4. Etappe Julienas–Romans-sur-Isere, Evaldas Šiškevičius im Bergtrikot

S. 69 Paris–Roubaix 2018, Evaldas Šiškevičius am havarierten Teamfahrzeug

S. 73 Evaldas und Kornelija Šiškevičius

S. 74 Rund um Köln 1974, Dietrich Thurau siegt vor Hermann Jungbluth

S. 81 Rund um Köln 1974, Siegerehrung mit dem Drittplatzierten Mario Sobottka, Veranstalter Artur Tabat, Sieger Dietrich Thurau und Hermann Jungbluth (v.l.n.r.)

S. 84 Hermann Jungbluth, Rund um Frankfurt 1975

S. 86 Hermann Jungbluth, Juni 2018

S. 88 Giro d'Italia 2003, 11. Etappe, Robert Förster auf der Zielgeraden in San Donà di Piave – zu Fuß

S. 96 Münchener Sechstagerennen 2005, Erik Zabel und Robert Bartko

S. 103 Giro d'Italia 2006, 21. Etappe Ghisallo–Mailand, Etappensieger Robert Förster

S. 105 Sparkassen Münsterland Giro 2018, Rennleiter Fabian Wegmann

S. 111 Fabian Wegmann, 2010

S. 112 Tour de France 1988, 11. Etappe Pau–Guzet-Neige, Philippe Bouvatier vor Robert Millar

S. 118 Tour de France 1984, 14. Etappe Blagnac–Guzet-Neige, Robert Millar auf dem Weg zum Etappensieg

S. 121 Tour de France 1995, Marco Pantani gewinnt die Pyrenäenetappe in Guzet-Neige

S. 124 Tour de France 1984, Robert Millar im Bergtrikot

S. 126 Philippa York, am Rande der Tour de Romandie 2018

S. 128 Tour de France 2000, 18. Etappe Lausanne–Freiburg, Salvatore Commesso gewinnt den Zielsprint gegen den Mitausreißer Alexander Winokurow

S. 132 Tour de France 2000, 18. Etappe Lausanne–Freiburg, Commesso, Winokurow und Zuschauermassen in Deutschland

S. 139 Alexander Winokurow als Astana-Teamchef, 2018

S. 140 Alexander Winokurow als Astana-Teamchef, 2018

S. 142 Tour Cycliste Féminin 1992, Leontien van Moorsel ringt Jeannie Longo auf der Schlussetappe in L'Alpe d'Huez in einer knappen Sprintentscheidung nieder

S. 147 Tour Cycliste Féminin 1992, 9. Etappe Le Fontanil–L'Alpe d'Huez, Leontien van Moorsel in Gelb am Hinterrad von Jeannie Longo in Blau

S. 149 Rad-WM 1991 in Stuttgart, Straßenweltmeisterin Leontien van Moorsel

S. 152 Leontien Zijlaard-van Moorsel bei einer Radausfahrt mit Ehemann Michael Zijlaard, 2018

S. 154 U23-Bundestrainer Ralf Grabsch, 2018

S. 160 Tour de France 2005, 6. Etappe Troyes–Nancy, Christophe Mengin ist in der letzten Kurve vor dem Ziel gestürzt

S. 164 Tour de France 2005, 6. Etappe Troyes–Nancy, Christophe Mengin schüttelt Jaan Kirsipuu an der Côte de Maron ab

S. 171 Christophe Mengin in der neuen Karriere als Bauschreiner

S. 172 Tour de France 2014, 15. Etappe Tallard–Nîmes, die beiden Ausreißer Martin Elmiger (IAM Cycling) und Jack Bauer (Garmin-Sharp)

S. 180 Tour de France 2014, 15. Etappe Tallard–Nîmes, Jack Bauer bitter enttäuscht im Ziel

S. 183 Tour de France 2014, 15. Etappe Tallard–Nîmes, Martin Elmiger ausgezeichnet als kämpferischster Fahrer

S. 184 Der Unternehmer Martin Elmiger, Geschäftsführer einer Firma für Lichtwerbung, 2018

S. 186 Tour de France 2015, 17. Etappe Digne-les-Bains–Pra Loup, Etappensieger Simon Geschke

S. 193 Tour de France 2015, 17. Etappe Digne-les-Bains–Pra Loup, Simon Geschke als Solist am Col d'Allos

S. 194 Tour de France 1975, 15. Etappe Nizza–Pra Loup, Bernard Thévenet hängt Eddy Merckx im Schlussanstieg entscheidend ab

S. 256 Björn und Dietrich Thurau, 2009

S. 258 Dietrich Thurau, am Rande der Tour de France 2014

S. 270 Tour de France 2016, 7. Etappe L'Isle-Jourdain-Lac de Payolle, der Bogen mit der Flamme Rouge ist in sich zusammengesackt und hat den nach einer Attacke allein an der Spitze fahrenden Adam Yates (Orica-BikeExchange) zu Fall gebracht und die Verfolgergruppe ausgebremst

Quellen:
Fabian Cancellara/Trek - 56 (Andy Bokanev), 57 (Gian Paul Lozza); dpa Picture-Alliance - 126 (Jean-Christophe Bott); Martin Elmiger privat - 184; Robert Förster privat - 105; Archiv La Gazzetta dello Sport - 251; Équipe cycliste Groupama-FDJ - 168; La Vie au grand air — 20; Daniel Lenz - 154, 220; Christophe Mengin privat - 171; Hennes Roth - 2, 8/9, 10, 26, 31, 33, 36, 40, 42, 48, 66, 84, 88, 96, 103, 105, 124, 132, 149, 160, 164/165, 172, 180, 183, 186, 193, 194, 197, 200, 203, 218, 222, 229, 243, 253, 258, 270/271; Evaldas Šiškevičius privat - 73; Florian Summerer - 86, 198; Archiv Artur Tabat - 74, 81; Twitter (Alexander Bauer, fanfaron59) - 69; Leontien Zijlaard-van Moorsel privat - 152; Alexander Winokurow/Team Astana (Carlo Coppejcans) - 139, 140; Witters GmbH - 60, 112, 118, 128, 142, 147, 206, 211, 236, 256; Trixi Worrack privat - 234.

Es wurde jede Anstrengung unternommen, die Inhaber aller Bildrechte ausfindig zu machen; sollte dennoch unbeabsichtigt eine Nennung fehlen oder fehlerhaft sein, bitten wir die betreffenden Personen, Kontakt mit uns aufzunehmen, so dass die Angaben in folgenden Ausgaben oder Druckauflagen ergänzt werden können.

DANKSAGUNG

Mein Dank gilt dem Rad und dem Radsport als bester Waffe gegen schwarze Hunde und andere Wegelagerer. Meiner Familie gilt der Dank für die Unterstützung dabei.

Ich danke Michael Wilhelmi und Eric Pütz für die nicht unproblematischen Übersetzungen der Interviews mit Alexander Winokurow und Christophe Mengin.

Daniel Lenz

Ich danke meiner Frau Jutta, in deren Windschatten ich dieses Projekt ins Ziel bringen konnte – ohne deine Unterstützung, deinen Teamgeist und deinen Antrieb wäre ich schon an der ersten Steigung eingebrochen.

Dank gebührt auch Artur Tabat für gemütliche und hintergründige Stunden an seinem Küchentisch und in seinem Archiv-Container. Ebenso Lieselotte Walter und Hennes Roth für großartige Hilfe bei der mühseligen Bildbeschaffung.

Florian Summerer

Wir widmen dieses Buch unseren wundervollen und inspirierenden Töchtern Helena sowie Marlene und Frieda!

DIE AUTOREN

Daniel Lenz, 1974 geboren, ist Journalist und Autor sowie als Berater spezialisiert auf die Produkt- und Geschäftsmodellentwicklung von Verlagen. Für den Special-Interest-Zeitschriftenverlag BVA BikeMedia (u.a. »RennRad«) leitet er die Radclubs, darunter den RennRad Cycling Club (R2C2). Selbst fährt er seit über 20 Jahren Rennrad.

Florian Summerer, Jahrgang 1971, ist eigentlich Art-Direktor bei einer Tageszeitung. Aber schon immer wollte er wissen, wie es sich wohl so anfühlt, Radprofi zu sein und im Wettkampf über die Straßen zu fahren, die auch ihm die Welt bedeuten. Deshalb nahm er an vielen Jedermann-Veranstaltungen der großen Radsport-Klassiker teil. Doch als er merkte, dass diese Erfahrung nicht ganz an die der Berufsfahrer heranreicht, beschloss er, diese einfach danach zu fragen, wie es wirklich ist. Florian Summerer lebt in Köln und fährt Rad, wo immer es geht.

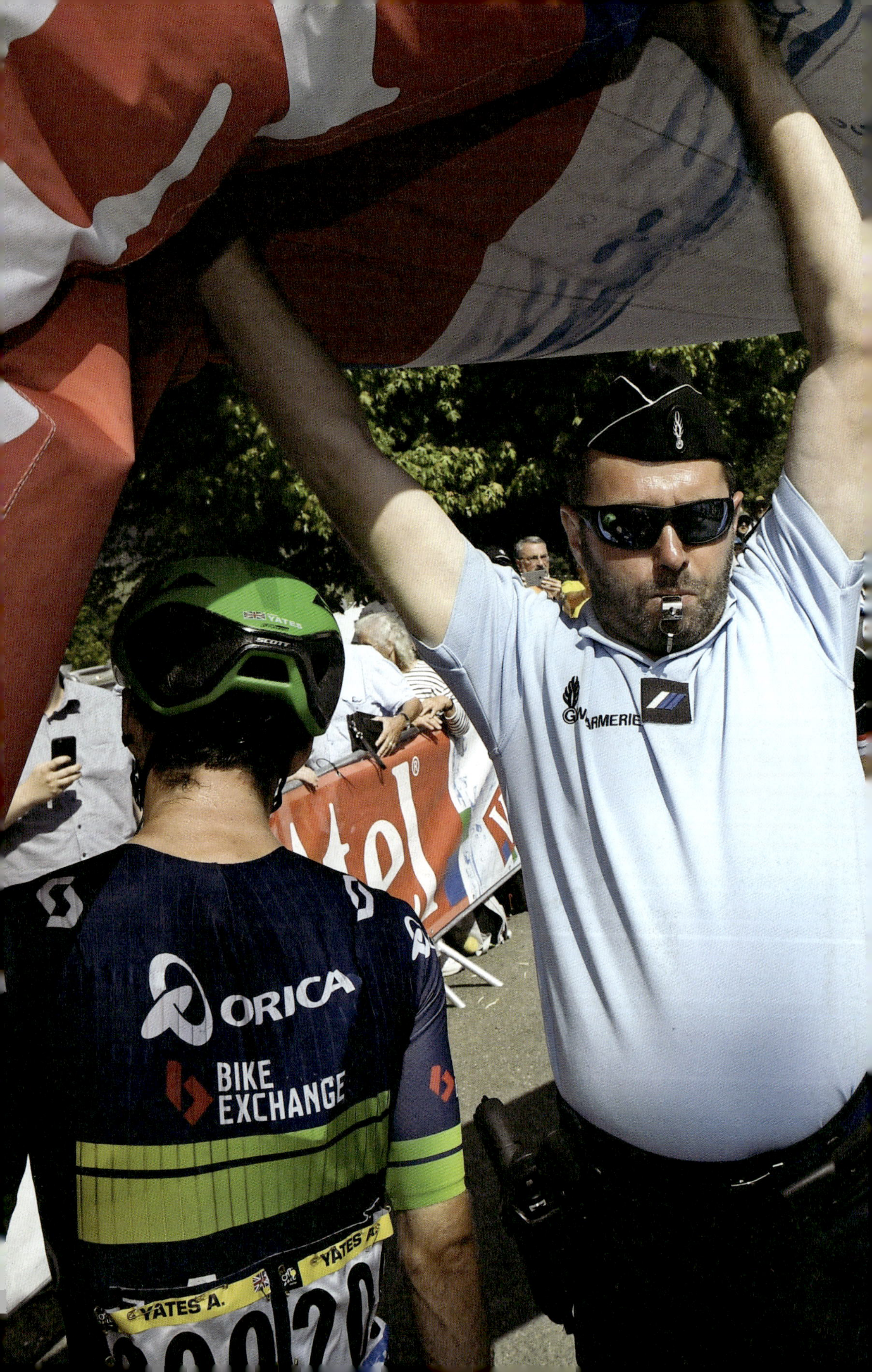
ORICA
BIKE
EXCHANGE
YATES A.
YATES A.

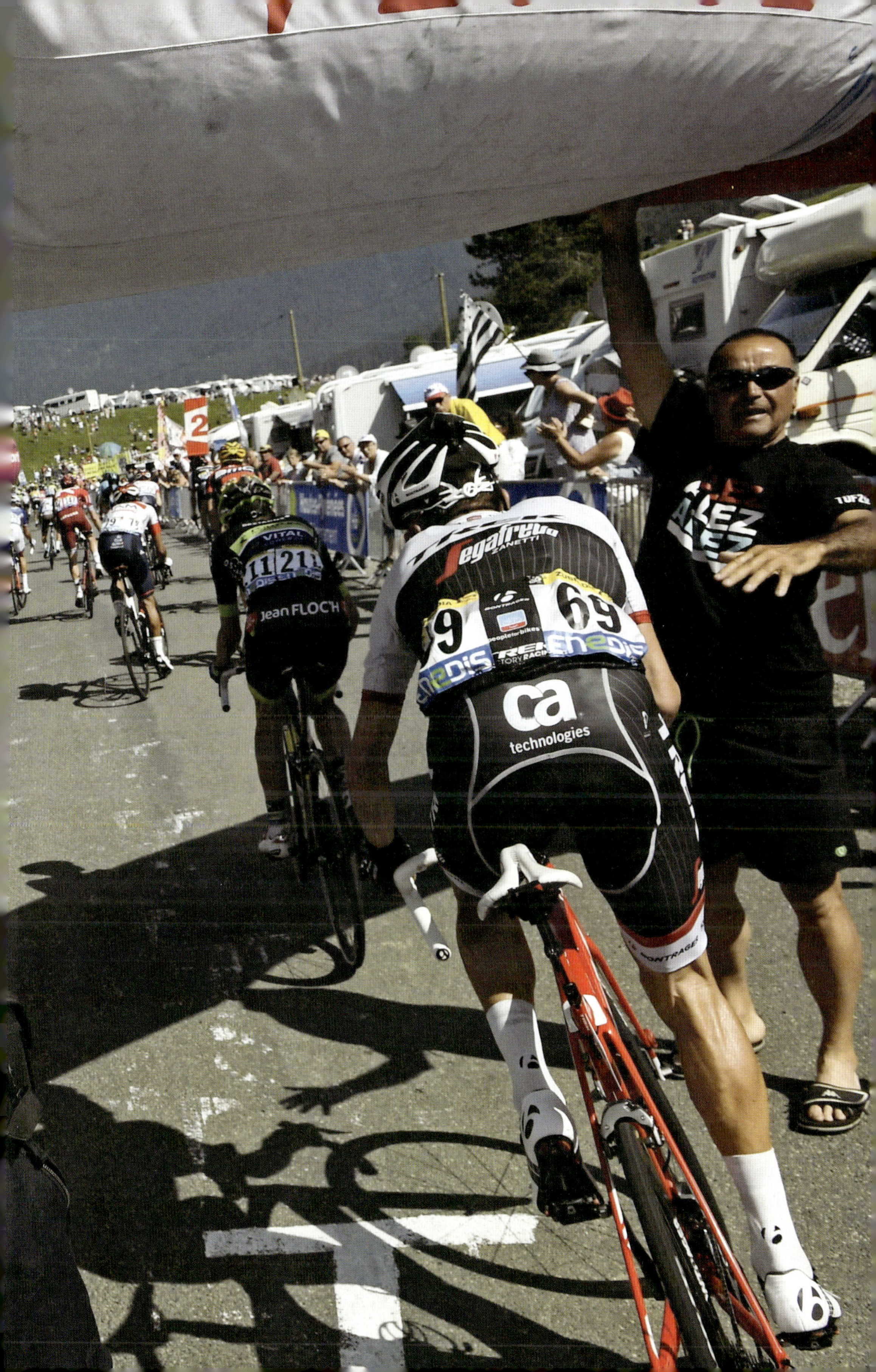
Segafredo
ZANETTI
69
enedis
ca
technologies
211
Jean FLOC'H

COVADONGA VERLAG

Die Lust am schnellen Radfahren. Abenteuer auf zwei schmalen Reifen. Die Faszination und die Geschichte(n) großer Rennen, legendärer Anstiege und bildschöner Rennräder. Die wundersame Welt des Profiradsports. Die Geheimnisse bekannter Rennfahrer und das Geheimnis erfolgreichen Trainings. Das sind die Themen, auf die der Covadonga Verlag in Bielefeld seit seiner Gründung im Jahr 2002 sein Augenmerk legt. Zu den Autoren zählen unter anderem Dino Buzzati, Daniel Coyle, Thomas Dekker, Marijn de Vries, Laurent Fignon, Paul Fournel, Renate Franz, Joe Friel, Phil Gaimon, Hannah Grant, Jan Heine, Paul Kimmage, Philipp Köster, Tim Krabbé, Albert Londres, Guillaume Martin, Benjo Maso, David Millar, Tim Moore, Graeme Obree, Hennes Roth, Kurt Stöpel, Herbie Sykes, Geraint Thomas, Lidewey van Noord, die Velominati, Dimitri Verhulst und Peter Winnen. Mehr unter *www.covadonga.de*.

Zuletzt erschienen im Covadonga Verlag:

978-3-95726-061-1	*1000/24 – Christoph Strasser.* David Misch
978-3-95726-060-5	*Radsportberge (und wie ich sie sah).* Geraint Thomas
978-3-95726-059-8	*Tausend Kilometer Süden.* Walter Jungwirth
978-3-95726-055-5	*Ein Rad für alles.* Jan Heine
978-3-95726-054-3	*Quer durch Flandern.* Harry Pearson
978-3-95726-053-6	*Sokrates auf dem Rennrad.* Guillaume Martin
978-3-95726-048-2	*Colombia Es Pasión.* Matt Rendell
978-3-95726-047-5	*Ride Inside.* Joe Friel
978-3-95726-046-8	*Der kahle Berg.* Lex Reurings/Willem Janssen Steenberg
978-3-95726-044-4	*One-Way Ticket.* Jonathan Vaughters
978-3-95726-042-0	*299 schlaue Dinge über Sport...* Andreas Beune
978-3-95726-038-3	*T wie Trouble.* Tim Moore
978-3-95726-037-6	*Dominik Nerz – Gestürzt.* Michael Ostermann
978-3-95726-035-2	*Die Trainingsbibel für Radsportler.* Joe Friel
978-3-95726-033-8	*Vintage-Räder.* Gianluca Zaghi
978-3-95726-031-4	*Zugtiere in Trägerhosen.* Phil Gaimon
978-3-95726-028-4	*Der Radrennfahrer und sein Schatten.* Olivier Haralambon
978-3-95726-027-7	*Die Regeln. Kodex für Radsportjünger.* Velominati
978-3-95726-026-0	*Die Radfahrer Cartoons.* Dave Walker